UTB 1161

W0058882

Eine Arbeitsgemeinschaft der Verlage

Beltz Verlag Weinheim · Basel
Böhlau Verlag Köln · Weimar · Wien
Wilhelm Fink Verlag München
A. Francke Verlag Tübingen und Basel
Haupt Verlag Bern · Stuttgart · Wien
Lucius & Lucius Verlagsgesellschaft Stuttgart
Mohr Siebeck Tübingen
C. F. Müller Verlag Heidelberg
Ernst Reinhardt Verlag München und Basel
Ferdinand Schöningh Verlag Paderborn · München · Wien · Zürich
Eugen Ulmer Verlag Stuttgart
UVK Verlagsgesellschaft Konstanz
Vandenhoeck & Ruprecht Göttingen
Verlag Barbara Budrich Opladen · Farmington Hills
Verlag Recht und Wirtschaft Frankfurt am Main
WUV Facultas Wien

Das Gesamtwerk besteht aus:

Systemtheorie I: Grundlagen – Eine Einführung in die
                     Grundprobleme der Theorie sozialer
                     Systeme, 7. A. (UTB 1161)

Systemtheorie II: Interventionstheorie – Grundzüge einer
                     Theorie der Intervention in komplexe
                     Systeme, 4. A. (UTB 1800)

Systemtheorie III: Steuerungstheorie – Grundzüge einer
                     Theorie der Steuerung komplexer
                     Sozialsysteme, 3. A. (UTB 1840)

Helmut Willke

Systemtheorie I: Grundlagen

Eine Einführung in die Grundprobleme der Theorie sozialer Systeme

7., überarbeitete Auflage

mit 6 Abbildungen und einem Glossar

Lucius & Lucius · Stuttgart

Anschrift des Verfassers:

Prof. Dr. Helmut Willke
Fakultät für Soziologie
Universität Bielefeld
Postfach 100 131
33501 Bielefeld

1. Auflage	1982	4. Auflage	1993
2. Auflage	1987	5. Auflage	1996
3. Auflage	1991	6. Auflage	2000

Bibliografische Information der Deutschen Bibliothek

Die Deutsche Bibliothek verzeichnet diese Publikation in der Deutschen Nationalbibliografie; detaillierte bibliografische Daten sind im Internet über http://dnb.ddb.de abrufbar

ISBN 3-8282-0351-5 (Lucius & Lucius)

© Lucius & Lucius Verlagsgesellschaft mbH Stuttgart 2006
  Gerokstr. 51, D-70184 Stuttgart
  www.luciusverlag.com

Druck und Einband: Fa. Pustet, Regensburg

Printed in Germany

UTB-Bestellnummer: 3-8252-1161-4

Vorwort zur 7. Auflage

Die siebte Auflage der »Systemtheorie« wird, wie schon die fünfte und sechste, zur »Systemtheorie I: Grundlagen«, weil inzwischen zwei weitere Bände erschienen sind: »Systemtheorie II: *Interventionstheorie*« und »Systemtheorie III: *Steuerungstheorie*«. Damit habe ich Themen, die mir besonders wichtig erscheinen, und die nicht mehr im Rahmen des vorliegenden Bandes sinnvoll behandelt werden können, zu eigenständigen Büchern ausgearbeitet.

Diesen Band selbst habe ich für die siebte Auflage durchgesehen und eine Reihe von Aktualisierungen eingearbeitet. Die beiden soziologischen Großthemen *Globalisierung* und *Wissensgesellschaft* machen sich an mehreren Stellen des Textes bemerkbar. Sie können aber im Rahmen einer Einführung nicht angemessen behandelt werden. Ich habe deshalb inzwischen zum Thema *Systemisches Wissensmanagement* einen eigenen Band veröffentlicht und die Themen Globalisierung, Weltgesellschaft und globale Kontexte in den drei Bänden der *Atopia-Trilogie* behandelt.

Bielefeld, im November 2005 Helmut Willke

V

Vorwort zur 2. Auflage

Die Entwicklung der Systemtheorie in den letzten fünf Jahren ist geprägt durch die Ausweitung ihrer interdisziplinären Bedeutung einerseits, durch eine weitere Präzisierung ihrer begrifflichen, konzeptuellen und theoretischen Grundlagen andererseits. Anspruchvolles systemtheoretisches Denken läßt sich heute in der Literaturwissenschaft ebenso beobachten wie in der Psychotherapie, in der Pädagogik ebenso wie in der Betriebswirtschaftslehre und in vielen anderen Bereichen. Umgekehrt läßt sich die Systemtheorie weiterhin von Entwicklungen anregen, die in scheinbar so entlegenen Gebieten wie Neurophysiologie, Erkenntnisbiologie oder black-box-Theorie, neben vielen anderen, neue Ideen und Einsichten entstehen lassen. Beide Bewegungen machen die Systemtheorie als Wissensgebiet natürlich nicht einfacher, sondern erst einmal schwieriger und komplizierter. Auch in der zweiten Auflage bleibt es deshalb vorrangige Zielsetzung dieses Buches, eine zwar anspruchsvolle, aber lesbare Einführung in diesen schwierigen Bereich zu geben.

Für Konzeption und Inhalt des Buches gilt weiter das, was im Vorwort zur ersten Auflage gesagt wurde. Den inzwischen eingetretenen Veränderungen habe ich dadurch Rechnung getragen, daß ich drei neue Kapitel eingefügt habe, welche in kompakter Form die wichtigsten Neuerungen darstellen: den Paradigmawechsel der Systemtheorie, welcher mit den Begriffen Autopoiese und Selbstreferenz verknüpft ist (Kap. 3.2); die »Tieferlegung« der erkenntnistheoretischen Grundlagen der Systemtheorie, welche sich an der besonderen Bedeutung der Begriffe von Beobachtung und Operation ablesen läßt (Kap. 5.1) und schließlich die Weiterentwicklung des nach meinem

Eindruck wichtigsten praktischen Bezugsproblems der Systemtheorie, der Frage der Steuerung komplexer, selbstreferentieller Sozialsysteme (Kap. 6.3).

Viele Reaktionen meiner Leserinnen und Leser, darunter vor allem auch Lehrende, die in Einführungsveranstaltungen mit dem Buch arbeiten, haben mich ermutigt, weiterhin an dem prekären Versuch einer verständlichen Einführung in ein schwieriges und komplexes Gebiet festzuhalten. Ihnen gilt mein Dank.

Bielefeld, im März 1987   Helmut Willke

Vorwort zur 1. Auflage

Der zunehmenden Verwendung systemtheoretischer Konzepte und Modelle in allen Sozialwissenschaften steht ein krasser Mangel an grundlegender, einführender Literatur gegenüber. Das Anliegen der vorliegenden Arbeit ist es, auf der Stufe des interessierten, mit sozialwissenschaftlichen Grundkenntnissen ausgestatteten Anfängers Grundfragen der neueren Systemtheorie darzustellen und so diesem Mangel abzuhelfen.

In enger Anlehnung an die Weiterführung der Systemtheorie durch Luhmann, Buckley und den späten Parsons rücken die Begriffe Sinn, Komplexität und Kontingenz ins Zentrum. Hinzu kommt als eigener Beitrag die systemtheoretische Konzeptualisierung von Konflikt und Integration. Dem besonders problematischen (und m.E. fruchtbaren) Problem des Verhältnisses von Systemtheorie und Handlungstheorie ist ein ganzes Kapitel gewidmet.

Besonderes Gewicht lege ich auf die Behandlung der Steuerungsprobleme hochkomplexer Sozialsysteme. Hier lassen sich politisch-praktische Relevanz und fortgeschrittenste Theoriebildung (Theorie symbolisch generalisierter Steuerungsmedien) verbinden. Es ergeben sich daraus neue Aspekte für das Integrationsproblem, die m.E. nicht nur für die Soziologie, sondern auch für angrenzende Sozialwissenschaften von Interesse sind.

Die Darstellung ist bewußt nicht simplifizierend. Zur Erleichterung des Verständnisses der schwierigen Materie habe ich häufig Beispiele gebildet und an zentralen Punkten Schemata verwendet.

Helmut Willke

Inhaltsverzeichnis

1 Einleitung: Warum Systemtheorie?

Soziologie als Wissenschaft von der Gesellschaft ist gerade Anfängern und Anfängerinnen schwer zugänglich. (Um dem unsäglichen sprachlichen Schlachtfeld weiblicher und männlicher Formen zu entkommen, werde ich künftig beliebig mal die eine, mal die andere Form verwenden. Jeweils schließt die gewählte Form die komplementäre ein). In Einführungsbüchern und Vorlesungen werden junge Studierende mit einem Sammelsurium an Methoden, Konzepten und Teiltheorien konfrontiert; zu jedem Lebensbereich scheint es eine Spezial-Soziologie zu geben, zu jeder Frage unterschiedliche Ansätze, nach jeder Methode unterschiedliche Ergebnisse. Hat der Anfänger noch die Vorstellung, wichtigstes Ziel von Soziologen müsste es sein, in systematischer Weise gesichertes Wissen über Gesellschaften und ihre Teilbereiche zu sammeln, auf diesem Wissen und den relevanten Wissensbeständen anderer Wissenschaften aufzubauen, um schließlich mit kumulativem Effekt neues Wissen zu produzieren, so merkt er bald, dass die Hauptaufgabe von Soziologen darin zu liegen scheint, anderen Soziologen die Unhaltbarkeit ihres Ansatzes, ihrer Methoden und vor allem ihrer Ergebnisse zu demonstrieren.

Dieses Bild ist nicht überzeichnet, und es ist nicht zufällig so. Die Soziologie ist (immer noch) eine junge Wissenschaft, die ihre identitätsbildende Programmatik nicht gefunden hat. Entstanden aus Abwehrkämpfen gegen eine spekulative Philosophie einerseits, eine enge positivistische Naturwissenschaft andererseits, lässt sie sich bis heute eher negativ abgrenzen als durch ein eigenständiges Erkenntnisprogramm beschreiben.

In dieser misslichen Lage ist – das sei hier zunächst einmal kühn behauptet – die Entwicklung einer allgemeinen Theorie sozialer Systeme ein vielleicht entscheidender Wendepunkt. Dafür gibt es drei wesentliche Begründungen:

1. **Fachspezifische Universalität:** Damit ist gemeint, dass die soziologische Systemtheorie nicht auf einen bestimmten Bereich

oder Aspekt sozialwissenschaftlichen Denkens und Forschens
beschränkt ist, sondern den Anspruch erhebt, grundsätzlich auf
alle sozialwissenschaftliche Fragen anwendbar zu sein. Dieser
Anspruch kann leicht missverstanden werden. Keineswegs ist
damit gesagt, dass es nur eine »geltende« Theorie geben kann oder
soll. Theorien sind, nicht nur in den Sozialwissenschaften, nichts
weiter als (allerdings mehr oder weniger geeignete) Instrumente
für die Organisation eines kohärenten Erklärungsmodells der
beobachteten Welt. Sie entstehen, entwickeln sich, reifen oder
verfallen bei Vernachlässigung und werden schließlich irgend-
wann durch leistungsfähigere Theorien ersetzt. Konkurrenz
zwischen verschiedenen Theorien betrachte ich als erfreulich
(weil sie den Spass beim Schreiben und Streiten erhöht) und
förderlich für die Erweiterung der Beobachtungsmöglichkeiten,
des Beobachtungsraumes und der Beschreibungsleistung von
Modellen für die Erklärung der Welt. Gegenwärtig gibt es eher
zu wenig als zu viele Angebote an brauchbarer oder gar attrakti-
ver Theorie in der Soziologie. Glücklicherweise ist etwa der
Behaviorismus tot; er war für psychische und soziale Systeme ein
unwürdiges, unterkomplexes und trivialisierendes Theorieangebot. Die Handlungstheorie gibt es zwar noch, und sie hätte als
elaborierte Theorie durchaus etwas beizutragen; aber es scheint,
als hätte es ihren Vertretern gegenüber der Dynamik, Dichte und
Elaboriertheit der soziologischen Systemtheorie gänzlich die
Sprache verschlagen. Nur die »kritische« Gesellschaftstheorie der
Frankfurter Schule scheint mir eine einigermaßen ernst zu neh-
mende Mitstreiterin zu sein, nachdem sie sich zunehmend
soziologisch informiert und zu einer anspruchsvollen Kommunikationstheorie weiterentwickelt hat.

Fachspezifische Universalität meint also, dass eine systemtheoretische Denkweise für alle Bereiche soziologischer Forschung
einen einheitlichen Forschungsansatz bereitzustellen vermag,
welcher auf der Einheitlichkeit der grundlegenden Systemprobleme aufbaut, unterschiedliche Interpretationen und Wahrheitsvor-
stellungen aber durchaus zulässt. Dies gilt für unterschiedliche
Bereich sozialer Beziehungen, für Diade, Gruppe, Organisation,
gesellschaftliches Funktionssystem, Gesellschaft und interna-
tionales System. Es gilt auch für die Ebene der Person und für
symbolische Systeme.

2. **Interdisziplinäre Universalität:** Die Allgemeine Systemtheorie (General System Theory, GST) ist als interdisziplinäre
integrierte Wissenschaft entstanden als Reaktion auf die verblüf-
fenden Ähnlichkeiten der Systemprobleme in den unterschiedlichen Wissenschaften: in Chemie, Biologie, Medizin, Psychologie,
Soziologie, Betriebswirtschaft, in der Technologie automatisierter
Maschinen bis hin zur Erkenntnistheorie und Philosophie. Unterschiedliche, aber doch vergleichbare und deshalb mit kumulativem Effekt kombinierbare und verwertbare Systemkonzepte sind
wohl inzwischen zum wesentlichsten integrativen Faktor der sich
immer weiter in Teildisziplinen verzweigenden Wissenschaft
geworden. Die soziologische Systemtheorie kann sich dadurch
als Teil eines umfassenden Erkenntnisprogramms betrachten.
Dabei kommt es viel weniger auf Abgrenzungen gegenüber
anderen Wissenschaften und territoriale Eifersüchteleien an, als
auf interdisziplinäre Zusammenarbeit, die Schaffung von
Anknüpfungsmöglichkeiten von und zu Nachbarwissenschaften,
die Kumulation der Anstrengungen unterschiedlicher Wissenschaften zur Lösung übergreifender Probleme.

3. **Universalität des Problems der Komplexität:** Dass soziale
Beziehungen in modernen Gesellschaften komplex sind und sich
deshalb nicht auf einfache Kategorien und Gesetze reduzieren
lassen, wird oft als Schwachstelle der Sozialwissenschaften ge-
wertet – vor allem im Vergleich zu den klaren und eindeutigen
Gesetzen der Naturwissenschaften. In Wirklichkeit ist gerade dies
die Stärke der Soziologie. Sie musste sich von Anfang an dem
Problem der Komplexität stellen und si hat inzwischen ein gewisses Maß an Erfahrung im Umgang mit diesem Problem gewon
nen. Denn die neuere Entwicklung der Naturwissenschaften
macht immer deutlicher, dass ihre einfachen Gesetze nur für
einen »mittleren Bereich« gelten. Außerhalb dieses mittleren Bereiches nimmt die Unschärfe, Relativität und Wechselwirksamkeit
der in den klassischen Experimenten nur künstlich isolierten
Prozesse so zu, dass auch die Naturwissenschaften vor einem
völlig neuen Problem stehen: dem der Komplexität (Waldrop
1994). Entgegen den Erwartungen positivistischer Soziologen
und Erkenntnistheoretiker nähern sich also nicht die Sozialwissenschaften den Naturwissenschaften an, um ihre »Wissenschaftlichkeit« zu beweisen; vielmehr geht eine sehr ermutigende

Entwicklung dahin, die Wissenschaftlichkeit jeglicher Disziplin daran zu messen, inwieweit sie die Komplexität ihres jeweiligen Gegenstandsbereiches nicht künstlich – und allzu oft bis zur Trivialität ihrer Fragestellungen – reduziert, sondern diese Komplexität ernst nimmt und kontrollierbare Verfahren zur Bearbeitung dieser Komplexität entwickelt. Im weiteren Verlauf dieser Einführung werden häufiger Beispiele gerade auch aus den Naturwissenschaften gewählt, um deutlich zu machen, wie sehr das Problem der Komplexität klassische naturwissenschaftliche Fragestellungen verändert hat. Aufgrund der besonderen Bedeutung des Komplexitätsbegriffs für die neuere Systemtheorie wird sich das nächste Kapitel ausführlich mit diesem Begriff beschäftigen.

Die analytischen und operativen Vorteile der Systemtheorie gegenüber anderen Theorien liegen allerdings nicht nur in der Universalität ihres Ansatzes und ihres fundamentalen Bezugsproblems der Komplexität. Weitere allgemeine Vorteile lassen sich dann ausmachen, wenn die Entwicklung der soziologischen Systemtheorie selbst kurz beleuchtet und einige ihrer zentralen Konzepte überblicksartig vorgestellt worden sind.

1.1 Entwicklungsschritte der Theorie sozialer Systeme

Natürlich hat auch die Systemtheorie Vorläufer und Vorformen, die sich bis an die Anfänge wissenschaftlichen Denkens zurückverfolgen lassen. Für den Zweck einer Einführung genügt es, den Beginn einer ausgebildeten soziologischen Systemtheorie auf das frühe Werk von Talcott Parsons zu legen:

1. Die **strukturell-funktionale Systemtheorie:** Dieser erste grundlegende Entwurf einer soziologischen Systemtheorie (der heute noch einen ebenso beliebten wie überholten Maßstab der Kritik abgibt, denn Parsons hat seine Theorie in mehreren Stufen weiterentwickelt!) ist dadurch gekennzeichnet, dass der Strukturbegriff dem Funktionsbegriff vorgeordnet ist. Ausgangspunkt ist die Annahme, dass alle sozialen Systeme notwendigerweise *bestimmte* Strukturen aufweisen, und die forschungsleitende Frage ist dann: welche funktionalen Leistungen müssen vom System erbracht werden, damit dieses System mit seinen gegebenen Strukturen erhalten bleibt? »Dabei wird der Funktionsbegriff zumeist auf interne Leistungen, vornehmlich auf die Beiträge der Subsysteme eingeschränkt; er wird so zu einer systeminternen Kategorie, die das Verhältnis der ›Teile‹ zum ›Ganzen‹ betrifft« (Luhmann 1971: 113f.).

Der Nachteil dieser Konzeption liegt darin, dass Strukturen weitgehend als gegeben vorausgesetzt und deshalb gerade nicht selbst auf ihre Funktion hin befragt werden. Es ist zweifelsohne richtig, dass alle sozialen Systeme bestimmte Strukturen haben. Aber *warum* haben sie diese und warum gerade *diese?*

2. Der **systemfunktionale Ansatz:** Dieser insbesondere von Walter Buckley und James Miller prominent vertretene Ansatz (Buckley 1968; Miller 1987) betrachtet soziale Systeme als komplexe, anpassungsfähige und zielgerichtete Gesamtheiten, die gegenüber einfacheren lebenden Systemen (z.B. Zelle oder Organismus) dadurch ausgezeichnet sind, dass sie bei veränderten Umweltbedingungen ihre Strukturen verändern oder ausbauen können, wenn die Erhaltung der Leistungs- oder Überlebensfähigkeit dies fordert. In den Vordergrund rückt damit die Frage, welche strukturellen Anpassungsleistungen soziale Systeme unter

bestimmten veränderlichen Umweltbedingungen leisten müssen, um ihre wesentlichen Systemfunktionen erfüllen zu können. Der Fortschritt der Theoriebildung liegt darin, dass Strukturen nun als Variable in Erscheinung treten. Die systemfunktionale Bedeutung von Strukturen liegt in der Stabilisierung von Prozessen der Kommunikation und Informationsverarbeitung. Entscheidend ist, dass diese Prozesse je nach Systemzustand und Umweltbedingungen durch ganz unterschiedliche Strukturen stabilisiert werden können und dass die Fähigkeit zur Strukturänderung gerade die Anpassungs- und Entwicklungsleistung eines sozialen Systems bestimmt (aus der Sicht der Organisationsentwicklung dazu aufschlussreich Hamel/Prahalad 1994: 107ff.).

In der Konzentration auf interne Systemprozesse liegen zugleich die Stärken und Schwächen des systemfunktionalen Ansatzes. Zwar berücksichtigt er durchaus die Umweltbedingtheit sozialer Systeme, doch ist immer noch die Erhaltung eines bestimmten Systems unter variablen Umweltbedingungen und bei Einbeziehung der Möglichkeit der Strukturänderung Bezugspunkt der Analyse.

3. **Der funktional-strukturelle Ansatz:** Dieser insbesondere von Niklas Luhmann ausgearbeitete Ansatz radikalisiert die funktionale Analyse zur Frage nach der Funktion von Systemen überhaupt. Damit wird in aller Deutlichkeit herausgestellt, dass Systemtheorie notwendigerweise System-Umwelt-Theorie sein muss. Denn die Funktion der Systembildung, der Sinn von Systemen, lässt sich nur rekonstruieren, wenn der Bezugspunkt der Analyse außerhalb des Systems selbst liegt: in der Relation zwischen System und Umwelt. Ganz allgemein gesprochen ist der Sinn der Bildung von Systemen darin zu sehen, dass ausgegrenzte Bereiche geschaffen werden, die es ermöglichen, eine die menschliche Aufnahmekapazität überwältigende Komplexität der Welt in spezifischer Weise zu erfassen und zu verarbeiten.

Systeme stabilisieren mithin eine Differenz zwischen sich und der Umwelt, zwischen Innen und Außen; sie bilden ein sinnhaftes, symbolisch vermitteltes Regulativ zwischen anfallender und jeweils verarbeitbarer Komplexität. Diese hier nur angedeutete Problematik wird im 3. Kapitel ausführlich behandelt.

Der funktional-strukturelle Ansatz erhöht die analytische Kapazität der Systemtheorie ganz wesentlich (allerdings mit den unvermeidlichen Folgekosten einer hohen Eigenkomplexität des Theoriegebäudes), weil nun zum ersten Mal die Umwelt nicht nur als bedingender, sondern als konstitutiver Faktor der Systembildung betrachtet wird. Systeme haben überhaupt nur ihren Sinn durch die Abgrenzung von einer nicht dazugehörigen Umwelt. Der Systembegriff dieser entwickelten Systemtheorie meint nicht mehr nur ein Netz von Beziehungen, die Teile zu einem Ganzen zusammen ordnen, sondern er zielt auf eine sinnhaft strukturierte Transformation von Komplexitäten, auf die Auseinandersetzung des Systems mit seiner Umwelt. Die spezifische Problematik dieser Auseinandersetzung macht erst erkennbar, welche internen Prozesse und Strukturen zu welchen Zwecken und mit welchen Stabilisierungs- und/oder Veränderungchancen funktional sein können. Dadurch kommen funktionale Äquivalente und auch funktionale Alternativen für bestimmte Strukturen und Prozesse in den Blickpunkt. Identität und Ordnung eines Systems werden damit zu relationalen Begriffen und auf ihre Funktionen hin befragbar.

Darüber hinaus besteht der Fortschritt der Theoriebildung in einem Übergang von der Betonung einzelner Faktoren auf die Betonung von Relationen. Faktorenkonzepte versuchen die Entstehung der Eigentümlichkeiten von sozialen Gebilden auf bestimmte einzelne Ursachen, auf externe oder interne Bedingungen zurückzuführen. System-Umwelt-Konzeptionen dagegen begreifen soziale Gebilde als komplexe, sinnhaft konstituierte Einheiten, die eine Vielzahl von Problemen lösen müssen, wenn sie in ihrer Umwelt bestimmte Ziele erreichen wollen. Vor allem aber müssen sie das grundlegende Problem der Verarbeitung von Komplexität lösen, weil dies die Vorbedingung für das Erreichen aller anderen Ziele ist. Indem die funktional-strukturelle Systemtheorie derart fundamental ansetzt, erreicht sie ein Maß an Eigenkomplexität, welches ihr eine angemessene Erfassung auch komplexer Sachverhalte ermöglicht. Insbesondere ist sie nicht auf die Analyse von Gleichgewichts- und Systemerhaltungsprozessen beschränkt, sondern ihr Instrumentarium ist auch zur Untersuchung sozialer Wandlungsprozesse geeignet, da sie nicht nur Strukturen und Prozesse als Variable behandeln kann, sondern sogar Systembildung selbst. Natürlich hindert dies viele Kritiker nicht daran, der Systemtheorie eine harmonisierende und statischen Betrachtungsweise vor zu werfen.

4. **Der funktional-genetische Ansatz:** Schon der systemfunktionale Ansatz ist durch ein starkes Interesse an Prozessen gekennzeichnet, wenngleich dort vor allem systeminterne Prozesse im Vordergrund stehen. Der funktional-strukturelle Ansatz betont die prozessualen Aspekte der Systembildung als Stabilisierung einer selektiven Differenz zwischen Innen und Außen: »Prozess und System sind verschiedene Aspekte von Selektivität. Der Prozessbegriff bezeichnet die Faktizität des selektiven Geschehens und damit die *Notwendigkeit* einer Grenzziehung; der Systembegriff bezeichnet die notwendige *Grenzziehung*« (Luhmann 1971: 125). Dennoch kann man den bisher dargestellten systemtheoretischen Ansätzen vorwerfen, das Problem der Zeit und das Problem der evolutionären Genese von Systemen nicht genügend zu berücksichtigen. Aus diesem Grunde wird in der vorliegenden Arbeit im 4. Kapitel eine evolutionäre Perspektive der Systemtheorie ausführlich behandelt.

5. **Der Ansatz einer Theorie selbstreferentieller Systeme**: Sowohl der funktional-strukturelle wie auch der funktional-genetische Ansatz in der Systemtheorie haben immer wieder hervorgehoben, dass komplexe Systeme für sich selbst ein Problem darstellen und sich mit sich selbst beschäftigen müssen. Vor allem Niklas Luhmann hat unter Stichworten wie reflexive Mechanismen, Selbstthematisierung, Reflexion oder Selbstreferenz diesen Aspekt zur Sprache gebracht und betont, dass komplexe Systeme auf ihre eigenen Operationen Bezug nehmen, also selbstreferentiell arbeiten. Die verschiedenen Stränge dieser um das Problem der Selbstreferenz kreisenden Denkweise wurden zu einer geballten Ladung gebündelt, als Humberto Maturana und Francisco Varela die Idee und Theorie der *Autopoiesis* formulierten (Überblick bei Maturana 1982). Aus verstreuten Überlegungen entstand damit der »Explosivstoff Selbstreferenz« (Luhmann 1984, 656), welcher von Luhmann in einem ebenso faszinierenden wie schwierigen Werk in die Systemtheorie eingearbeitet wurde (Luhmann 1984).

6. **Der differenztheoretische Ansatz:** Ein Großteil der Beobachter, Fachsoziologen eingeschlossen, erkannte in dem Buch *Soziale Systeme* eine »autopoietische Wende« und nahm die

von Luhmann präparierte falsche Fährte auf, wonach der Paradigmenwechsel in der Systemtheorie in einer »Theorie selbstreferentieller Systeme« kulminiere. Das war nicht ganz abwegig, weil es Luhmann *auch* um eine systematische Behandlung des »Explosivstoffes Selbstreferenz« ging und er dies in Kapitel 11 des Buches auch durchführte. Aber die eigentliche Neuerung in der Architektur der Systemtheorie war nicht die zur Autopoiese gesteigerte Selbstreferenz im Sinne Maturanas, sondern das zur Differenzlogik gesteigerte Formenkalkül im Sinne von Spencer-Brown (1979). Dieses Formenkalkül fand nun Aufnahme in die Systemtheorie und prägte Luhmanns Denken in den »Publikationen aus dem Nachlass« (Interview 1985: Luhmann 1987: 142) nachhaltig.

Bemerkenswert und irritierend an dem Buch *Soziale Systeme* ist, dass es alle relevanten Themen und Begriffe der Luhmannschen Systemtheorie in einen streng durchkomponierten Zusammenhang bringt, dieser Zusammenhang aber nicht eine Theorie selbstreferentieller Systeme ist, wie viele flüchtige Beobachter behauptet haben. Vielmehr geht es Luhmann um die Exposition einer neuen Leitdifferenz, über welche die Theorie selbstreferentieller Systeme die System-Umwelt-Theorie in sich aufnimmt und daraus ein neues Paradigma schafft: das Paradigma der »Differenz von Identität und Differenz« (1984: 26). Erst dieses neue Paradigma stößt alle bisher geltenden Markierungen und Orientierungspunkte um. Es verlangt, dass die bislang benutzten Begriffe der Systemtheorie neu aufgebaut und verknüpft werden – und genau dies ist der Inhalt des Werkes *Soziale Systeme*.

Der Begriff des Systems hat seine radikalste selbstreferentielle Ausformulierung sicherlich in der Theorie der Autopoiese gefunden. Demgegenüber besteht Luhmann darauf, nicht den Systembegriff, sondern die Differenz von System und Umwelt zum Ausgangspunkt des Versuches zu machen, Selbstreferenz in die Systemtheorie einzubauen, oder genauer: die Systemtheorie als Theorie selbstreferentieller Systeme zu formulieren. Es ist die Differenz von System und Umwelt, welche noch der Autopoiese eines Systems als notwendige Bedingung der Selbstkonstituierung vorausgeht; und welche erst der Paradoxie selbstreferentieller Konstituierung eines Systems den Stachel nimmt. Differenz ist somit »Funktionsprämisse selbstreferentieller Operationen«

(1984: 35) und jede interne Differenzbildung und Differenzierung setzt die Differenz von System und Umwelt als Leitdifferenz voraus (siehe auch Luhmann 2002: 66ff.).

In dieser Einführung werden vom Explosivstoff der Selbstreferenz und des Formenkalküls nur homöopathische Dosen verabreicht, insbesondere in den Teilen 3.2 und 5.1. Die Grundidee der Theorie der Autopoiesis besagt, dass komplexe Systeme sich in ihrer Einheit, ihren Strukturen und Elementen kontinuierlich und in einem operativ geschlossenen Prozess mit Hilfe der Elemente reproduzieren, aus denen sie bestehen. Autopoietische Systeme erscheinen nun entgegen dem systemtheoretischen Grundpostulat der notwendigen Offenheit komplexer Systeme als Ganzheiten, die in ihrem Kernbereich, in ihrer inneren Steuerungsstruktur geschlossen sind. In der Tiefenstruktur ihrer Selbststeuerung sind die geschlossenen Systeme und insofern, nur insofern! – gänzlich unabhängig und unbeeinflussbar von ihrer Umwelt. Es liegt auf der Hand, dass dies wichtige Fragen der Bedingungen der Möglichkeit der Intervention in komplexe psychische oder soziale Systeme aufwirft und die Frage der Steuerung entwickelter sozialer Systeme auf eine neue Grundlage stellt. Kapitel 6.3 behandelt diesen Aspekt systemtheoretischen Denkens.

Eine zeitweilig intensive Debatte zwischen Systemtheorie und kritischer Theorie hat zu der Einsicht geführt, dass der Steuerungseffekt selektiver Operationen von Systemen nicht begrenzt ist auf die Konstituierung einer Systemgrenze und die Abstimmung unterschiedlicher Komplexitäten (Habermas 1985: 390ff. und 1992: 399ff.). Soziale Systeme können generative Mechanismen ausbilden, mit Hilfe derer sie sich selber reproduzieren und evolutionär verändern – generative Mechanismen, die man als funktionale Äquivalente zum genetischen Code bei Organismen betrachten kann. Solche generativen Mechanismen sind vor allem funktionale Differenzierung, symbolische generalisierte Steuerungsmedien und integrative Instanzen; sie alle werden im weiteren Verlauf der Arbeit ausführlich zur Sprache kommen. Wichtig ist, dass diese generativen Mechanismen keineswegs eine bestimmte, notwendige Richtung der Evolution sozialer Systeme determinieren. Vielmehr eröffnen sie einen begrenzten Bereich möglicher Variation und Unbestimmtheit, innerhalb dessen mögliche Strukturen, Prozesse und Systemzustände denkbar und realisierbar sind. Die Frage ist dann natürlich, welche Bedingungen dazu geführt haben, dass in der historischen Entwicklung sozialer Systeme aus einer Bandbreite von Möglichkeiten schließlich nur ganz bestimmte Optionen sich durchgesetzt haben.

Die vielleicht wichtigere Frage ist, wie heute in entwickelten Gesellschaften eine weitgehend offene und machbare Zukunft durch das zielorientierte strategische Handeln sozialer Akteure (von führenden Gruppen bis zu führenden Gesellschaften) vorstrukturiert, verengt und determiniert wird. In dem Maße, in dem Geschichte nicht mehr naturwüchsig einfach abläuft, sondern aufgrund verbesserter Handlungs- und Steuerungsfähigkeiten (vom positivierten Recht über Planung bis zu simulierten Szenarios internationaler Beziehungen) vielfältigen Versuchen der Beeinflussung und Kontrolle unterliegt, wird auch die Frage brennender, wer aufgrund welcher Bedingungen diese Kontrolle ausübt. Eine Systemtheorie, die in der Frage von Macht und Herrschaft nicht einen blinden Fleck aufweisen will, muss daher den genetischen Aspekt der Evolution und der Selbststeuerung sozialer Systeme berücksichtigen. Das letzte Kapitel dieser Einführung ist daher dem Problem der Steuerung komplexer Sozialsysteme gewidmet.

1.2   Die Kosten systemtheoretischen Denkens

Die moderne Systemtheorie hat sich zum expansivsten Paradigma in den Sozialwissenschaften entwickelt, weil in unserer hochkomplexen und zugleich hochorganisierten Umwelt nur solche analytischen Konzepte erfolgversprechend sein können, die ihrerseits eine entsprechende Eigenkomplexität besitzen. Diese ebenso einfache wie plausible Feststellung beinhaltet allerdings einige spezifische Folgeprobleme gerade für den Anfänger. Es gehört zu den notorischen Klagen der Besucher von Einführungsveranstaltungen in die Systemtheorie, dass systemtheoretische Lektüre schwierig, kompliziert, unverständlich, abstrakt und überhaupt frustrierend sei. Diese Klage ist berechtigt – für den Anfang. Wer systemtheoretische Lektüre nach dem ersten Lesen verstanden hat, ist verdächtig: entweder ist er ein Genie, oder – und das scheint empirisch der häufigere Fall zu sein – er hält sich nur für ein solches. Systemtheoretische Lektüre ist in der Tat schwierig (und deshalb ist am Anfang wiederholtes, sorgfältiges Lesen erforderlich), weil eine Reihe von inhaltlichen und didaktischen Problemen zusammenkommen:

- ▸ Einzelne systemtheoretische Problemaspekte (z.B. Grenze/Struktur/Prozess; Struktur/Funktion/System; Handlung/Erwartung/System) sind so stark *ineinander verwoben und voneinander abhängig,* dass sie im Grunde simultan dargestellt werden müssten. Das ist mit den Mitteln der geschriebenen Sprache nicht möglich. An allen Ecken und Enden wird der Anfänger dadurch auf Begriffe, Konzepte und Probleme stoßen, die er eigentlich schon kennen und verstehen müsste, um das gerade behandelte Problem verstehen zu können.

- ▸ Um jeweils gerade behandelte *Teilaspekte* angemessen einordnen zu können, müsste die Anfängerin bereits einen gewissen Überblick über *Hauptlinien* systemtheoretischer Argumentation haben. Didaktisch ist ein solcher Überblick aber erst vertretbar, wenn eine Reihe von Grundbegriffen und Grundproblemen dargestellt worden ist. Auch dieser Zirkel ist schwer zu durchbrechen, so dass der Anfänger

immer wieder das Gefühl haben wird, nur lose Enden eines
verwickelten Knäuels in der Hand zu haben.

▸ Die *Sprache* der Systemtheorie ist noch ungewohnt und erscheint daher sehr esoterisch und gekünstelt (z.B. doppelte
Kontingenz, sinnkonstituierend, Emergenz, operative
Komplexität). Auch diese Schwierigkeit ist zunächst
unvermeidbar, weil die Entwicklung einer neuen Konzeption oder gar einer neuen Wissenschaft voraussetzt,
dass man sich von den herkömmlichen Vorstellungen –
und mithin auch von den herkömmlichen Begriffen! –
trennt.

Für alle genannten Schwierigkeiten gibt es ein probates Mittel:
Geduld. Allen Ernstes möchte ich daher der Anfängerin und dem
Anfänger in dem Bereich soziologischer Systemtheorie diese alt-
modische Tugend wissenschaftlichen Arbeitens nahelegen. Der
Lohn für lange Durststrecken wird sich mit dem ersten Aha-
Erlebnis einstellen, wenn scheinbar disparate Momente sich zu
einer »Gestalt« zusammenzufügen, zu einem »Image«, ja, zu einem
System.

Dieses Plädoyer für Geduld gilt umso mehr, als gerade gegenwärtig besonders wichtige Themen wie Umbau des Sozialstaates,
globale Gouvernanz, weltweite Migration, globale Umweltprobleme, die Folgen der demografischen Entwicklung in der Ersten
Welt, die Herausbildung der Wissensgesellschaft etc. weder im
Handstreich noch mit einfachen Formeln ›erledigt‹ werden können.

Das nächste Kapitel wird sich, wie erwähnt, zunächst mit dem
systemtheoretischen Grundproblem der *Komplexität* – und im
Zusammenhang damit auch mit Kontingenz und Konflikt – beschäftigen. Dies öffnet den Weg, um die *sinnhafte* Konstituierung
einer *Grenze* zwischen System und Umwelt als den fundamentalen
Mechanismus herauszustellen, mit dessen Hilfe psychische und
soziale Systeme Umweltkomplexität in eine bearbeitbare Ordnung
bringen (Kap. 3). Nachdem so ein erster systemtheoretischer
Orientierungsrahmen aufgebaut ist, werden im 4. Kapitel Grund-
linien eines *funktional-genetische Ansatz* im einzelnen dargestellt –
wiederum in durchgängiger Anknüpfung an das allgemeine Komplexitätsproblem. Auch das 5. Kapitel, welches versucht, das
Verhältnis von Handlungstheorie und Systemtheorie zu be-

stimmen, thematisiert dies vor allem unter dem evolutionären
Aspekt der Ausbildung neuartiger Systemqualitäten *(emergenter
Eigenschaften)*. Diese einen bestimmten evolutionären Entwicklungsstand kennzeichnenden Gesamteigenschaften sind deshalb
so wichtig, weil sie erst ein Verständnis des systemischen
Zusammenwirkens der Teile eines Ganzen ermöglichen. Im
abschließenden Kapitel geht es dann um die sehr praktische und
drängende Frage der *Steuerung hochkomplexer Sozialsysteme;* zunächst
sehr abstrakt, um das zugrundeliegende Problem der Funktionsweise unterschiedlicher Steuerungsmedien in entwickelten Gesellschaften herauszuarbeiten, dann aber zugeschnitten auf das
konkrete Problem der Möglichkeiten der Integration und Steuerung differenzierter Systeme.

Die vorliegende Arbeit ist eine Einführung; dies sollte allerdings nicht mit einer »Schnellbleiche« gleichgesetzt werden.
Gerade der Einstieg in ein neues Gebiet verlangt die relativ
größte Lernanstrengung. Aber was Wissenschaft interessant
macht, ist eben dies: das Neue.

2 Welt als Problem

Studierende haben es schwer. Immer noch kommen frisch-gebackene Studentinnen und Studenten an die Universitäten mit der Vorstellung, nun endlich schulische Gängelung mit akademischer Freiheit, familiäre Bindungen mit Ungebundenheit, vorgegebene Ziele mit unbegrenzten Möglichkeiten, eingeschliffene Sozialbeziehungen mit offenen Kommunikations- und Kontaktmöglichkeiten einzutauschen. Diese Vorstellungen sind in mancher Hinsicht nicht unrealistisch; und der Realitätsschock lässt nicht lange auf sich warten. Bald haben diese Studierenden das Gefühl, »frei in der Luft zu schweben«. Was belegen? Welcher Stundenplan? Wo wohnen? Wo essen? Wen treffen? Mit wem sprechen? Wohin gehen? Was lesen? Was wie beurteilen? Die Fülle der einstürmenden Eindrücke, Informationen, Aufforderungen, Ratschläge, Schwierigkeiten und Probleme scheint nicht mehr überschaubar.

Unter soziologischem Aspekt stellen sich an diesem Beispiel die Fragen: (1) Welche Bedingungen haben dazu geführt, dass der Studienanfänger seine Lage als unübersichtlich und verworren empfindet? (2) Welche Faktoren verhindern, dass für die anstehenden Probleme einfache und eindeutige Lösungen gefunden werden? Und (3) welche sozialen Mechanismen stehen zur Verfügung, um die sich aus Frage 1. und 2. ergebenden Probleme zu lösen?

Ins Allgemeine gewendet geben diese Fragen die Problembereiche an, deren Behandlung die neuere Systemtheorie prägt: (1) Lassen sich gesellschaftliche Prozesse bezeichnen, die die Welt für den zielorientiert handelnden Menschen ungewisser, überraschender und widersprüchlicher machen? (2) Gibt es evolutionär einleuchtende Gründe für die wachsende Komplexität sozialer Systeme – trotz der offensichtlichen Kosten von Komplexität? Schließlich: (3) Entwickeln sich in komplexen Systemen neue Steuerungsmechanismen, die es erlauben, höhere Komplexität zu

verarbeiten und sie – in Grenzen – für den Menschen beherrschbar zu machen?

Die Entdeckung von Komplexität als Angelpunkt der neueren
Systemtheorie ist keine Besonderheit der Soziologie. Der wissenschaftliche Durchbruch, der mit der Entwicklung der Allgemeinen Systemtheorie erzielt wurde, trägt in den verschiedensten
Disziplinen Früchte. Von der Mikrophysik über die Molekularbiologie bis zur Evolutionstheorie ergibt sich eine erstaunliche
Übereinstimmung darüber, dass die »klassischen Gesetze« nur auf
einen mittleren Bereich zugeschnittene Vereinfachungen von
hochkomplexen Zusammenhängen sind; dass komplexe Prozesse
durch Zufall, Nichtlinearität und Widersprüchlichkeit gekennzeichnet sind; und dass der *Zusammenhang* von Mutation und
Evolution, von Abweichung und Innovation Grundlage des
Lebens (und das heißt auch: der Entwicklung) vom Einzeller bis
zur Gesellschaft ist, auch wenn dieser Zusammenhang die künstliche Begrenzung durch die Kategorien der klassischen Logik
sprengt.

In gewisser Weise stellt die Analyse komplexer Systeme mit den
Mitteln der Systemtheorie die traditionellen Methoden und
Regeln der Wissenschaft auf den Kopf. Eindeutigkeit, Wider-
spruchslosigkeit, Kausalität oder Linearität ergeben sich nur als
Zufallsprodukte und in Abhängigkeit von genau entgegengesetzten Prämissen. Generative, d.h. selbstreproduktive Systeme
gründen nicht auf der Präzision und Verlässlichkeit ihrer Elemente, sondern auf deren Unverlässlichkeit und Ungenauigkeit. Das
Organisationsprinzip hochkomplexer Systeme ist nicht Ordnung,
sondern die Kombination von Unordnungen. Autopoietische
(selbstbildende), autokatalytische (selbstverstärkende) und
schließlich selbstreflexive (sich selbst thematisierende) Prozesse
gründen nicht auf das Wahrscheinliche, sondern auf der
Stabilisierung des Unwahrscheinlichen (ausführlich Willke 2003).

Dem entspricht, dass soziale Ordnung, ob in Familie, Organisation oder Gesellschaft, eine hoch unwahrscheinliche, immer
gefährdete Leistung ist, die kontinuierlicher Arbeit und Pflege
bedarf, während gleichzeitig Prozesse spontaner Ordnungsbildung auch in sozialen Systemen beobachtbar sind. Das soziologische Problem ist, dass wir beide Phänomene, diejenigen der
Unwahrscheinlichkeit gelingender Ordnung und diejenigen

spontaner Ordnungsbildung, nur sehr unzulänglich verstehen und insbesondere ihr Zusammenhang noch im Dunklen liegt.

Genug der Verwirrung! Im Laufe dieser Abhandlung werden einige dieser Rätsel verständlicher werden. Der Leser und die Leserin, die hier mit einigen *Folgerungen* aus dem systemtheoretischen Denken konfrontiert wurden, werden nun zunächst mit - Grundlagen und Grundbegriffen vertraut gemacht. Daraus ergeben sich sehr schnell Probleme, die zu neuen Perspektiven und neuen Konzepten zwingen.

2.1   Komplexität

Die oben geschilderte Situation lässt sich in sozialwissen-schaftlichem Jargon so ausdrücken: In unserer Gesellschaft ist »Universitätsstudium« ein funktional ausdifferenziertes, hoch-gradig spezialisiertes Interaktionssystem, das in seiner Möglichkeit von Bedingungen abhängt, die von einer Vielzahl unterschiedli-cher, wechselseitig voneinander abhängiger (interdependenter) Faktoren bestimmt werden. Diese Faktoren erzeugen einen Grad von Umweltkomplexität, der vom Individuum nicht mehr un-mittelbar in direktem Zugriff verarbeitet werden kann. Dadurch entsteht ein Bedarf an sozialen Mechanismen, die Komplexität reduzieren, sie transformieren und regulieren.

Was heißt dies im einzelnen? Während der Schulzeit haben wir – soziologisch betrachtet – eine relativ einfache Situation vor uns: in aller Regel spielen nur zwei oder drei »Einheiten« eine wichtige Rolle, nämlich die Schule, das Elternhaus und vielleicht noch eine Freundesgruppe. Die Schule nimmt den Schülern, ob sie wollen oder nicht, die meisten Entscheidungen ab: Lernziele, verwendete Bücher, Erfolgskontrollen, Organisation des Klassenverbandes, Bestimmung des Lehrpersonals, Zeiteinteilung etc. Auch das Elternhaus zeichnet sich in der Regel dadurch aus, dass die meisten Entscheidungen schon gefallen sind: wo man wohnt, was man isst, woher das Geld kommt, wie der Tagesablauf geregelt ist, ja oft sogar, welche Kleider gekauft werden und wie viel Taschengeld zur Verfügung steht. Die Situation ist also übersicht-lich, oft zu übersichtlich.

An der Universität nun soll sich alles ändern. Das, was vorher so ausführlich geregelt war, ist nun offen, unsicher, von Einzelfall zu Einzelfall neu zu entscheiden. Unser Studienanfänger hat zwischen verschiedenen Finanzierungsmöglichkeiten (Eltern, Stipendium, Teilarbeit, Kombination) zu wählen; er muss sich für eine bestimmte Wohnform (Einzelzimmer, Wohnheim, Woh-nung, Wohngemeinschaft) entscheiden; aus einer Unzahl wissen-schaftlicher, politischer und kultureller Veranstaltungen ist auszuwählen; Tagesabläufe, Stunden- und Wochenpläne sind zu organisieren. Plötzlich steht ihm frei, wie er sein Geld einteilt, wann, wo und was er isst, welche Bücher er kauft, wann er aufsteht etc. Die neue Lage ist also überreich an Möglichkeiten, an Entscheidungszwängen und an Folgeproblemen von Entscheidungen, die untereinander zusammenhängen. Kurz: sie ist komplex.

Komplexität ist ein zentraler Begriff der neueren Systemtheorie. Er verweist darauf, dass aufgrund bestimmter Entwicklungsbedingungen moderner Gesellschaften viele soziale Verhältnisse nicht mehr einfach und überschaubar, sondern vielschichtig und verwickelt geworden sind: statt Ackerbau Hochindustrialisierung, statt Tradition positiviertes Recht, statt Schicksal Wissenschaft. Mit der Entwicklung der Naturwissenschaften und der frühindustriellen Warenproduktion setzte zu Beginn der Neuzeit in Mitteleuropa ein Prozess der »gesellschaftlichen Arbeitsteilung« ein, in welchem immer neue Teilbereiche der Gesellschaft funktional ausdifferenziert wurden, sich spezialisierten und dadurch eine immens gesteigerte, bereichsspezifische Leistungsfähigkeit erreichten.

Funktionale Differenzierung heißt, dass das Ganze nicht mehr aus einer Vielzahl gleicher oder ähnlicher Einheiten wie Familien, Clans oder Gruppen (segmentäre Differenzierung) besteht, sondern aus einer Vielzahl unterschiedlicher, spezialisierter Teile, die voneinander abhängen (biologisches Beispiel: der menschliche Organismus). Insbesondere Adam Smith, Georg Simmel und Emile Durkheim haben diese grundlegende Wende der gesellschaftlichen Entwicklung beschrieben und einige der Folgeprobleme behandelt:

So erläutert Adam Smith die Bedeutung der Arbeitsteilung am berühmten »Stecknadelbeispiel«:

> »Ein Arbeiter, der noch niemals Stecknadeln gemacht hat ... könnte, selbst wenn er sehr fleißig ist, täglich höchstens eine, sicherlich aber keine zwanzig Nadeln herstellen. Aber so, wie die Herstellung von Stecknadeln heute betrieben wird ... zerfällt (sie) vielmehr in eine Reihe getrennter Arbeitsgänge, die zumeist zur fachlichen Spezialisierung geführt haben. Der eine Arbeiter zieht den Draht, der andere steckt ihn, ein dritter schneidet ihn, ein vierter spitzt ihn zu, ein fünfter ... Um eine Stecknadel anzufertigen, sind somit etwa 18 verschiedene Arbeitsgänge notwendig ... Ich selbst habe eine kleine Manufaktur dieser Art gesehen (in der zehn Arbeiter) ... zusammen 12 Pfund Stecknadeln anfertigen, wenn sie sich einigermaßen anstrengten ... so waren die zehn Arbeiter imstande, täglich etwa 48.000 Nadeln herzustellen, jeder also ungefähr 4.800 Stück« (Smith 1974: 9f.).

Als Ursache der Arbeitsteilung sieht Smith nicht planvolle menschliche Absicht, sondern eine natürliche Neigung des Menschen zu handeln und Dinge gegeneinander auszutauschen. Als Folge der Arbeitsteilung führe das ungeheure Anwachsen der Produktion »in einem gut regierten Staat zu allgemeinem Wohlstand, der selbst in den untersten Schichten der Bevölkerung spürbar wird« (Smith 1974: 14).

Georg Simmel geht von der Annahme aus, dass die organische Evolution von der »Tendenz zur Kraftersparnis« beherrscht werde. Diese Tendenz unterstellt er auch der sozialen Differenzierung. Die Dynamik der Differenzierung erkläre sich daraus, dass ein entwickelteres Wesen

> »das Plus an Zweckthätigkeit dadurch erreich(t), dass es die niederen Funktionen mit einem geringeren Aufwand von Kraft vollbringen und auf diese Weise für die darüber hinausgehenden Kraft gewinnen kann« (Simmel 1890: 117).

Simmel fasste Differenzierung und Integration als einen wechselwirkenden Prozess auf, in dem ein »Erscheinungskomplex nach gewissen Gesichtspunkten hin differenziert und die Resultate der Differenzierung zu einem höheren Gebilde zusammengeschlossen werden« (Simmel 1890: 124). Darüber hinaus schneidet er aber zwei Probleme an, die für eine prozessorientierte Systemtheorie besonders bedeutsam sind:

1. Er erkannte, dass Differenzierung weder ausschließlich in Polarisierung und die Entstehung antagonistischer Konflikte, noch ausschließlich in organische Höherentwicklung einmünden müsse; vielmehr seien beide Prozesse möglich: einerseits eine Entwicklung, »die ein Auseinandergehen in feindliche Gegensätze enthält«, andererseits einen Abbau der scharfen Grenzen zwischen Gruppen, »um zugleich mit der Individualisierung auch Vermittlung und Allmählichkeit der Übergänge eintreten zu lassen« (Simmel 1890: 119f.). Die naheliegende Frage, welche Bedingungen welche Prozessqualität begünstigen, ließ er unbeantwortet.

2. Er überwand einen einseitig gerichteten Evolutionismus, indem er Prozesse der »Rückbildung der Differenzierung« am Beispiel der Religionsentwicklung und der Rückbildung des Kriegerstandes aufzeigte. Wesentlich ist seine Einsicht, dass hier nicht einfach Dedifferenzierung vorliegt: »Die scheinbare Rückbildung der Differenzierung ... ist thatsächlich eine Weiter-

bildung derselben; sie ist an den Mikrokosmos zurückgegangen .... Die Differenzierung hat sich aus dem Nebeneinander (hier: von Bürger und Söldner, H.W.) innerhalb der Gesamtheit auf das Nacheinander der Lebensperioden des Individuums übertragen« (Simmel 1890: 131 ff.).

Georg Simmel berührt hier den Gedanken, dass die durch funktionale Differenzierung gestiegene Komplexität der Gesellschaft auf ganz unterschiedliche Weise abgearbeitet werden kann. Vor allem kann soziale Komplexität durch zeitliche Differenzierung von fokalen Rollen (das sind Rollen, die eine Person in erster Linie spielt) aufgefangen werden. Fehlen solche strukturellen Lösungen, dann bleibt oft nur die »Lösung«, dass soziale Komplexität auf das Individuum abgeschoben wird und in Form von Rollenüberlastung und Rollenkonflikten neue Probleme schafft.

Wiederum am Prozess der sozialen Arbeitsteilung entwickelt Emile Durkheim eine implizite Systemtheorie, die in erstaunlicher Weise moderne Problemstellungen vorwegnimmt. Während segmentierte (»primitive«) Gesellschaften durch einen allgemeinen Wertekonsens und überwiegend repressives Recht normativ integriert sind, erzeugt die hochgradige Arbeitsteilung organisierter (»moderner«) Gesellschaften funktionale Interdependenzen und eine neue Form von »conscience collective« aufgrund der Einsicht in gegenseitige Abhängigkeiten. Durkheim geht aber über die funktionale Integration Herbert Spencers insoweit hinaus, als er erkennt, dass Austauschbeziehungen allein Konstituierung und Dauer des Gesamtsystems nicht leisten können. Neben den rein utilitaristischen vertraglichen Beziehungen sind »nicht-vertragliche Elemente« erforderlich, welche einen strukturellen Rahmen zur Einbindung der hohen Komplexität aufgrund der Vielfalt möglicher vertraglicher Abmachungen bilden:

> »Wahr bleibt, dass sich die Vertragsbeziehungen, die ursprünglich selten oder völlig abwesend waren, in dem Maße vervielfachen, in dem sich die soziale Arbeit teilt. Spencer hat (aber) anscheinend nicht gesehen, dass sich zur gleichen Zeit die nichtvertraglichen Beziehungen ebenfalls entwickeln« (Durkheim 1977: 246).

Vor allem das Vertragsrecht enthält allgemeine Vorgaben, die die Beliebigkeit individueller Abmachungen nach übergeordneten Kriterien reduzieren. Andererseits erlaubt es erst die Existenz nicht-vertraglicher Elemente als Hintergrundsicherheit, dass Handelnde das hohe Risiko nur vertraglich gebundener Abmachungen eingehen:

> »Zusammenfassend können wir sagen, dass der Vertrag sich nicht selber genügt; er ist nur möglich dank einer Reglementierung des Vertrags, die sozialen Ursprungs ist« (Durkheim 1977: 255).

Emile Durkheim betont also den Gedanken, dass die durch funktionale Differenzierung gesteigerte Komplexität in normativ gesteuerten Vertragsbeziehungen aufgefangen wird. In der Tat ist einsichtig, dass die Kombination von Rahmenregelungen und Beliebigkeit im einzelnen im Vergleich zu Detailregelungen eine drastisch erhöhte Komplexitätsverarbeitungskapazität begründet.

Alle bisher angeführten Theoretiker sehen einen grundlegenden Zusammenhang zwischen der fortschreitenden funktionalen Differenzierung moderner Gesellschaften und der Zunahme wechselseitiger Abhängigkeiten zwischen den ausdifferenzierten Teilen. So ist uns geläufig, dass etwa die Produktion eines Fernsehers oder eines Videorekorders eine Vielzahl von Stellen, Bereichen und Entscheidungen involviert: von der Ausbildung des wissenschaftlichen Personals, der Entwicklung der Produktions- und Managementtechniken über die Beschaffung der Rohstoffe und Halbfertigprodukte, die tarifvertragliche Regelung der Arbeitsorganisation und der Lohnkosten bis hin zur politischen Entscheidung über die verwendeten Systeme und Standardisierungen. Schon weniger bekannt ist, dass etwa die Änderung eines Hochschulgesetzes, die Genehmigung einer Fabrikationsanlage, die Anerkennung eines Patentes, die Konzipierung eines Studiengangs jeweils inzwischen ein so komplexer Prozess geworden ist, dass es kaum noch Experten gibt, die das Problem insgesamt überblicken.

Komplexität – so können wir vorläufig festhalten – nimmt zu im Zuge gesellschaftlicher Arbeitsteilung, funktionaler Differenzierung und wachsender Interdependenzen zwischen den Teilen einer Gesellschaft. Die Gründung etwa der Universität Tübingen vor 500 Jahren bedurfte im wesentlichen eines Dekretes des Fürsten. Die Gründung einer Universität heute bedarf erst einmal unzähliger Kommissionen und der Abstimmung unterschiedlichster Institutionen, wie etwa der Bund-Länder-Kommission, dem Finanzplanungsrat, dem Wissenschaftsrat, der

Deutschen Rektorenkonferenz etc. Da die Gesellschaft heute sehr
viel komplexer ist als vor 500 Jahren, und eine Universitätsgründung von sehr vielen Fakten abhängt sowie Auswirkungen
auf die verschiedenen Teilsysteme der Gesellschaft hat, ist die
Entscheidung für oder gegen eine Universitätsgründung nur in
einem vielschichtigen, rückgekoppelten Abstimmungsprozess zu
erreichen, in welchem die Bedingungen und die Folgeprobleme
dieser Entscheidung möglichst umfassend behandelt werden. Auf
dem Hintergrund der Entwicklung moderner Gesellschaften zu
hochkomplexen Sozialsystemen – wir haben dies anhand von
Adam Smith, Georg Simmel und Emile Durkheim angedeutet –
lässt sich dann Komplexität wie folgt definieren:

*Komplexität bezeichnet den Grad der Vielschichtigkeit, Vernetzung und
Folgelastigkeit eines Entscheidungsfeldes.* Dabei bedeutet Vielschichtigkeit den Grad der funktionalen Differenzierung eines Sozialsystems und die Zahl der bedeutsamen Referenzebenen (das sind
Ebenen, die analytisch und empirisch unterschieden werden
müssen, – z.B. Individuum, Gruppe, Organisation – ,weil Aussagen im Kontext einer bestimmten Ebene nicht notwendig auch
im Kontext einer anderen Ebene gelten). Vernetzung bezeichnet
die Art und den Grad wechselseitiger Abhängigkeit zwischen
Teilen sowie zwischen Teil und Ganzem (zu wichtigen
Interdependenztypen Thompson 1967: 54f. und die Diskussion
bei La Porte 1975: 11ff.). Folgelastigkeit meint Zahl und Gewicht
der durch eine bestimmte Entscheidung in Gang gesetzten
Kausalketten oder Folgeprozesse innerhalb des in Frage stehenden Sozialsystems. Und der Begriff Entscheidungsfeld weist
darauf hin, dass es keine Komplexität an sich gibt, sondern nur
in Bezug auf ein bestimmtes Problem, welches für ein bestimmtes
System in einer bestimmten Situation Entscheidungen erfordert
(weiterführend: Willke 1987).

Natürlich gibt es andere Definitionen von Komplexität; es
empfiehlt sich, einige von ihnen kennen zu lernen, da es sich hier
um einen grundlegenden Begriff der neueren Systemtheorie
handelt. So schreibt Niklas Luhmann:

> »Als Komplexität soll hier, in erster Annäherung an den schwierigen
> Begriff, die Gesamtheit der möglichen Ereignisse verstanden werden
> (...). Der Begriff der Komplexität bezeichnet stets eine Relation zwi-
> schen System und Welt, nie einen Seinszustand« (Luhmann 1971: 115).

Der erste Teil der Begriffsbestimmung ist wenig hilfreich, weil die Gesamtheit der möglichen Ereignisse empirisch nicht fassbar ist. Verdeutlicht man: Gesamtheit der für ein bestimmtes System in einer gegebenen Situation möglichen Umweltereignisse und Handlungsalternativen, so ergibt sich ein Inhalt, den wir für den gleich zu erörternden Begriff »Kontingenz« reservieren wollen. Der zweite Teil der Begriffsbestimmung, nämlich dass Komplexität eine Relation zwischen System und Welt bezeichnet, führt in Wirklichkeit wieder zu einem anderen Begriff: dem der Selektivität. Auch dieser Begriff soll später im Zusammenhang erörtert werden.

Luhmann selbst hat aufgrund der angedeuteten Schwierigkeiten später den Begriff der Komplexität neu gefasst. Er versteht nun unter Komplexität

> »nicht einfach die Menge der strukturell ermöglichten Relationen, sondern deren Selektivität: auch nicht nur ein (empirisch gesicherter) Erkenntniszusammenhang zwischen den Variablen Größe und Strukturiertheit, sondern die Relation zwischen positiver Bestimmung der Größe und negativer Bestimmung des Ausscheidungseffekts der Struktur. Die Komplexität hat ihre Einheit also in der Form einer Relation: in der Relation wechselseitiger Ermöglichung von Elementmengen und reduktiven Ordnungen« (Luhmann 1975: 207).

Der Leser (die Leserin) einer Einführung in die Systemtheorie darf in diesem ersten Kapitel noch nicht hoffen, die gerade zitierten Begriffsbestimmung schon ganz zu verstehen. Das schadet nichts – und der Leser braucht sich dieses Nicht-Verstehen nicht selbst zuzurechnen. Nach einigen weiteren Kapiteln werden wir etwas klarer sehen. Vorläufig ist zu dieser Begriffsbestimmung nur anzumerken, dass Luhmann hier den Versuch unternimmt, im Komplexitätsbegriff den Zusammenhang von Selektivität, Kontingenz und Selbstfestlegung des Systems zu fassen. Wir werden auf diesen Zusammenhang zurückkommen, wenn diese Begriffe im einzelnen behandelt worden sind.

Einen sehr viel einfacheren Begriff von Komplexität schlägt Georg Klaus vor: Komplexität sei eine Eigenschaft von Systemen, die durch Art und Zahl der zwischen den Systemelementen bestehenden Beziehungen (Relationen) festgelegt ist. Im Unterschied dazu bezeichne der Begriff Kompliziertheit die Zahl der unterschiedlichen Elemente eines Systems (Klaus 1969: 307). Diese Begriffsbestimmung ist zu einfach. Sie bleibt hinter der grundlegenden Einsicht der Systemtheorie zurück, dass soziale Systeme sinnvoll und umfassend nur unter Einbeziehung ihrer jeweiligen Umwelt(en) analysiert werden können. Dies erzwingt eine Fassung des Komplexitätsbegriffs, welche berücksichtigt, dass die Umwelt ein System vor Probleme stellt, die durch systemisches Handeln und Entscheiden zu lösen sind. Nur wenn das System vielfältige und interdependente Handlungs- und Entscheidungsmöglichkeiten gegenüber den wahrgenommenen Umweltbedingungen hat, wollen wir von einem komplexen System sprechen. Dieser Aspekt wird zumindest berührt in einer Definition, die McFarland entwickelt hat:

> »The complexity of a system varies directly, but non-additively, with 1. the number and variety of its components; 2. the extent and incidence of relational interdependence among the components; 3. the variability of the components and their relationships through time« (McFarland 1969: 16; ähnlich La Porte 1975: 6).

Denn zum einen bestimmt die relationale Interdependenz zwischen den Systemteilen die Folgelast einer Entscheidung für die ursprünglich gar nicht betroffenen Teile, wie dies in klassischer Weise schon Herbert Spencer ausgedrückt hat: »As its parts (hier: die Teile einer Gesellschaft, H.W.) assume different functions they become dependent on one another, so that injury to one hurts others« (Spencer 1965: 142). Und zum anderen ist evolutionäre Variabilität der Systemteile nur im Hinblick auf veränderte Umweltbedingungen denkbar, welche für das System neue Entscheidungsprobleme stellen und neue Anpassungsstrategien erfordern.

Systemkomplexität ergibt sich in selbstreferentiellen Systemen daraus, dass die Operationen des Systems auf andere Operationen innerhalb des Systems Bezug nehmen – aber eben nicht alle auf alle. Das Zusammenwirken unterschiedlicher Elemente zur Reproduktion ihrer selbst (d.h. eben dieser Elemente) erfordert eine hochgradige Selektivität der Relationen zwischen den Elementen eines Systems. Denn schon bei einer mittleren Zahl von Elementen würde deren vollständige Relationierung nicht nur nahezu unbegrenzte Zeit erfordern. Eine Ausschöpfung aller Möglichkeiten der Relationierung würde die internen selektiven Restriktionen aufheben, welche Grundlage der Stabilisierung des Unwahrscheinlichen und mithin Grundlage von Evolution sind. Eine aufschlussreiche Fassung des Begriffs der Systemkomplexität ergibt sich so aus der Differenz von Element und Relation. Der Grad der Selektivität der Relationierung der Elemente eines Systems verhält sich umgekehrt proportional zur Systemkomplexität. Extrem hohe Selektivität (d.h.: nur noch ganz wenig ist intern zugelassen) ergibt Unterkomplexität im Sinne einer Reduktion auf ganz wenige Optionen. Extrem geringe Selektivität erzeugt Hyper-Komplexität (d.h.: beinahe alles ist intern zugelassen) im Sinne einer Einbeziehung nahezu aller denkbaren Alternativen. Interessant und produktiv erscheint dann der mittlere Bereich organisierter Komplexität. Er ist durch bestimmte Muster der Selektivität in der Relationierung der Elemente eines Systems gekennzeichnet.

Wovon leitet sich die Vielfalt der Materie ab, die Vielfalt der Phänotypen und Genotypen, die Vielfalt sozialer Systeme, die das Material für Komplexität abgibt? Setzt diese Vielfalt nicht notwendig eine Identität voraus, die dem Zufall der Variation Halt bietet? Oft genug ist gesagt worden, dass dies die falsche Art von Fragen sei, will man sich vor einem Regress auf Theologie und Philosophie bewahren. Tatsächlich löst sich jeder reale Ursprung bei genauerer Betrachtung wiederum in Differenzen auf und entweicht einfach in weitere Tiefen der Unbeobachtbarkeit.

Nimmt man aber die Grundintuitionen von Spencer-Brown und Luhmann zusammen, dann könnte sich eine weiter führende Einsicht ergeben. Der frappierendste Moment der Spencer-Brownschen Formenlehre ist ihr Anfang: Er verlangt eine Entscheidung zur Differenz: »Draw a distinction!« Alles andere, einschließlich aller möglichen Welten, folgt aus dieser Dezision: *Nur die Dezision gebiert die Differenz.* Luhmann verflüssigt diesen Anfang und macht daraus mit Hilfe von Maturana einen rekursiven Prozess generativer Selbstreferentialität. In dieser Konstruktion bleibt ein Moment des biologischen Realismus enthalten, der die erstaunlichste Fähigkeit sinnhaft konstituierter mentaler Systeme, ihre Fähigkeit zur Imagination, nicht angemessen aufnimmt. Imagination aber ist das Einzige, das den anderen Teil des Anfanges setzen könnte, den Anfang als Identität. *Nur die Imagination gebiert die Identität.* Da Einheit real nicht auffindbar ist, jedenfalls immer dann, wenn sie gefunden scheint, sich in weitere Differenzen auflöst, muss sie imaginiert werden, um real sein zu können. Gelingt es aber, sie zu imaginieren, dann rücken Einheit und Identität in die Position des »Achtzehnten Kamels« (Segal 1988), das die Probleme einer paradoxen Logik durch die Faktizität gelingender Imagination wegwischt.

Schon die Evolutionstheorie entfaltet die einfache Formel der *unitas mulitplex* zu komplexeren Modellen des Verhältnisses von Komplexität und Selektivität. In der soziologischen Systemtheorie wird dieses Verhältnis für lange Zeit zum Hauptthema, weil gerade Luhmann zunächst nichts dringlicher erschien, als die forcierte Naivität der üblichen soziologischen Grundbegriffe zu durchbrechen. Er beginnt mit Sinn als Grundbegriff der Soziologie, kommt dann zu Soziologie als Theorie sozialer Systeme und von da aus zu Komplexität und Komplexitätsreduktion als zentrale Prämisse der Operationsweise sozialer Systeme. Als Generalthema begleitet diese lange Reise das Problem der Prozeduralisierung des Verhältnisses von Komplexität und Selektivität, das Luhmann beispielsweise in folgende Formel fasst: »Komplexität ... heißt Selektionszwang, Selektionszwang heißt Kontingenz, und Kontingenz hießt Risiko« (Luhmann 1984: 47).

Warum wir in unserer eigenen Definition von Komplexität auch die Vernetzung eines Entscheidungsfeldes betonen, wird allerdings erst deutlicher, wenn wir einen weiteren Grundbegriff der neueren Systemtheorie kennen gelernt haben: den der Kontingenz.

2.2 Kontingenz

Der Kontingenzbegriff wurzelt in der scholastischen Philosophie, wo er die Möglichkeit bezeichnet, dass etwas ist oder auch nicht ist (ausführlich dazu Luhmann 1984: 184ff.). In etwas vereinfachter Form taucht er bei Talcott Parsons (1964) auf bei der Analyse der Interaktion zweier Handelnder (alter und ego). Ausgangspunkt ist die Situation eines instinktgesteuerten Tieres. Umweltereignisse sind nur insoweit relevant, als unter ihnen bestimmte Schlüsselreize vorkommen, die bestimmte, festgelegte Reaktionen hervorrufen. Die Beziehung zwischen Tier und Umwelt ist einseitig determiniert; der Reaktionsspielraum des Tieres ist weitgehend festgelegt und gerade nicht offen, nicht variabel, nicht im Einzelfall entscheidbar: also gerade nicht kontingent. Grundsätzlich anders ist die Lage bei sozialen Beziehungen zwischen Menschen. Menschen haben im Prinzip die Möglichkeit, unvorhergesehen, überraschend, variabel, offen, also kontingent zu handeln und ebenso kontingent zu reagieren. Anthropologen wie Arnold Gehlen und Adolf Portmann haben dies in Begriffe wie Plastizität, Umweltoffenheit, Mängelwesen, Neugierverhalten usw. gefasst und daraus die Notwendigkeit sozialer »Einrichtungen« gefolgert, die die Zufälligkeit und Offenheit menschlichen Handelns regulieren.

Parsons führt den Begriff der »doppelten Kontingenz« in die Soziologie ein und kennzeichnet damit eine Situation, in der sowohl ego als auch alter nicht festgelegte Handlungsmöglichkeiten haben. Sein Interesse richtet sich allerdings nicht auf diese Situation an sich, sondern auf deren Überwindung in geordneten Formen der Interaktion:

> »The orientation of one actor to the contingent action of another inherently involves evaluative orientation, because the element of contingency implies the relevance of a system of alternatives. Stability of interaction in turn depends on the condition that the particular acts of evaluation on both sides should be oriented to common standards since only in terms of such standards is ›order‹ in either the communication or the motivational contexts possible« (Parsons 1964: 37).

Menschen haben eine Fülle von »Einrichtungen« entwickelt, die die Kontingenz von Handlungsalternativen auf ein handhabbares Maß beschränken: religiöse Deutungssysteme, moralische Wertordnungen, Institutionen, Normen, Rollen und andere Formen von Konventionen bis hin zur Sprache und informellen sozialen Normen. Die Lage wurde allerdings in der Phase der Menschheitsentwicklung wieder prekär, als im Zuge der Aufklärung, der Entwicklung der Wissenschaft und der Rationalisierung immer weiterer Lebensbereiche die großen Selbstverständlichkeiten zerstört wurden: Darwins Evolutionstheorie erschütterte die herkömmlichen religiösen Deutungsmuster; die politischen Ideen der Aufklärung und die Positivierung des Rechts in demokratisch legitimierten Verfahren setzte der charismatischen und traditionalen Herrschaft ein Ende – mit Unterbrechungen und Rückfällen. Die Entwicklung von Wissenschaft und Planung eröffnete Entscheidungsmöglichkeiten, wo früher naturwüchsige Entwicklung vorherrschte. Selbst die Selbstverständlichkeit psychischer Vorgänge wurde durch Freuds Entdeckung des Unbewussten zerstört. Und heute ist absehbar, dass auch noch die Naturwüchsigkeit der Reproduktion und Evolution des Menschen selbst durch Handlungsalternativen ersetzt wird, die die Molekularbiologie und Humangenetik erzeugen.

Unter soziologischem Aspekt ist hervorzuheben, dass nicht nur die individuelle Interaktion Kontingenzspielräume hat. Vielmehr weisen in zunehmendem Maße auch soziale Systeme bis hin zu ganzen Gesellschaften Mehrfach-Kontingenzen auf, weil steuerbare und mithin wählbare Handlungsalternativen zur Verfügung stehen. Dies berücksichtigt jene Fassung des Kontingenzbegriffs, die Luhmann vorschlägt:

> »Systemdifferenzierung erzeugt kontingente Beziehungen zwischen Teilsystemen. Kontingenz bedeutet bei dieser Ableitung aber nur: ›Abhängigkeit von ...‹. Diese Fassung des Kontingenzbegriffs können wir erweitern durch Rückgriff auf den allgemeinen modaltheoretischen Begriff der Kontingenz, der das ›Auch-anders-möglich-Sein‹ des Seienden bezeichnet und durch die Negation von Unmöglichkeit und Notwendigkeit definiert werden kann. Kontingenz in diesem Sinne entsteht dadurch, dass Systeme auch andere Zustände annehmen können, und sie wird zur doppelten Kontingenz, sobald die Systeme die Selektion eigener Zustände darauf abstellen, dass andere Systeme kontingent sind« (Luhmann 1975: 171).

Die naturwüchsige Entwicklung der Gesellschaft und ihrer Teilbereiche wird in immer mehr Hinsichten von einer über Entscheidungen gesteuerten Entwicklung abgelöst. Und an die

Stelle »übernatürlicher« Erklärungsversuche für die gegebenen
Zustände tritt die Suche nach säkularen Erklärungen, rationalen
Entscheidungen und planvoller Steuerung der Folgen. So beeinflusst die Familienpolitik die Bevölkerungsentwicklung, die
Einkommens- und Steuerpolitik die Produktivität, die Wissen-
schaftspolitik die technische Innovation; mehr oder weniger
rationale Überlegungen der Eltern steuern die Kinderzahl,
Numerus-clausus-Bestimmungen und Moden steuern Wachs-
tums- oder Schrumpfungsraten akademischer Professionen, und
die Werbeindustrie steuert die Konsumswünsche.

    Dies alles sind nur Beispiele für einen eminent wichtigen all-
gemeinen Prozess in hochentwickelten Gesellschaftssystemen,
den Max Weber »Entzauberung der Welt« genannt hat. Die
meisten Dinge passieren nicht mehr einfach, sondern sie sind
»machbar« geworden. Und damit wird die Frage immer wichtiger,
was gemacht wird und was nicht. Wenn Entwicklungen nicht
mehr als gottgegeben oder naturwüchsig hingenommen, sondern
als bewusste Entscheidung zwischen Alternativen verstanden
werden, dann entsteht notwendigerweise die Frage nach der
Begründung der jeweiligen Entscheidung. Das heißt: Mit der
Zunahme von Kontingenz nimmt auch das Konfliktpotential zu;
erhöhte Kontingenz ist nur tragbar, wenn leistungsfähigere
Mechanismen der Konfliktregulierung mit entwickelt werden.

    Die neuere Systemtheorie hat durchaus das Potential zu einer
Konflikttheorie komplexer Gesellschaften. Das Interesse an
systemtheoretischen Forschungen entspringt nicht zuletzt auch
der Erwartung, dass sich mit Hilfe der soziologischen Systemtheorie das Konfliktpotential moderner Sozialsysteme besser
begreifen und beurteilen lässt, als mit den herkömmlichen einfachen Konfliktsoziologien (ausführlicher Willke 1989: 99ff.).

    Dies wird besonders deutlich, wenn wir uns kurz den Zu-
sammenhang von Komplexität und Kontingenz vor Augen
führen. Komplexität charakterisiert ein Entscheidungsfeld, in dem
ein bestimmtes System auf die Anforderungen seiner Umwelt(en)
reagieren muss. Komplexität bezieht sich also immer auf eine
System-Umwelt-Relation, in welcher der Beziehungs- und
Möglichkeitsreichtum der Umwelt dem System zum Problem
wird. Kontingenz dagegen bezieht sich auf die dem System in
einer bestimmten Situation selbst zur Verfügung stehenden

Handlungsalternativen. Zwar erfolgt eine *Bewertung* dieser Alternativen nur im Hinblick auf bestehende Umweltbedingungen – und insofern spielt auch beim Begriff der Kontingenz die System-Umwelt-Relation eine Rolle. Kontingenz von Handlungsmöglichkeiten im Sinne von prinzipiell gegebenen Freiheitsgraden der Handlungssteuerung ist aber ausschließlich eine Eigenschaft des Systems selbst. Das zeigt einerseits etwa der Unterschied zwischen einer mechanischen Maschine und einem programmierten Roboter, zwischen einem trivialen und einem nicht-trivialen System. Kontingenz fehlt etwa bei der Verhaltenssteuerung durch Instinkte, und sie kann sich entfalten bei der Handlungssteuerung durch Symbole. Auf der Ebene von Gesellschaften verfügen traditionale Gesellschaften über bedeutend weniger Kontingenz als moderne Gesellschaften mit entwickelter Kapitalwirtschaft und demokratischen Herrschaftsstrukturen.

Den Zusammenhang zwischen Komplexität und Kontingenz formuliert Luhmann so:

> »Unter Komplexität wollen wir verstehen, dass es stets mehr Möglichkeiten gibt, als aktualisiert werden können. Unter Kontingenz wollen wir verstehen, dass die angezeigten Möglichkeiten weiteren Erlebens auch anders ausfallen können als erwartet wurde; dass die Anzeige mithin täuschen kann, indem sie auf etwas verweist, das nicht ist oder wider Erwarten nicht erreichbar ist oder, wenn man die notwendigen Vorkehrungen für aktuelles Erleben getroffen hat (zum Beispiel hingegangen ist), nicht mehr da ist. Komplexität heißt also praktisch Selektionszwang, Kontingenz heißt praktisch Enttäuschungsgefahr und Notwendigkeit des Sicheinlassens auf Risiken« (Luhmann 1972: 31).

Die einem System zur Verfügung stehenden Handlungsmöglichkeiten erscheinen in der Perspektive eines externen Beobachters als ein Bereich von Unsicherheit und Überraschungen, weil er nicht ohne weiteres abschätzen kann, welche Alternative vom System gewählt wird. Bildet der Beobachter etwa als Interaktionspartner bestimmte Erwartungen aus, so muss er mit der Möglichkeit der Enttäuschung dieser Erwartungen rechnen. Jedes komplexe psychische oder soziale System erfährt also die Kontingenz anderer Systeme als ein Problem von Ungewissheit und mangelnder Erwartungssicherheit. Die eigenen Kontingenzen dagegen erfährt das System als Freiheitsgrade und Alternativspielraum.

Das Zusammenspiel und die Vernetzung der Kontingenzen verschiedener Bezugssysteme (das sind die in der Umwelt eines Systems relevanten anderen Systeme) konstituieren die Umwelt-

komplexität für das fokale System (das ist das jeweils in Frage
stehende System). Unter der Voraussetzung, dass das fokale
System sich auf seine Umwelt optimal einstellen will, erfordert die
Umweltkomplexität eine entsprechende angemessene Eigenkomplexität des Systems (Ross Ashby hat diese Beziehung in sein
berühmtes »law of requisite variety« gefasst: Ashby 1956: 202ff.).
Und diese Eigenkomplexität des fokalen Systems ermöglicht
unter bestimmten Bedingungen wiederum eine erhöhte Kontingenz dieses Systems, so dass sich die Möglichkeit einer
evolutionären Entwicklung zu immer größerer Komplexität und
Kontingenz ergibt.

Als Formprinzip meint Komplexität die Gesamtheit der in
einem System an einander anschließbaren Differenzen. Komplexität bezeichnet damit die Tiefendimension eines Systems. Sie
lässt sich als ein sich verzweigender Stammbaum verstehen. Sie
beginnt mit einer einzigen Leitdifferenz (des Systems insgesamt)
und faltet sich dann in prinzipiell beliebig tief staffelbare Folgedif-
ferenzen aus. Faktisch ist die Tiefe der Staffelung natürlich
begrenzt, vermutlich am stärksten durch die Faktoren Zeit und
Gedächtnis. Dagegen bezeichnet Kontingenz die horizontale
Dimension möglicher Parallelwelten eines Systems. Andere
Welten entstehen im System, wenn das System an beliebigen
Bifurkationspunkten der Produktion von Differenzen *andere*, auch
mögliche Unterscheidungen im Sinne einer »Substitution von
Antonymen« (Holmes 1987) setzt und diese dann, statt anderer,
in weitere Tiefen verfolgt.

Der Zusammenhang von Komplexität und Kontingenz darf
die Unterschiede nicht vergessen lassen. Es gibt Beziehungen von
hoher Kontingenz und geringer Komplexität und umgekehrt: So
kann man die anfänglichen Beziehungen zwischen Robinson und
Freitag als extrem wenig komplex und hoch kontingent bezeichnen. Mangels anderer Bezugssysteme entfällt Vielfalt, Vernetzung
und Folgenlastigkeit der sozialen Beziehungen, während die
möglichen Handlungsalternativen vom gegenseitigen Fressen bis
zur Freundschaft reichen. Andererseits können die Innenbezie-
hungen einer hochformalisierten Bürokratie sehr wenig kontingent und hoch komplex sein. Interne Differenzierung bewirkt
eine weitgehende Vernetzung der Entscheidungsabläufe auf verschiedenen Ebenen und führt dazu, dass Entscheidungen, die im

einen Teilbereich fallen, Folgewirkungen für viele andere Bereiche haben können. Dennoch kann die Kontingenz sehr gering sein, wenn nämlich die Entscheidungsverfahren penibel reguliert und bis ins kleinste vorgeschrieben sind. Dann beschränken sich Arbeitsprozesse und -ergebnisse auf eingespielte Routine, und Überraschungen bleiben aus.

Es ist demnach zumindest missverständlich, wenn Münch feststellt, Komplexität und Kontingenz seien Komplementärbegriffe: »Derselbe Sachverhalt wird im einen Fall aus der Perspektive aller Ereignisse und im anderen Fall aus der Perspektive eines bestimmten Ereignisses betrachtet« (Münch 1976: 39). Denn dieser Fassung des Verhältnisses von Komplexität und Kontingenz ist entgegenzuhalten, dass sie nicht mehr stringent auf die Relation System-Umwelt bezogen ist. Eine einzelne Entscheidung lässt sich sowohl unter dem Aspekt der Komplexität als auch dem der Kontingenz behandeln. Entscheidend ist, welchen Bezugspunkt innerhalb einer System-Umwelt-Beziehung man zugrunde legt. Geht man vom System aus, so kennzeichnet gerade die Vielfalt möglicher Entscheidungen dessen Kontingenzspielraum. Die Vielfalt möglicher Umweltereignisse dagegen, die auf kontingenten Handlungsmöglichkeiten von individuellen oder kollektiven Akteuren in der Umwelt beruht, erscheint in der Sicht des fokalen Systems als Komplexität seiner Umwelt (ausführlicher Luhmann 1990: 59ff.; Willke 1993: 71ff.).

Ein systemtheoretisch besonders interessantes Verhältnis besteht zwischen Kontingenz und Negation. Retention (Erhaltung des Bestehenden) ist die Negation von Kontingenz. Aber hinter dieser einfachen Gleichung steckt ein Labyrinth kontingenter Verknüpfungen von Kontingenz und Negation, sobald Negation nicht als bloße Verneinung verstanden wird, sondern als die andere Seite einer positiven Realität, die ohne ihre andere Seite aber nicht wirklich und nicht operationsfähig ist. Negation stellt nicht einfach die Identität eines Systems in Frage, sondern sie fragt nach der Relevanz nicht-realisierter kontingenter Geschichten des Systems, kontingenter Gegenwarten und unter der Prämisse möglicher Steuerung nach kontingenten Zukünften des Systems. Negation als Teil der Relation von Kontingenz und Negation widerlegt die Realität eines Systems, wie das Hervorbrechen der Blüte die Knospe widerlegt; und Kontingenz als Teil der Relation von Kontingenz und Negation beschuldigt die Realität des Systems eines falschen Daseins, weil es seine Möglichkeiten nicht erschöpft, sondern sich selbst auf das Bestehende beschränkt.

In dieser Weise sorgen Kontingenz und Negation im Fall sinnhaft konstituierter Systeme nicht für das Ruhekissen, das Retention für die biologische Evolution bereit stellt, sondern im Gegenteil für eine in die Grundfesten des Systems eingelassene Zerrissenheit des Systems zwischen kontingentem Positiven und notwendigem Negativen.

2.3   Konflikt

Dass dies nicht nur Begriffsspielereien sind, wird dann deutlich, wenn ein Entscheidungsfeld unter dem Gesichtspunkt möglicher Konflikte betrachtet wird. Komplexität erzeugt ein Konfliktpotential aufgrund überschüssiger Möglichkeiten der Umwelt, die unter dem Gesichtspunkt der Handlungsfähigkeit des Systems reduziert werden müssen. Kontingenz dagegen erzeugt Konflikte innerhalb eines Systems aufgrund von Handlungsalternativen, die im Hinblick auf bestimmte Umweltbedingungen vom System bewertet und entschieden werden müssen.

Im ersten Fall geht es um die Reduktion von Umweltereignissen auf ein für das System bearbeitbares oder auf ein bewusst angestrebtes Maß; im zweiten Falle geht es um die Produktion von Wirklichkeiten in der Umwelt aufgrund der im System erarbeiteten Möglichkeiten. Unter dem Gesichtspunkt der Handlungsfähigkeit erzwingt Komplexität die Aggregation von Umweltdaten und die Ausfilterung des für das System nicht Wesentlichen. Konflikte entstehen also auf der input-Seite des Systems über die Frage, was relevant und was nicht relevant sei. Kontingenz dagegen erzeugt Konflikte auf der output-Seite des Systems über die Frage, welche Handlungsmöglichkeit für das System günstiger und somit vorzuziehen sei.

Nehmen wir als Beispiel die politische Hochschulgruppe G. Sie kann als soziales System bezeichnet werden, weil sie durch ihre Ideologie, ihre spezifischen Werte, Normen und Handlungsmuster sich von ihrer Umwelt – den anderen Studenten, Gruppen, Hochschulorganen etc. – abgrenzen und unterscheiden lässt, *und* weil die politischen Handlungen der Mitglieder von G kontext-sensitiv sind, d.h. nur aus dem Gruppenzusammenhang, den Gruppenbeziehungen und den Kontrollprozessen der Gruppe heraus zu verstehen sind.

Die Komplexität ihrer universitären und politischen Umwelt stellt die Gruppe vor den Zwang, aus der Unmenge von Informationen, Ereignissen, Problemen und Beziehungen auszuwählen. G kann nicht gleichzeitig auf allen Parties tanzen, an allen Fronten kämpfen, sich um alle Probleme kümmern. Da die Mitglieder von G unterschiedliche Menschen mit unterschiedlichen

Perzeptionen und Präferenzen sind, entsteht Konflikt darüber, welche Ausschnitte und Aspekte der Umwelt für G relevant sind und welche nicht. Diese Konflikte können den Gruppenzusammenhang stärken, indem sie integrative Prozesse in Gang setzen (dazu Simmel 1958: 186ff.; Coser 1964; Dahrendorf 1967: 263ff.), die zur Klärung der Widersprüche und zur Ausbildung gemeinsamer oder mehrheitlicher Präferenzen führen. Sie können die Gruppe spalten in konkurrierende Splittergruppen – das war z.B. das Schicksal des westdeutschen SDS (und seines nordamerikanischen Gegenstücks, der Vereinigung *Students for a Democratic Society*) Anfang der siebziger Jahre. Oder die Konflikte können einfach als für die Gruppe irrelevant in den privaten Bereich der Mitglieder abgeschoben werden: So beeinflussen zwar Familienstand oder Religionszugehörigkeit individuelle Perzeptionen und Präferenzen, doch die meisten politischen Gruppen definieren diese Differenzen als unerheblich.

Auf der anderen, der output-Seite, stehen G unterschiedliche Handlungsmöglichkeiten oder »Strategien« zur Verfügung, je nachdem, welche Eigenkomplexität sie entwickelt, welche Ressourcen sie angesammelt und welche Umweltbeziehungen sie aufgebaut hat. Wird G von ihrer »Mutterpartei« gegängelt und hat sie keine eigenen Ressourcen, so besitzt sie geringe Kontingenz. Vermag G in die öffentliche Diskussion einzugreifen, Wähler zu mobilisieren, auf Abgeordnete einzuwirken oder eigene Vorschläge und Konzepte zur Lösung politischer Probleme zu entwickeln, dann ist ihr Kontingenzspielraum hoch. Hohe Kontingenz aber erzeugt Konflikte darüber, welche von den vielen Möglichkeiten unter Knappheitsbedingungen vorgezogen werden soll. »Unter Knappheitsbedingungen« heißt, dass in der Realität die Ressourcen eines Systems (wie Zeit, Energie, Geld oder Information) immer begrenzt sind und sie deshalb auf die möglichen Optionen aufgeteilt werden müssen.

So muss sich G etwa entscheiden, ob sie allein als Gruppe, in loser Abstimmung oder in »Aktionseinheit« mit anderen Gruppen handeln will; ob sie ihre Aktivität auf »Basisarbeit« (was immer das sei), auf bestimmte Zielgruppen oder allgemein auf Öffentlichkeit richten soll, ob sie das vorhandene Geld eher zum Druck von Flugblättern, zur Unterstützung bestimmter Zielgruppen oder Organisationen, zur Organisation eines Festes etc. ausgeben

will; ob sie ihre Zeit für interne Diskussionen, für Überzeugungs-
arbeit nach außen, für die Abfassung eines Papiers oder Flugblatt-
verteilen verwenden kann. Diese und viele andere Kontingenzen
müssen schließlich in eine für G als soziales System vertretbare,
mehr oder weniger konsistente Handlungsstrategie – die auch
eine Doppel- oder Mehrfachstrategie sein kann – verdichtet
werden.

Berühmte Strategiediskussionen zeigen das Konfliktpotential
und die fundamentale Bedeutung der Entscheidung über Kontingenzen für das jeweilige System: die Diskussion über den Bau von
Atomkraftwerken gegenüber alternativen Formen der Energie-
erzeugung; die Diskussion über Phasen und Ziele der europäischen Einigung nach Maastricht; die Debatte um Form und
Folgen der deutschen Einigung; die laufende Auseinandersetzung
über eine gegenüber den Konkurrenten Japan und USA optimale
technologie- und wirtschaftspolitische Strategie der europäischen
Länder, bzw. der EU insgesamt; oder die nach wie vor ebenso
aktuelle wie folgenschwere Auseinandersetzung in der GUS über
die richtige Strategie für den radikalen Umbau der Volkswirt-
schaft.

Während also auf der input-Seite eines sozialen Systems die
Reduktion der Umweltkomplexität durch die begrenzte Informa-
tionsverarbeitungskapazität der Perzeptoren (von Sinnesorganen
bis zu »Grenzstellen« und »*looking-out institutions*«, d.h. Beobach-
tungsorganisationen wie etwa Greenpeace) erzwungen wird,
erfordert auf der output-Seite des Systems die Knappheit der
Ressourcen (einschließlich des durch die Ressourcen definierten
Machtgefälles zwischen System und relevanter Umwelt) eine
Auswahl aus den Handlungsalternativen. Dem entsprechen, wie
gesagt, Konflikte über Relevanzen einerseits und Konflikte über
Strategien andererseits.

Genauer: Die Selektion von Umweltdaten unter Relevanzge-
sichtspunkten bedeutet in differenzierten Systemen Konflikt
darüber, welches der differenzierten Teile die Relevanzen bestimmt. So definiert in der traditionellen Familie der Ehemann/-
Vater das, was als relevant anzusehen ist: wo die Familie hinzieht,
wo sie wohnt, welche Tätigkeiten der Ehefrau/Mutter zugestanden werden etc.; der Mann regelt den Umweltbezug der Familie,
und seine Entscheidungen über Beruf, Arbeitsplatz und Karriere

legen fest, was für die Familie wichtig ist und was nicht. So bestimmt in einem früh-kapitalistisch organisierten Betrieb der Unternehmer, was für das soziale System »Betrieb« relevant ist. Einstellung von Arbeitskräften, Einkauf von Material, Marktbeurteilung, Gewinnabschöpfung etc. wird nur von einem Teil des differenzierten Ganzen verbindlich geregelt. Die aus den beispielhaft angeführten Situationen resultierenden Konflikte haben im Fall der Familie die Emanzipation der Frau und der Kinder, im Fall des Betriebes unterschiedliche Formen der Mitbestimmung der anderen Teile (vor allem der Arbeiter) hervorgebracht.

Die Selektion von Handlungsoptionen unter Knappheitsgesichtspunkten bedeutet in differenzierten Systemen Konflikt darüber, wie die Ressourcen verwendet und welche Strategien verfolgt werden sollen. So konzentriert sich etwa die wirtschaftspolitische Diskussion um die Wege zur Überwindung der Arbeitslosigkeit auf die Alternative, ob die vorhandenen Ressourcen eher zur Ankurbelung der Investitionstätigkeit oder zur Anregung des privaten Konsums zu verwenden sind, ob also eher die Strategie Preisstabilisierung und Sicherung der Gewinnerwartung der Unternehmer oder die Strategie Lohnsteigerung vorzuziehen sei.

Die idealtypische Gegenüberstellung von Konflikten über Relevanzen (input-Konflikte) und Konflikten über Strategien (output-Konflikte) dient nur analytischen Zwecken. In der sozialen Wirklichkeit sind beide Konflikttypen eng miteinander verwoben, und die ihnen zugrunde liegenden Prozesse sind durch Rückkopplungsschleifen miteinander verbunden. Dennoch ist es zu Zwecken schärferer Analyse oft nutzbringend, bei einem bestimmten Konflikt zu untersuchen, *wo* er vornehmlich verortet ist und welche Systemaspekte von diesem Konflikt in erster Linie betroffen sind. (Ein hochentwickeltes Modell dieser Konflikttypen – *conflicts of perceptions and conflicts of options* – in hochkomplexen Systemen und Möglichkeiten ihrer Lösung entwickeln Baumgartner et al. 1975, bes. S. 178ff.)

Der *Zusammenhang* beider Konflikttypen ergibt sich daraus, dass es ein und dasselbe System ist, welches jegliche Art von Konflikt in systemspezifischer Weise löst. Identität und Selbstverständnis des sozialen Systems bewirken, dass input- und output-Konflikte nicht gänzlich unabhängig voneinander entschieden werden, dass also etwa die Entscheidung über eine bestimmte Handlungs-

strategie auf Perzeptionen und Präferenzen gegenüber der Umwelt rückwirkt. In der Individualpsychologie wird diese Erscheinung unter den Stichworten »kognitive Dissonanz«, »Ambiguitäts-
toleranz« und »kognitive Strukturiertheit« (Dörner 1989) behandelt. In der Soziologie der Gruppe, der Organisation oder der
politischen Parteien gibt es vielfältige empirische Hinweise dafür,
dass soziale Systeme nach der Entscheidung für eine bestimmte
Handlungsstrategie ihre Perzeption der Umwelt und ihre
Informationsaufnahme anders – nämlich im Sinne dieser Strategie
strukturieren (March 1990: 1-23).

Eine allgemeinere Erklärung dieses Phänomens führt zu einem
weiteren grundlegenden Begriff der neueren Systemtheorie, dem
Sinn-Begriff. Als Grundlage für die Einführung dieses sehr
schwierigen Begriffs wollen wir uns den Zusammenhang der
bisher behandelten Begriffe noch einmal vor Augen führen. Als
Kontrast dient uns wieder die Situation eines instinktgesteuerten
Tieres: Aus den vielfältigen Ereignissen einer komplexen Umwelt
selegieren die Sinnesorgane (Perzeptoren) des Tieres bestimmte
Schlüsselreize heraus. Diese Reize führen über den instinktgesteuerten Reiz-Reaktions-Mechanismus zu einem bestimmten,
genetisch oder durch Prägung festgelegten Verhalten. Eigenkomplexität und Kontingenz des Systems »Tier« sind gering;
dominanter »Systemzweck« ist das Überleben der Art. Insofern
lässt sich sagen, dass Tiere auf der Basis von Überleben organisiert sind. (Die Formel bei Luhmann 1971a: 93 lautet: »Organismen sind auf der Basis von Leben integriert«.)

Anders bei psychischen und sozialen Systemen: Zwar selegieren auch hier die »Perzeptoren« (das sind die beobachtungsleitenden Kriterien eines Systems) aus einer komplexen Umwelt
nur bestimmte Informationen und Ereignisse heraus; aber die
selegierten Daten führen nicht unvermittelt zu Reaktionen –
außer in besonders aufschlussreichen Extremfällen, z.B. Affekt
beim Menschen oder defensive Strukturierung bei sozialen Systemen, was hier nicht weiter verfolgt werden kann. Im »Normalfall«
durchlaufen die selegierten Daten komplizierte und komplexe
Prozesse der kognitiven Verarbeitung und Aufbereitung. Sie
werden nach systemspezifischen Gesichtspunkten zusammen-
gefasst (aggregiert), symbolisch repräsentiert und manipuliert. In
dem Maße, wie psychische und soziale Systeme komplex sind,

d.h. aufgrund funktionaler Binnendifferenzierung und der Fähigkeit zum Aufbau innerer Modelle der Außenwelt ihre Eigenkomplexität entwickeln, sind sie in der Lage, die aus der Umwelt
selegierten Daten mit systemeigenen Daten, Beziehungen und
Möglichkeiten anzureichern, neu zu verknüpfen, kurz: aufzuberei-
ten und in diesem Sinne Komplexität zu verarbeiten.

In systemtheoretischer Perspektive ist dies eine extrem wichtige, evolutionär bedeutsame Fähigkeit. Der Sprung aus dem
Bereich notwendiger Reiz-Reaktions-Verknüpfung in den Bereich
erhöhter Freiheits- und Kontingenzgrade markiert eine Schwelle
der Evolution, die mit den Begriffen Sinn, Identität, Reflexion,
Selbstverständnis und Selbst-Thematisierung verbunden ist (zu
letzterem Hahn/Kapp 1987). Das kann hier nicht im einzelnen
erläutert werden. Festzuhalten ist, dass komplexe Systeme aufgrund eben dieser Eigenschaft der Eigenkomplexität *nicht* nur die
Funktion und die Fähigkeit haben, Umweltkomplexität zu *reduzie-*
ren. Vielmehr haben sie ebenso die Funktion und die Fähigkeit,
intern Komplexität zu *produzieren*. Das, was man beim Menschen
etwa Kreativität, Phantasie oder einfach Denken und geistige
Produktivität nennt, ist nichts anderes als die Produktion neuer
Komplexität. Auf der Ebene sozialer Systeme äußert sich diese
Fähigkeit etwa im Aufbau differenzierter Produktionstechniken,
in der Verwendung symbolisch gefasster Kommunikationsmedien
jenseits der Sprache oder in der Institutionalisierung elaborierter
kultureller Einrichtungen.

Diese intern erzeugte, systemspezifische Komplexität muss
dann unter dem Gesichtspunkt der Handlungsfähigkeit des
Systems in einem zweiten Selektionsprozess erneut auf die mach-
baren Handlungsoptionen reduziert werden. In diesem Bereich
spielen berühmte Dichotomien wie vita contemplativa und vita
activa, Denken und Handeln, Wissenschaft und Praxis. Bekannte
Beispiele sind Hamlet, der unter der Last der Reflexion nicht zum
Handeln kommt oder Alexander, der über den Knoten nicht
reflektiert, sondern ihn zerschlägt.

Wonach aber richtet sich der ganze verwickelte und mehrstufige Prozess der Reduktion von Umweltkomplexität, der Reproduktion interner Komplexität und der erneuten Selektion von
Handlungsoptionen? Beim Tier oder bei einfachen Maschinen ist
der Steuerungsmechanismus für den throughput (das ist der

interne Prozess, der input und output verbindet) relativ einfach
auszumachen: es ist der Instinkt bei Tieren und konditionale
Programmierung bei einfachen Maschinen. Steuerungskriterium
ist das Überleben, bzw. eine von außen vorgegebene Funktion.
Welcher Mechanismus aber vermittelt input und output bei
psychischen und sozialen Systemen und nach welchen Kriterien
richtet sich dieser Mechanismus?

Es scheint, als spiele hier der Sinnbegriff eine zentrale Rolle.
Und es gibt Anzeichen dafür, dass die Produktion und Reproduktion von Sinn über motivationale und kognitive Prozesse bei
hochkomplexen Systemen an die Stelle der Überlebensformel
getreten ist. In erster Annäherung ließe sich dann sagen, dass
»Sinn« das Steuerungskriterium hochkomplexer Systeme ist, oder
dass Sozialsysteme auf der Basis von Sinn organisiert sind. Diese
Zusammenhänge lassen sich schematisch in folgender Weise darstellen:

Abbildung 1: Triviale und nicht-triviale Systeme

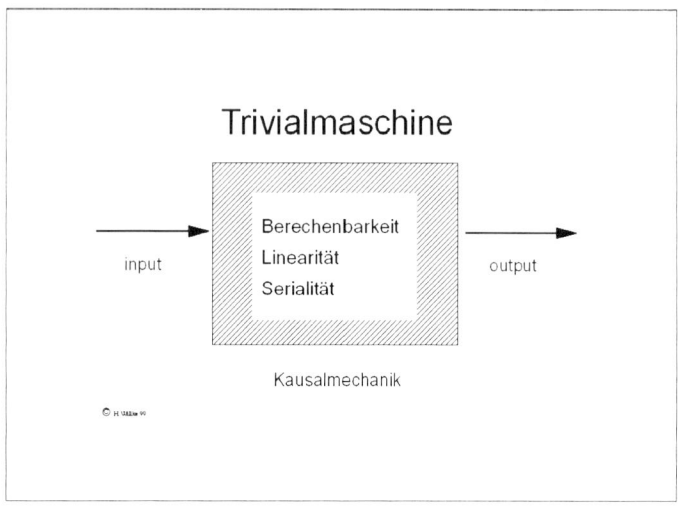

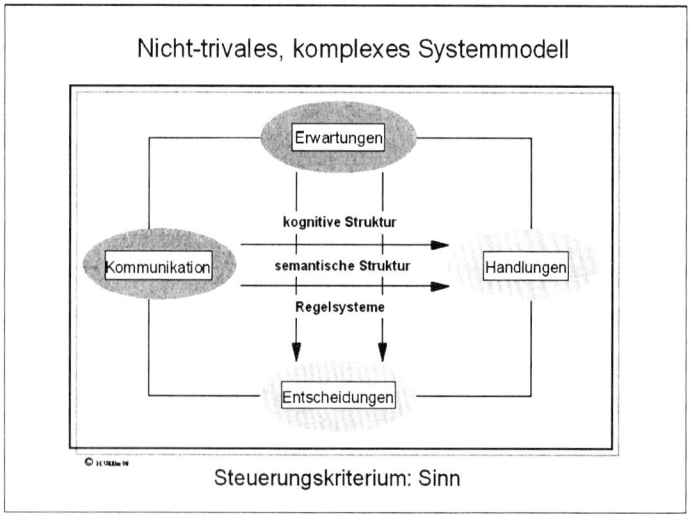

3   Sinn als Ordnungsform der Welt

Dass Sozialsysteme auf der Basis von Sinn organisiert sind, klingt zunächst überraschend. Denn wir sind gewohnt, in Anlehnung an biologische Modelle auch vom Gleichgewicht oder vom Überleben eines sozialen Systems als letztem Bezugspunkt der Analyse auszugehen. Immer wieder aber stoßen Sozialwissenschaftler auf Phänomene, die biologisch schlicht nicht mehr erklärbar sind. Sie legen es nahe, nach der Bedeutung von Sinn für soziales Handeln und für den Aufbau sozialer Systeme zu fragen.

Auf der Ebene von Individuen (psychischen Systemen) belegen politische oder religiöse Märtyrer aller Art, dass für Menschen die Erhaltung einer Idee (also einer bestimmten Form von Sinn) wichtiger sein kann als die Erhaltung des eigenen Lebens. Dasselbe passiert, wenn Gläubige religiös tabuisierte Tiere oder Pflanzen nicht anrühren, obwohl sie dabei verhungern. Weitere Beispiele ließen sich mühelos finden. Auf der Ebene sozialer Systeme verweisen insbesondere »Kreuzzüge« aller Art darauf, dass Gruppen oder ganze Völker ihre Existenz aufs Spiel setzen, um bestimmte Sinnzusammenhänge wie Religion, politische Werte oder moralische Postulate zu erhalten oder durchzusetzen. Dass individuelle und soziale Ebenen in aller Regel unentwirrbar vermengt sind, zeigt eine der aberwitzigsten menschlichen Erfindungen, der Krieg. Für bloße Ideen (wie Vaterland, Freiheit, Kommunismus, Heiliger Krieg) lassen sich Millionen von Menschen auf das Schlachtfeld führen. Dies ist biologisch nicht mehr begreifbar. Und obwohl es sehr extreme Beispiele sind, können sie die Frage plausibel machen, warum für soziale Systeme Sinn zu einer grundlegenden Kategorie wird.

Wir wenden uns also jetzt der Frage zu, welche soziologische Bedeutung die spezifisch menschliche Fähigkeit hat, sich sinnhaft in der Welt zu orientieren, über Sprache und andere Sinnsysteme soziale Beziehungen aufzubauen und Herausbildung und Abgrenzung sozialer Identitäten nach sinnhaften Kriterien zu steuern. Wir verwenden dazu in vorläufiger Form die Begriffe System und Systemgrenze, die erst weiter unten genauer behandelt werden.

In einer allgemeinen Weise lässt sich sagen, dass symbolische Sinnsysteme oder »Sinnwelten« Ordnung schaffen.

> »Die symbolische Sinnwelt bringt Ordnung in die subjektive Einstellung zur persönlichen Erfahrung. Erfahrungen, die verschiedenen Wirklichkeitssphären angehören, werden durch Einbeziehung in ein und dieselbe überwölbende Sinnwelt integriert ... . Die ›nomische‹ Funktion, die symbolische Sinnwelten für das individuelle Bewusstsein erfüllen, kann ganz einfach als diejenige bezeichnet werden, die jedes Ding an seinen rechten Platz rückt ... . Auf diese und ähnliche Weise ordnet und regelt die symbolische Sinnwelt Alltagsrollen, Prioritäten und Prozeduren und rechtfertigt sie zugleich« (Berger/Luckmann 1969: 104-106).

Die *Systemgrenze* sozialer Systeme kann verstanden werden als der Zusammenhang selektiver Mechanismen, die auf einer ersten Stufe der Differenzierung von System und Umwelt die Kriterien setzen, nach denen zwischen dazugehörigen und nichtdazugehörigen Interaktionen unterschieden wird. Die Frage ist dann, welcher Art diese selektiven Mechanismen sind. Da soziale Systeme nicht aus konkreten Menschen, sondern aus Kommunikationen bestehen, kann im Anschluss an Max Weber die gemeinsame sinnhafte Orientierung wechselseitig verstehbaren Handelns als Grundbedingung eines systemischen Zusammenhangs von Interaktionen betrachtet werden. Nimmt man im Anschluss an Luhmann hinzu, dass Sinn eine selektive Beziehung zwischen System und Umwelt beinhaltet, dann bezeichnet Sinn in allgemeiner Weise die Ordnungsform sozialen Handelns: Intersubjektiv geteilter Sinn grenzt systemspezifisch ab, was als sinnvoll und was als sinnlos zu gelten hat. Wenn ich in einer Seminarveranstaltung plötzlich ein Skat-Blatt auf den Tisch knalle und ein Bier bestelle, weil ich mich in Gedanken schon bei der abendlichen Skatrunde wähne, dann wird dies ein gewisses Erstaunen hervorrufen. Was im Systemzusammenhang Skatrunde durchaus sinnvoll ist, gilt im Systemkontext Seminarveranstaltung als sinnlos. Die Untersuchungen von Garfinkel über den in bestimmten Interaktionszusammenhängen routinemäßig unterstellten Sinn zeigen schlagend die Selektions- und Ordnungsfunktion von Sinn – und die Verwirrung, die entsteht, wenn der als selbstverständlich unterstellte Sinn enttäuscht wird. (Garfinkel 1973 und grundlegend Berger/Luckmann 1969: 98ff., sowie Goffman 1974, bes. S. 301ff.).

Intersubjektiv geteilter Sinn ist allerdings eine zu allgemeine Formel für die Bestimmung der Selektionsleistungen der Systemgrenze. Für abgegrenzte, mehr oder weniger umfassende Sinnzusammenhänge haben Psychologie, Sozialpsychologie und Soziologie eine Reihe von Konzepten entwickelt, vor allem: kognitive Struktur, Image, Rolle, Norm, Wert, Ideologie, Weltbild oder symbolische Codes wie Sprache, Recht, Moral, Wahrheit oder Geld, die sowohl bestimmte Handlungszusammenhänge strukturieren als auch Interaktionsprozesse steuern. Sie errichten zwischen der Vielfalt von Umweltereignissen und dem systemspezifisch Relevanten strukturelle und prozessuale Filter (Luhmann 1984: 92ff.; zum Fall des Eintritts eines »Neulings« in ein bestehendes soziales System siehe Mignerey u.a. 1995).

Will man einerseits die Globalformel »Sinn« konkretisieren, andererseits die Vielfalt symbolischer Strukturen in einen systemtheoretischen Zusammenhang bringen, dann ist ein Konzept erforderlich, dessen Kern das normative System eines Sozialsystems ist (Willke 1976; Titscher 1995), das aber darüber hinaus auch die Ebene der Werte, Ziele und Strategien umfasst. Ein solches Konzept soll hier unter dem Begriff des Präferenzsystems eingeführt werden. Die Präferenzordnung eines sozialen Systems bezeichnet den Zusammenhang sinnhaft-symbolisch konstituierter regulativer Mechanismen, welche die Transaktionen zwischen System und Umwelt steuern.

Funktional analog zum anthropologisch determinierten Selektions- und Abstimmungsbedarf im sozialen Verkehr von Individuen auf personaler Ebene besteht auf Systemebene ein durch die Informations- und Problemverarbeitungskapazität des Systems (z.B.: eine Organisation) determinierter Selektionsbedarf. Denn erst die Leistung spezifischer Selektionen aus den überkomplexen Möglichkeiten der Umwelt erzeugt die Differenz zwischen System und Umwelt, die das System zum System macht. Diese Selektionsleistung ist funktional bezogen auf das Problem der Ausbildung und Erhaltung einer bestimmten Systemidentität angesichts bestehender Zwänge und Zufälle der relevanten Umwelt.

Die Steuerung der Selektion von Umweltdaten durch eine nach Sinnkriterien gebildete Präferenzordnung ist Bedingung der

Möglichkeit der Systembildung. Das gilt im Prinzip für eine
Amöbe in gleicher Weise wie für ein Gesellschaftssystem. Die
Besonderheit psychischer und sozialer Systeme liegt darin, dass
sie einen Grad von Eigenkomplexität und Umweltdifferenzierung
erreicht haben, der ihnen die Bildung interner Außenweltmodelle
und mithin aufgrund interner reflexiver Prozesse Selbstbewusstsein und die Thematisierung der eigenen Identität ermöglicht
(Luhmann 1984: 593 ff; 1995: 9ff.; Willke 1993: 120ff.).

    Diese abstrakten Ausführungen sollen am konkreten Beispiel
des sozialen Systems »Gruppe« verdeutlicht werden. Dexter
Dunphy hat ein systemtheoretisches Gruppenmodell entwickelt,
in welchem die Variable »Inhalt« Sinnkriterien erfasst. Ausgangspunkt ist die Annahme, dass die Gruppe ein System bildet, welches mit seiner Umwelt in Interaktions- und Austauschprozessen
steht. Diese Modellvorstellung erlaubt es einer soziologischen
Analyse, die Gruppe selbst erst einmal als »black box« zu betrachten, deren interne Probleme, Strukturen und Prozesse zunächst
außer Betracht bleiben. Dies ermöglicht es, die primär soziologischen Fragen nach den Funktionen der Gruppe für das Gesamtsystem und nach den Mechanismen der Integration von Gruppen
in größere soziale Systeme relativ isoliert und dadurch operatio-
naler zu analysieren.

    Analytisch gesehen sind Gruppen komplexe, dynamische,
offene Systeme, wobei »an open system is one with a boundary
sufficient to maintain a certain degree of inner integrity and
distinctiveness, yet sufficiently flexible and permeable to be able
to use the environment in maintaining and perpetuating its own
existence« (Dunphy 1972: 91). Aus der allgemeinen Systemtheorie
übernimmt Dunphy vor allem vier Problemstellungen:

1. Es müssen Mittel und Verfahren entwickelt werden, die
    eine Definition von Systemgrenzen erlauben, und es müs-
    sen globale Maße für die Dimensionen des Systems –
    insbesondere seine Beziehungen zur Umwelt und zu den
    im System integrierten Individuen – gefunden werden.

2. Die grundlegenden Kommunikations- und Interaktions-
    muster zwischen Gruppe und Umwelt und innerhalb der
    Gruppe müssen beschrieben werden.

3. Die Identität der Bestandteile des Systems, ihr Zusammenhang und die unterschiedlichen Funktionen, die sie ausüben, müssen untersucht werden und
4. es muss gezeigt werden, wie diese Teile und Funktionen
   entweder so integriert werden, dass sie die Stabilität und/-
   oder das Wachstum des Systems ermöglichen oder wo und
   wie Konflikte auftauchen, die zur Unstabilität oder zum
   Untergang des Systems führen.

Um überhaupt eine analytische Unterscheidung von Teilen
oder Elementen eines Systems machen zu können – in der Realität hängt ja alles mit allem zusammen und befindet sich in einem
dynamischen Entwicklungsprozess – unterscheidet Dexter
Dunphy zwischen Struktur, Prozess und Inhalt und bricht diese
globalen Systemkategorien in operationale Variablen auf. Zusätzlich führt er die Kategorie »adaptive Variablen« ein, welche in
unterschiedlichen Dimensionen die Anpassungsleistung der
Gruppe an variable Umweltbedingungen bezeichnet. Für
Dunphys Gruppenmodell ergibt sich hieraus folgendes Schema
von Variablen (Dunphy 1972: 96): siehe Tabelle 1.

Den herkömmlichen systemtheoretischen Variablen Funktion,
Struktur und Prozess fügt Dunphy die Variable »Inhalt« hinzu,
um die spezifische Identität der Gruppe als »inhaltliche« Abgrenzung gegenüber der Umwelt (als Nicht-Dazugehörigem) auch
empirisch besser fassen zu können. Diese Variable erlaubt es,
Themen und Inhalte der Gruppenkommunikation in einen
Zusammenhang mit symbolisch repräsentierten und zeitlich
relativ invariaten Sinnstrukturen wie Normen, Werte oder Mythen
(Ideologien) der Gruppe zu bringen und den Einfluss dieser
Sinnstrukturen auf Gruppenprozesse zu untersuchen (Dunphy
1972: 95).

Darüber hinaus zeigt das Variablenschema von Dunphy auf,
dass es durchaus möglich ist, den allgemeinen analytischen
Bezugsrahmen der Systemtheorie für einen bestimmten Anwen-
dungsfall auf empirisch überprüfbare Variablen und deren Zusammenhänge zu konkretisieren. Die Besonderheit der empiri-
schen Erhebung von Sinngehalten liegt dann im wesentlichen nur
noch darin, dass zunächst mit inhaltsanalytischen und
hermeneutischen Verfahren qualitative Daten über ein bestimm-

tes Sozialsystem gewonnen werden, die dann mit geeigneten
Instrumenten auch quantitativ weiterverarbeitet werden können.

Tabelle 1: Gruppenvariablen und Gruppenfunktionen nach Dexter Dunphy

	adaptive	structure	content	process
global pattern	adaptive stability	group characteristics	group composition	member turnover
interac-tion	connection network	communication network	communication content	communication process
diffe-rentia-tion	mediation roles	internal roles	norms	role specialization
resource allocation	adaptive	status	values, symbols, goals	resource distribution
integration	enclosure	cohesiveness and consensus	rituals and myths	member satisfaction

Sicherlich ist die empirische Analyse von Sinngehalten
schwieriger und auch anfälliger für subjektive Verzerrungen als
das Abfragen »harter« Daten. Aber Relevanz und Aussagekraft
der Sinnstrukturen sozialer Systeme (sog. »weiche« Daten) sind
ungleich größer. In vielen Fällen bieten sie die einzige Möglichkeit, überhaupt nicht-triviale Aussagen über einen Gegenstandsbereich machen zu können. Insbesondere handlungsleitende
Umweltdeutungen in Form symbolisch-sinnhaft repräsentierter
innerer Modelle der Außenwelt sind grundlegend für die Analyse
und Erklärung von Systemprozessen.

Auch die internen Außenweltmodelle etwa einer Gruppe sind
Teil ihres Präferenzsystems. So »sieht« z.B. das Mitglied einer
Greenpeace Aktionsgruppe bestimmte Teile der Außenwelt
tatsächlich anders als etwa das Mitglied einer RCDS-Gruppe. So

kann das »Thomas-Theorem« – *If men define situations as real they are real in their consequences* – verstanden werden als Ausdruck der faktischen Wirkungen interner Präferenzen: »In dem Modell-charakter des Perzeptionsgeschehens ist gleichsam die ganze Modellhaftigkeit menschlicher Weltbegegnung eingefaltet« (Stachowiak 1965: 447). Welche Umweltinformationen eine Organisation oder ein anderes soziales System überhaupt auf-nimmt, wie diese Informationen prozessiert, verändert und ausgewertet werden, das hängt von perzeptiven, motivationalen, operativen und kognitiven Präferenzen ab, die in Symbolsystemen (von der in einer bestimmten Organisation ausgebildeten »Spezialsprache« bis zur Organisationsideologie) verankert sind.

Die Selektionsleistung des Präferenzsystems darf allerdings, wie nochmals betont werden soll, nicht pauschal mit Komplexitäts-reduktion gleichgesetzt werden. Die Reduktion der Komplexität der Umweltereignisse ist nur kennzeichnend für die input-Seite der System-Umwelt-Beziehungen; dort gibt die Umwelt dem sozialen System Bestände, Möglichkeiten und Probleme vor zur systeminternen Selektion und Verarbeitung. Dieser Verarbei-tungsprozess kann aber zu hochkomplexen Ergebnissen führen, die entweder im System gespeichert oder als output in relevante Umwelten zurückgegeben werden. Denn Systeme mit hoher Eigenkomplexität können den selegierten input durch interne Transformationsprozesse mit gespeicherten und intern produzier-ten Informationen, Verknüpfungen, Bedeutungen und Eigen-schaften aufbereiten.

Im Laufe seiner Geschichte kann ein soziales System Erfahrun-gen, Wissen und andere Ressourcen speichern, die ihm – ganz analog zur Entwicklung des Kleinkindes zum Erwachsenen – gegenüber Umweltzwängen eine *partielle Autonomie* erlauben: Gegenüber einer einseitigen Bestimmung durch die Umwelt ist es nun zu einem bestimmten Grade möglich, eigene Präferenzen durchzuhalten, subjektive Weltentwürfe auch gegenüber Kontin-genzen der Umwelt aufrechtzuerhalten und so den sinnhaften Aufbau eines von seiner Umwelt abgrenzbaren und abhebbaren Sozialsystems mit eigener Identität und Handlungsfähigkeit zu leisten. Für komplexe Systeme wird dadurch das input-output-Modell irreführend. Brauchbarer scheint ein Modell zu sein, welches komplexe psychische und soziale Systeme als operativ

geschlossen begreift, und welches diese Geschlossenheit zur
Voraussetzung für bestimmte Formen der Ankopplung des
Systems an seine Umwelt macht.

Für den Bereich psychischer Systeme bieten Entwicklungspsychologie, symbolischer Interaktionismus oder analytische
Ich-Psychologie Vorstellungen an, wie durch Internalisierung
oder Interiorisierung (Piaget 1973) Eigenkomplexität und Umweltdifferenzierung zunehmen bis zu dem Punkt, an dem die
bewusste Unterscheidung von ego und alter und mithin die
Ausbildung einer eigenen Identität möglich wird. Ob Identität als
emergente (d.h. durch die Organisationsstufe des Systems neu
entwickelte) Eigenschaft eines sozialen Systems sich nach analogen oder nach anderen Regeln bildet, ist zunächst unerheblich.
Hier kommt es darauf an, dass der Aufbau systemspezifischer
symbolischer Systeme funktional und prozessual dasselbe leistet:
eine Subjektivierung bestimmter relevanter Umweltaspekte, die
symbolische kognitive Bearbeitung dieser abgeleiteten Realität
und damit die Rekonstruktion der Wirklichkeit nach systemeigenen Gesichtspunkten (v. Foerster 1985a; Willke 1993; Luhmann 1995: 151ff.).

Soziale Interaktionen sind sinnhaft orientiert, wenn ihr Bedeu-
tungsgehalt durch ein Repertoire verbindlicher Symbole (Symbole
hier verstanden als generalisierte Interpretations- und Zurech-
nungsregeln) gesteuert und sie mithin aufeinander bezogen und
dadurch in zeitlich offene, verstehbare Handlungsketten verwoben werden können. Die Frage nach dem Sinngehalt von Interaktionen erlaubt dann die Unterscheidung von solchen, die in
bezug auf ein bestimmtes Symbolrepertoire dazugehören und
solchen, die nicht dazugehören. Sinnhaft konstituierte Symbole
sind die – inhaltsanalytisch und hermeneutisch zu erfassenden –
Merkmale, die für einen bestimmten Handlungszusammenhang
stehen und auf ihn verweisen.

Durch den Aufbau sinnhaft verstehbarer Symbolsysteme
leisten Sozialsysteme, wie etwa jugendliche Gruppen, politische
Cliquen, Familien, Wohngemeinschaften, Sekten, wissenschaftliche Schulen, Organisationen bis hin zu Gesellschaften, eine erste
strategische Vorselektion von Umweltdaten. Das fängt bei der
Sprache einer Gesellschaft, dem Idiom einer Organisation, der
Fachsprache einer Wissenschaft, dem Slang einer Jugendbande

an. Und es reicht über normativ eingefrorenen Sinn in Form von Rollendefinitionen, Normen, Wertvorstellungen und Ideologien bis zu Metasprachen und symbolischen Steuerungssprachen wie Geld, Macht, Vertrauen, Glaube oder Wissen. Die Bedeutung dieser systemspezifischen Sinnzusammenhänge lässt sich leicht vor Augen führen. Wenn ein neues Mitglied in eine Gruppe, ein Unternehmen oder etwa durch Auswanderung in eine Gesellschaft eintritt, stößt es an allen Ecken und Enden auf »sinnlose«, unverständliche Dinge. Erst mit dem allmählichen Erlernen der Insider-Sprache, der Bedeutung und Verwendung der vorhandenen Symbole, dem Erfassen der spezifischen Sinnzusammenhänge wächst das neue Mitglied in das jeweilige Sozialsystem hinein und wird akzeptiert. Berichte von Anthropologen und Ethnologen, die Zugang zu fremden Kulturen gefunden haben, belegen dies eindrucksvoll.

Sinn leistet demnach ein Doppeltes: Ein bestimmter Sinnzusammenhang in allen seinen verschiedenen Ausdrucksformen erzeugt eine erste grundlegende Orientierung zwischen Handelnden und zwischen ihnen und der Welt. Das Chaos anfallender Ereignisse und Möglichkeiten wird entlang der »Magnetlinien« einer sinnhaft gesteuerten Präferenzordnung strukturiert. Das Sinnvolle wird vom Sinnlosen geschieden nach Dazugehörigem und Nicht-Dazugehörigem. Genau diese Differenz zwischen ego und alter, zwischen Wir und den Anderen, zwischen Innen und Außen ist Bedingung der Möglichkeit der Systembildung. Die Beziehung zwischen Sinn und System ist demnach eine doppelte: Systeme sind sinnkonstituierende und sinnkonstituierte Gebilde. Sie erzeugen kontinuierlich systemspezifischen Sinn und werden doch selbst erst durch die Ausbildung bestimmter abgrenzbarer Sinnstrukturen in Existenz gebracht.

Möglich wird diese doppelte Leistung dadurch, dass menschliche Informationsverarbeitung und soziale Kommunikation mit dem Steuerungskriterium »Sinn« Umweltkomplexität zwar reduzieren und strukturieren, aber nicht endgültig und unwiderruflich. Vielmehr ist sinnhafte Orientierung vereinbar mit dem mentalen Vorbehalt des »Im-Sinn-Behaltens«, d.h. mit dem Bewusstsein, dass Festlegung eines bestimmten Sinnes nur Auswahl aus Möglichkeiten ist, die nicht verloren, sondern nur aufgehoben sind. Durch bloßen Sinneswandel können diese anderen Möglichkeiten aktiviert werden – es sei denn, sie sind durch faktische Zwänge wie Zeitablauf oder Verbrauch doch unerreichbar geworden.

Dieses doppelte Verhältnis von Sinn und System bezeichnet Luhmann als Konstitution; und er versteht darunter,

> »dass Sinn immer in abgrenzbaren Zusammenhängen auftritt und dass er zugleich über den Zusammenhang, dem er angehört, hinausverweist: andere Möglichkeiten vorstellbar macht. Eine rein kontextuelle Sinntheorie wird diesem Problem nicht gerecht ... Was es zu verstehen und im Begriff der Konstitution zu erfassen gilt, ist jenes Verhältnis einer selektiv verdichteten Ordnung zur Offenheit anderer Möglichkeiten, und zwar als ein Verhältnis des Wechselseitigen-sich-Bedingenden, des Nur-zusammen-Möglichen« (Luhmann 1971a: 30).

Besonders eindrucksvoll zeigt sich die Realität dieses Wechselseitig-sich-Bedingenden und Nur-zusammen-Möglichen von sinnkonstituierender und sinnkonstituierter Systembildung am elementaren Prozess der Identitätsbildung. Wenn für ein Kind die Selbst-Verständlichkeit (!) der Einheit und Ungeschiedenheit seiner Familie zerbricht, weil Mutter und Vater als eigenständige Personen wahrgenommen werden, dann ist dies zugleich Bedingung der Möglichkeit einer eigenen Ich-Bildung des Kindes (Stierlin 1988). Erst wenn Mitglieder einer Gruppe das überkommene Selbstverständnis der Gruppe in Frage stellen, rückt sowohl dieses Selbstverständnis als auch ein mögliches Gegenbild ins Bewusstsein. Je stärker sich ein Teil der Gruppe abgrenzt, desto dringender stellt sich die Identitätsfrage für beide Seiten und desto wahrscheinlicher wird eine sich wechselseitig bedingende ingroup-outgroup-Bildung, die die unterschiedlichen Sinngehalte organisiert (am Fall der Fremdenfeindlichkeit im vereinten Deutschland dazu Ohlemacher 1994; am Fall des Auseinander Driftens von USA und Europa nach dem Irak-Krieg Kagan 2003).

Ein Dilemma für systemtheoretisches Denken bleibt, dass das Bewusstsein als sinnkonstituiertes System *Einheit* in allen seinen Teilwelten verlangt, weil es an offenen Sinnbezügen, an möglicher Sinnlosigkeit, verzweifeln muss. So werden die Einheit Gottes, die Einheit der Natur, des Geistes, der Nation, der Wahrheit etc. zu den primordialen Haltepunkten einer sinnbasierten Konstruktion von Welt, welche die bodenlose Kontingenz ihrer Konstruktion ahnen muss, aber diese Ahnung der Sicherheit imaginierter Einheit opfert. Zu Recht! Jedenfalls zunächst. Denn die Bedeutung einer funktionierenden Fiktion von Einheit für die Möglichkeit der Steuerung sozialer Systeme lässt sich kaum überschätzen. Sicher ist, dass schon moderat komplexe Systeme sich ohne eine solche wie auch immer unterstellte Einheitsfiktion *nicht* steuern lassen. Wahrscheinlich und einigermaßen historisch belegt ist, dass sich selbst komplexe Sozialsysteme wie die frühen Hochkulturen *mit* funktionierenden Modellen einer mythischen oder religiösen Einheit in einem frappierend Maße steuern lassen. Jedenfalls haben sie Errungenschaften planvoll gesteuerter monumentaler Strategien, von den Gärten Babylons über die ägyptischen Pyramiden bis zu den Suprastrukturen und Infrastrukturen des alten Chinas oder Roms, vorzuweisen, die einen Großteil moderner »strategischer Initiativen« alt aussehen lassen.

Sinn bezeichnet zum einen die innere Seite des Operierens mentaler Systeme – dies ist die Seite des Mentalen und des Mediums des Denkens. Er bezeichnet auch die äußere Seite der Verknüpfung mentaler Systeme – dies ist die Seite der Sprache und des Mediums des Sprechens. Zwei unterschiedliche Systeme, Bewusstsein und Sprache, greifen auf Sinn als ein gemeinsames Protomedium zurück und erzeugen in diesem Rückgriff überhaupt erst Sinn, vermutlich, weil Denken und Sprechen koevolutiv entstanden sind als eine Differenz, die sich ihre Einheit in dem tiefer gelegten Protomedium des Sinns schafft.

Umgekehrt scheint Sinn ohne Ausprägung in einem spezifischen Medium nicht fassbar zu sein. Weder mentale noch soziale Systeme können mit Sinn in seiner rohen Form etwas anfangen. Sie transponieren das Protomedium Sinn in eigene Währungen, die des Denkens und Sprechens, in denen die Transaktionen des Bewusstseins und der Kommunikation ablaufen können. Diese schöne Fügung erlaubt es der Systemtheorie, die Details und Deutungen des Denkens der Psychologie im Allgemeinen und der Kognitionspsychologie im Besonderen zu überlassen und darauf zu vertrauen, dass es Gedanken gibt und mentale Systeme das Denken prozessieren. Auch die Feinheiten der Sprache als erstes und fundamentales Sinnsystem können die Sozialwissenschaften den Linguisten überlassen. Es genügt, dass es offenbar Sprache gibt, sie auf symbolischer Generalisierung beruht und sie als Medium der Kommunikation verfügbar ist.

Gedanken können mit Hilfe der Sprache zu Kommunikationen externalisiert werden. Dies ist der Rohstoff, mit dem Soziologie arbeitet und aus dem sich höher generalisierte Sinnsysteme aufbauen.

Wenn die Ordnung der Welt nicht mehr durch übergreifende und einheitliche Sinnschemata wie Magie, Mythos, Religion oder Naturrecht gewährleistet ist, sondern wachsende Differenzierung, Interdependenz und Widersprüchlichkeit der Sozialbeziehungen die Welt unerträglich komplex erscheinen lassen, dann wächst die Bedeutung und die Notwendigkeit von Grenzen als Leitlinien der Selektion. Individualität, Kernfamilie, kapitalistischer Betrieb, formale Organisation, Nationalstaat – all das sind Beispiele für verschärfte Grenzziehung. Die Einbindung so gut wie aller Lebensäußerungen und Sozialbeziehungen in rechtlich geregelte Sinnstrukturen ist eine der Folgen. Da das zentrale Problem der neueren Systemtheorie die Frage der Steuerung hoher Komplexität ist, nimmt es nicht wunder, dass Grenzprobleme in systemtheoretischen Konzeptionen einen wichtigen Platz einnehmen.

3.1 Grenzprobleme: Das System und seine relevanten Umwelten

Der Sinn von Grenzen liegt in der Begrenzung von Sinn. Nicht alles, was in der Welt passiert, nicht alle Ereignisse, Informationen und Zustände können von sozialen Systemen berücksichtigt und verarbeitet werden. Gegenüber einer komplexen Umwelt müssen Sozialsysteme ihre Aufmerksamkeit, ihre Zeit und Energie auf das systemspezifisch Sinnvolle begrenzen. So ist etwa für eine Partei nur das wichtig, was eine politische Frage ist oder werden kann; für ein Unternehmen nur das, was Auswirkungen auf seine Zahlungsfähigkeit hat; für eine Organisation nur diejenigen Ereignisse in seiner Umwelt, die ihre Ziele tangieren.

Die neuere Systemtheorie ist eine Theorie der Beziehungen zwischen System und Umwelt in dem Sinne, als sie die herkömmliche analytische Isolierung von Einzelsystemen überwinden will und Systeme immer nur im Zusammenhang mit ihrer jeweiligen Umwelt zu erfassen sucht. Dies bedeutet zunächst, dass der Systembegriff der neueren Systemtheorie nicht mehr nur ein Netz von Beziehungen bezeichnet, welches Teile zu einem Ganzen zusammen ordnet. Vielmehr wird unter System ein Netz zusammengehöriger Operationen verstanden, die sich von nicht-dazugehörigen Operationen abgrenzen lassen. In der Bestimmung des Systems wird also das Nicht-dazugehörige als Umwelt immer schon mitgedacht und mithin in der Auseinandersetzung des Systems mit seiner Umwelt das grundlegende Problem gesehen. Denn die spezifische Problematik seiner Umwelt macht für ein bestimmtes System überhaupt erst erkennbar, welche interne Systemstruktur zu welchen Zwecken und mit welchen Stabilisierungs- und Veränderungschancen funktional sein kann. Die Ordnung eines Sozialsystems wird damit zum relationalen Begriff und auf ihre Zwecke abfragbar. Diese Neu-Orientierung lässt sich – auf Schlagworte verkürzt – an der Umkehrung der »strukturell-funktionalen« Systemtheorie Parsons durch Luhmann zur »funktional-strukturellen« Systemtheorie ablesen (Luhmann 1971: 10ff., 39ff., 113ff.).

Mit dieser Neuorientierung wird auch deutlicher, dass die Systemtheorie nicht auf die Analyse von Gleichgewichtsprozessen beschränkt ist, sondern ihr Instrumentarium auch zur Unter-

suchung von sozialen Wandlungsprozessen und der evolutionären (Luhmann 1975: 150ff.) oder gesteuerten (Willke 1993 und
Systemtheorie III: Steuerungstheorie) Umwandlung von Systemen
geeignet ist. Luhmann hat zwar Formulierungen gebraucht, die
die »Erhaltung« des Systems in den Vordergrund rückten, z.B.:
»Auf dieses Grundproblem der Reduktion von Komplexität und
Veränderlichkeit beziehen sich letztlich alle Systemprobleme und
alle Leistungen, die das System zu seiner Erhaltung benötigt«
(Luhmann 1973: 179). Aber bevor man anfängt zu polemisieren,
sollte man sich genau ansehen, was da »erhalten« wird. Erhalten
wird nämlich nicht ein bestimmtes, unveränderliches System,
sondern eine bestimmte Differenz zwischen System und Umwelt:
»Systeme müssen (. . .) als Identitäten begriffen werden, die sich
in einer komplexen und veränderlichen Umwelt durch Stabilisierung einer Innen-Außen-Differenz erhalten« (Luhmann 1973:
175) Und: »So ist Stabilität nicht mehr als unveränderliche Sub-
stanz zu begreifen, sondern als eine Relation zwischen System
und Umwelt, als relative Invarianz der Systemstruktur und der
Systemgrenzen gegenüber einer veränderlichen Umwelt« (Luhmann 1971: 39). Und schließlich in einer besonders deutlichen
Formulierung:

> »Die Asymmetrie von System und Umwelt lässt sich dann als Differenz
> zweier Komplexitätsverhältnisse, nämlich als Komplexitätsgefalle begreifen.
> Die Komplexität der Umwelt ist größer als die Komplexität des Systems. Sie
> umfasst mehr Elemente mit schärferer Selektion dessen, was als
> Umwelt-des-Systems strukturell relevant ist. Diese Differenz der Kom-
> plexitätsverhältnisse ist das Grundproblem der Systemtheorie, das letzte
> Bezugsproblem aller funktionalen Analysen. Es tritt im Layout der hier
> vorgeschlagenen Systemtheorie an die Stelle der alten Problemformel
> conservatio, Beharrung, Bestandserhaltung« (Luhmann 1975: 211).

In dieser Formulierung deutet sich auch an, in welcher Weise
Welt, Komplexität, Sinn und System zusammenhängen. Es ist
von entscheidender Wichtigkeit für das Verständnis der neueren
Systemtheorie zu erkennen, dass der Gegenstand »System« nicht
mehr von innen heraus, sozusagen im direkten Zugriff erfasst
wird und er genauso wenig von außen, sozusagen nach der
kybernetischen black-box-Methode zu erschließen ist; vielmehr
ist der Gegenstand »System« relational konzipiert als Anknüpfungspunkt der Differenz von innen und außen, welcher je nach
Systemreferenz und Blickrichtung variabel gesetzt werden kann.
Erst nach dieser grundsätzlichen Vorentscheidung setzt dann die

Analyse bestimmter Probleme des fokalen Systems ein, etwa indem Fragen nach bestimmten Funktionen, Strukturen und Prozessen stringent auch im Hinblick auf die Umwelt des fokalen Systems gestellt werden. (Fokales System heißt das jeweils in Frage stehende System. Mit der Bestimmung eines fokalen Systems wird die Referenzebene festgelegt.) Umwelt steht dabei als Kürzel für den genaueren (aber in der laufenden Verwendung zu umständlichen) Ausdruck »relevante Umwelten«. Genauer ist dieser Ausdruck aus folgenden Gründen:

1. Nicht alle Umweltbereiche und -ereignisse sind für das System von gleicher Bedeutung. Was nun relevant ist, hängt vom Einzelfall ab und muss daher im Zusammenhang des jeweiligen Problems bestimmt werden.

2. Es empfiehlt sich, parallel zu verschiedenen Systemebenen auch verschiedene Umwelten zu unterscheiden. Z.B. sind in komplexen Gesellschaften zwischen Individuum und Gesamtsystem mehrere intermediäre Instanzen ausgebildet: Familie, Gemeinde, Region, Land oder Gruppe, Verein, Verband, Partei etc. Auf ein bestimmtes fokales System wirken in aller Regel daher mehrere »Teilumwelten« in Form anderer Systeme ein, die sehr unterschiedliche Bedeutung haben können.

3. In systemtheoretischer Perspektive gehören die Mitglieder eines sozialen Systems als Personen zur Umwelt dieses Systems (Luhmann 1984, Kap. 7; Systemtheorie II: Interventionstheorie, Kap. 3); denn sie gehören nie »mit Haut und Haaren«, sondern nur in bestimmten Hinsichten, mit bestimmten Rollen, Motiven und Aufmerksamkeiten dem System zu. Das zeigt gerade der Extremfall einer sogenannten »totalen Institution« wie etwa ein Gefängnis oder ein Kloster. Selbst Hochsicherheitsgefängnisse können nicht verhindern, dass ihre »Mitglieder« eine ganze Reihe außersystemischer Rollenbezüge, Motive und Interessen wahrnehmen, z.B. weiterhin Aspekte der Rollen von Familienmitgliedern, Konsumenten, Eigentümern oder Mitglieder einer Kirche wahrnehmen.

Die von den Mitgliedern eines Sozialsystems gebildete spezielle Umwelt soll hier aufgrund ihrer besonderen Bedeutsamkeit für das System durch den eigenen Begriff »Innenwelt« hervorgehoben werden. Alle anderen relevanten Umwelten sind dann »Außenwelt«. Genauer:

Innenwelt: Die Innenwelt umfasst die Beziehungen zwischen dem System als Kollektiv (und seinen Kollektiveigenschaften) mit seinen Mitgliedern als Personen (mit ihren Individualeigenschaften). Diese müssen untereinander abgestimmt werden, weil sie durch unterschiedliche eigene Umweltbezüge – etwa außersystemische Rollenverpflichtungen – divergente Orientierungen entwickeln. Unter diesem Aspekt systemrelevanten Handelns – und nur unter diesem – müssen sie koordiniert werden. Die Abstimmung betrifft die Mitglieder (z.B. Individuen, Gruppen, Abteilungen) in ihrem Verhältnis untereinander und in ihrem Verhältnis jeweils zum fokalen System.

Im Rahmen eines systemtheoretischen Modells drückt Dexter Dunphy diesen Zusammenhang am Beispiel der Gruppe so aus:

> »The group is not made up of individuals alone – it has structures and substructures and distinctive cultural patterns. Group integration properly refers to the interrelation of these structures and patterns, and by contrast the problem of integrating people into the group is a boundary problem« (Dunphy 1972: 13).

Wesentlich ist die Einsicht, dass hier ein weiteres Grenzproblem entsteht. Jedes soziale System sieht sich somit mindestens zwei verschiedenen Umwelten gegenüber, die hier mit Innenwelt und Außenwelt bezeichnet werden sollen. Das fokale System muss in beiden Hinsichten Abstimmungsprobleme lösen, und es ergeben sich charakteristische Verzerrungen, wenn dies nur einseitig gelingt (hierzu Titscher 1995: 127ff.). Mit Blick auf die Steuerung und Transformation von Unternehmen formuliert Georg von Krogh:

> »New management models will need to describe the two major interfaces (or boundaries) of the organization: The People/Organization boundary and Organization/Environment boundary« (1995: 181).

Insbesondere Lorsch und Morse haben die analytische Bedeutsamkeit und die empirische Relevanz der Unterscheidung von Innenwelt und Außenwelt und des Problems ihres Zusammenspiels herausgestellt. Allerdings betrachten sie die Innenwelt sozusagen aus umgekehrter Perspektive, als dies hier geschieht, indem sie externe und interne Umwelt unterscheiden und

> »internal environment« definieren als »the set of signals available to organization members about what is expected of them ... the internal environment is, in a sense, a mediator between the individual and the work he must perform (the external environment)« (Lorsch/Morse 1974: 13).

Sowohl externe als auch interne Umwelt werden mithin aus der Sicht des Individuums als Mitglied einer Organisation gefasst, während hier die Organisation (oder andere soziale Systeme) selbst den Fokus der Analyse bildet und deshalb – vom Sozialsystem her gesehen – die nichtsystemischen Bereiche der Mitglieder für das fokale System eine innere Umwelt bilden. Hier soll also folgende Begriffsregelung gelten: Innere Umwelt oder, gleichbedeutend, Innenwelt ist für das fokale System eine spezielle Umwelt, also ein nicht dem fokalen System zugehöriger Bereich. Alles, was dem fokalen System zugehört, soll als intern (nicht aber als innen) bezeichnet werden. Z.B. ist nach diesem Sprachgebrauch die Abstimmung der Anforderungen der Außenwelt einerseits und der Innenwelt andererseits ein internes Problem des fokalen Systems – und zwar das Problem der Systemintegration (dazu Willke 1993: 85ff.).

Außenwelt: Auch die *Außenwelt* eines bestimmten sozialen Systems lässt sich begrifflich genauer fassen: Sie umfasst die externen Relationen des Systems, also – abgesehen vom Bereich der Mitglieder – alle input- und output-Beziehungen des in Frage stehenden Systems. Hier sind drei Dimensionen zu unterscheiden: Erstens die Relationen zu anderen (Teil-)Systemen eines umfassenden Gesamtsystems (horizontale Außenrelationen); zweitens die Beziehungen zum umfassenden Gesamtsystem (vertikale Außenrelationen); und drittens die Relationen zu anderen Systemen, mit denen das fokale System in einem sekundären systemischen Gesamtkontext steht (laterale Relationen). Beispiel: Das Land A der Bundesrepublik hat horizontale Außenrelationen zu den Ländern B, C ... der Bundesrepublik. Es hat vertikale Außenbeziehungen zum Bund als Gesamtsystem. Aber es hat laterale Außenrelationen etwa mit Frankreich oder mit dem Vatikan, wenn es in isolierten Bereichen wie etwa Französischunterricht oder Konkordatsfragen Beziehungen aufnimmt, die kein neues übergreifendes Gesamtsystem in dem Sinne schaffen oder voraussetzen, dass das Land aus dem Kontext Bund herausfiele. Vielmehr handelt es sich um einen partialen sekundären Gesamtzusammenhang, der der Einbindung des Landes in den Bund keinen Abbruch tun muss.

Gerade laterale Relationen sind oft Grundlage und Anknüpfungspunkte für weitreichende und vielschichtige Verschachtelun-

gen unterschiedlicher Systeme. Sie involvieren noch nicht die
jeweiligen Gesamtsysteme und bieten daher mehr Raum für
informelle Versuche, gewagte Kontakte, riskante Transaktionen
als Voraussetzung für neue Entwicklungen und erst zu erproben-
de Verbindungen. Stellt sich heraus, dass bestimmte laterale
Relationen für beide Seiten mehr Nutzen und Vorteile als Kosten
und Risiken erbringen, dann stellt sich mit zunehmender Stabilisierung der Beziehungen die Frage, ob die Verbindung der Teile
zu einer Verbindung der beiden Gesamtsysteme genutzt werden
kann, oder ob unüberwindliche Widersprüche zwischen den
Gesamtsystemen die lateralen Relationen unterbinden, oder ob
die neuen Beziehungen so stark sind, dass sich die Teile von ihren
»Mutter«-Systemen ablösen und ein neues eigenständiges System
aufbauen. Jede(r) Leser(in) kann ohne große Mühe die Möglichkeiten am Beispiel der Gründung einer Familie oder am Beispiel
internationaler Beziehungen durchspielen.

3.2   Zum Sinn der Grenze: Autopoiese, Autonomie, Abstimmung

Der Sinn von Grenzen liegt in der Steigerung stabilisierbarer Unwahrscheinlichkeit. Nur innerhalb der Mauern eines Klosters lässt sich gewöhnlicher Lebenssinn zur Unwahrscheinlichkeit asketischer Transzendental-Virtuosität steigern. Nur innerhalb der Wände eines Klassenzimmers lässt sich die Unwahrscheinlichkeit disziplinierter und spezialisierter instruktiver Interaktion stabilisieren. Nur innerhalb der normativ-symbolischen Grenzen der Institution »Ehe« lässt sich die Unwahrscheinlichkeit romantischer, passionierter Liebessemantik stabilisieren und auch noch steigern (Luhmann 1982). Weitere Beispiele etwa hinsichtlich Fabriken, Universitäten, Clubs, Gefängnisse, Kliniken etc. kann jede Leserin sich leicht ausmalen.

Nun ist es allerdings nicht ganz einfach herauszufinden, warum es gerade *Grenzen* sind, die eine Steigerung noch stabilisierbarer Unwahrscheinlichkeit erlauben. Weiter hilft hier der Gedanke, dass Grenzen, indem sie definieren, was ausgeschlossen wird, zugleich die Bedingungen definieren, unter denen das Eingeschlossene auf sich selbst verwiesen ist. Diese Selbstverweisung oder Selbstreferenz lässt sich dann unter dem Schutz einer geeigneten Grenze ihrerseits soweit steigern, dass das, was innerhalb eines bestimmten, abgegrenzten Bereiches passiert, in seinen konstitutiven Momenten auf Selbstreferenz beruht. Dadurch entsteht die Möglichkeit der *operativen Geschlossenheit* eines Systems: Ein System wie etwa eine Familie, eine Klasse, eine Legislative, eine wissenschaftliche Disziplin oder eine Kirche, definiert für sich selbst diejenige Grenze, die es ermöglicht, die eigene Identität nach intern produzierten und prozessierten Regeln zu erzeugen und gegenüber einer externen Realität durchzuhalten.

Diese Leistung ist alles andere als selbstverständlich. So trifft sie zwar auf die moderne, auf romantischer Liebe sich gründende Ehe, nicht aber etwa auf die mittelalterliche »standesgemäße« Ehe zu; zwar auf eine moderne Schulklasse, nicht aber auf die vormoderne Erziehung im »Hause«; zwar auf eine durch positiviertes Recht begrenzte, positiviertes Recht setzende Legislative, nicht aber auf die rechtsetzende Gewalt des feudalen Fürsten. Diese spezifische Leistung und Folge funktionaler Differenzierung moderner Gesellschaften ist stärker in den Blickpunkt insbesondere systemtheoretischen Denkens gerückt, seitdem in vielen systemisch orientierten Disziplinen, etwa in Biologie, Immunologie, Kognitionswissenschaften, Psychotherapie und Kommunikationstheorie das Konzept der operativen Geschlossenheit selbstreferentieller Systeme ernsthaft diskutiert wird.

Das von den Biologen Humberto Maturana und Francisco Varela entwickelte *Autopoiese-Konzept* bezieht sich auf die Beobachtung, dass es offensichtlich Systeme gibt, die sich selbst reproduzieren; und zwar sich selbst reproduzieren, nicht nur im herkömmlichen Sinne der genetischen Replikation in der Abfolge der Generationen, sondern in dem spezifischeren Sinne einer kontinuierlichen gegenwärtigen Selbsterzeugung des eigenen Systems. Autopoietische Systeme sind operativ geschlossene Systeme, die sich in einer »basalen Zirkularität« selbst reproduzieren, indem sie in einer bestimmten räumlichen Einheit die Elemente, aus denen sie bestehen, in einem Produktionsnetzwerk wiederum mit Hilfe der Elemente herstellen, aus denen sie bestehen (Maturana 1982: 58).

Etwas vereinfacht ausgedrückt: ein autopoietisches System reproduziert die Elemente, aus denen es besteht, mit Hilfe der Elemente, aus denen es besteht. Eine Zelle oder ein Organismus ersetzen in einem kontinuierlichen Prozess die Bestandteile, aus denen sie bestehen. Neu war die Interpretation, die Maturana und Varela diesem Vorgang gaben. Sie schlossen daraus auf eine Geschlossenheit der Tiefenstruktur der Selbststeuerung (»basale Zirkularität«) jedes lebenden Systems in Form einer homöostatischen Organisation, deren Funktion darin besteht, eben diese basale Zirkularität selbst zu erzeugen und zu erhalten (Maturana 1982: 35).

Und genau daraus folgt das eigentlich Aufregende: Lebende oder autopoietische Systeme erscheinen nun entgegen dem systemtheoretischen Grundpostulat der notwendigen Offenheit lebender Systeme in ihrem Kernbereich, in ihrer inneren Steuerungsstruktur als geschlossene Systeme. In der Tiefenstruktur ihrer Selbststeuerung sind sie geschlossene Systeme, also gänzlich unabhängig und unbeeinflussbar von ihrer Umwelt. Wird diese operative Geschlossenheit zerstört, so bricht ihre Autopoiese zusammen, sie hören auf als lebende Systeme zu existieren. Konkret heißt dies, dass etwa eine Zelle, ein Organismus oder ein menschliches Nervensystem die eigene Kontinuierung ausschließlich nach den eigenen eingebauten operativen Regeln bewerkstelligt und steuert. Eine Steuerung des systemspezifischen Operationsmodus von außen ist nicht möglich, es sei denn um den Preis der Zerstörung der autopoietischen Qualität des Systems.

Es ist allerdings wesentlich zu beachten, dass sich die operative Geschlossenheit eines autopoietischen Systems *nur* auf die basale Zirkularität der Selbststeuerung der eigenen Reproduktion bezieht. In anderen Hinsichten, insbesondere bezüglich der Aufnahme von Energie und Information (d.h., der Verarbeitung möglicher bedeutsamer Differenzen), ist es durchaus und notwendigerweise offen. Und genau dies konstituiert auf der Ebene selbstreferentieller Systeme die Notwendigkeit einer genaueren Fassung des Grundproblems lebender Systeme. Sie können weder (in der klassischen Weise) als geschlossene Systeme begriffen werden, die nach einem Schöpfungsakt gemäß ihrer Entelechie, Lebenskraft oder Letztbestimmung sich verwirklichen ohne äußeres Zutun. Noch sind sie offene Systeme sind im Sinne einer durchgängigen Abhängigkeit von ihrer Umwelt. Vielmehr müssen wir nun von einem voraussetzungsvolleren und präzise zu bestimmenden Bedingungsverhältnis von operativer Geschlossenheit und *dadurch* ermöglichter Offenheit ausgehen.

Das Autopoiese-Konzept lenkt die Aufmerksamkeit des Beobachters auf die Konstitutionsbedingungen komplexer biologischer, psychischer und sozialer Systeme. Die Leitfrage lautet: Welche Organisationsform von Operationen ist erforderlich, um die Kontingenzen zufälliger Ereignisse auf ganz bestimmte Pfade zu zwingen und so zu vernetzen, dass spezifische reproduktive oder kreative Zyklen entstehen.

Das Autopoiese-Konzept ist wichtig, weil es gegenüber der einseitigen Betonung der Umwelt-Abhängigkeit von Systemen deren interne Strukturdeterminiertheit primär setzt. Damit kommt ins Blickfeld, dass Systeme zunächt und vor allem ihre eigene Kontinuierung organisieren müssen, um als Systeme in Beziehungen zu ihrer Umwelt treten zu können. Und es wird deutlich, dass selbst noch die Art möglicher Umweltbeziehungen von der »innengeleiteten« Operationsweise des autopoietischen Systems abhängt.

Personen können als operativ geschlossene (und in diesem Sinne als autopoietische) psychische Systeme verstanden werden, weil das Nervensystem des Menschen Gedanken und Vorstellungen prozessiert und ein Bewusstsein erzeugt, dessen Konstitution – nicht dessen Inhalt! – ausschließlich aus der Organisationsweise und Struktur des neuronalen Systems folgt. So arbeitet das psychische System nicht mit den »Abbildungen« realer Außenweltereignisse, sondern mit Relationierungen neuronaler Relationen. Es sind also nicht Umweltereignisse, die bestimmte Vorstellungen oder ein bestimmtes Bewusstsein produzieren. Umweltereignisse stoßen vielmehr neuronale Relationen an, ohne determinieren zu können, was mit diesen Anstößen im neuronalen System passiert. Heinz v. Foerster hat dazu eine einfache Rechnung aufgemacht: »Da wir nur über rund 100 Millionen Sinneszellen verfügen, unser Nervensystem aber an die 10.000 Milliarden Synapsen enthält, sind wir gegenüber Änderungen in unserer inneren Umwelt 100.000mal empfänglicher als gegenüber Änderungen in unserer äußeren Umwelt« (v. Foerster 1985: 51). Anders und etwas überspitzt gesagt: Die internen Relationen sind 100.000mal realer, bedeutsamer und wirksamer als die externen Signale.

Gedanken, die eine Person als psychisches System hat, können nur von anderen Gedanken dieser Person wahrgenommen – also beobachtet – werden. Es gibt keine Möglichkeit, Gedanken von außen in ein psychisches System einzubringen oder sie außerhalb eines psychischen Systems zu beobachten. Auf dieser elementaren Ebene des Prozessierens von Gedanken gibt es demnach für ein psychisches System weder input noch output, sondern im strengen autopoietischen Sinne nur zirkuläre Geschlossenheit. Daraus folgert Luhmann zu Recht: »Es gibt keinen unmittelbaren Kontakt zwischen verschiedenen Bewusstseinssystemen« (Luhmann 1985: 404). Niemand kann die Gedanken und Vorstellungen eines anderen »wissen«, er kann sich nur seine eigenen Vorstellungen darüber bilden. Personen können sich wechselseitig beobachten, und sie können miteinander kommunizieren. Sicherlich sind dabei die unterschiedlichsten Grade der Einfühlung, der Übereinstimmung, des Verstehens möglich. Grundlegend ist aber, dass es sich immer nur um die Interaktion zwischen autopoietischen Systemen handelt, deren je selbstreferentielle Operationsweise das Schienennetz vorgibt, in das an bestimmten Punkten und in intern vorgegebener Weise fremdreferentielle Informations-container eingeschleust werden können.

Größere Schwierigkeiten bereitet es, auch soziale Systeme als operativ geschlossen zu begreifen. Grundlage einer solchen Konstruktion ist die Annahme, dass soziale Systeme nicht aus einer Ansammlung von Menschen bestehen, sondern aus dem Prozessieren von Kommunikationen. Diese scharfe Trennung zwischen psychischen und sozialen Systemen ist zwar Anlass für kontinuierliche Missverständnisse. Aber nur eine radikale Soziologisierung – und damit: Entpersönlichung – sozialer Systeme ist geeignet, deren Besonderheit und Eigengesetzlichkeit so zu fassen, dass das Soziale nicht zur bloßen Aggregation biologischer und psychischer Momente gerät. »Intersubjektivität« ist keine Lösung dieses Problems, weil die neuro-biologisch fundierte Annahme der autopoietischen Qualität psychischer Prozesse zu der Folgerung zwingt, dass jedes Subjekt seine *eigene* Intersubjektivität hat (Luhmann 1989).

Was aber berechtigt überhaupt zu der Annahme, das Soziale bilde einen eigenständigen Realitätsbereich, eine emergente Ordnung, die sich auf die Merkmale biologischer und psychischer Systeme nicht zurückführen lasse? Gibt es eine eigenständige Operationsgrundlage sozialer Systeme, die auf der Ebene von Organismen und psychischer Systeme nicht konstitutiv ist? Sowohl psychische wie soziale Systeme sind sinnhaft konstituierte Systeme – hier kann der Unterschied nicht liegen. Es ist die *Prozessierungsform* von Sinn, welche den Unterschied ausmacht. Psychische Systeme verarbeiten Sinn in Form von Gedanken und Vorstellungen. Soziale Systeme dagegen prozessieren Sinn in Form sprachlich-symbolisch vermittelter Kommunikation (Luhmann 1986: 19; Luhmann 1984: 192ff.). Soziale Systeme bilden sich auf der Grundlage von Kommunikationen. Für ihre Kontinuität ist fortlaufende Kommunikation unerlässlich.

Natürlich ist auch Vertretern des Autopoiese-Konzepts klar, dass autopoietische Systeme wie Zellen, Organismen oder Nervensysteme Umweltbeziehungen haben. Der entscheidende Punkt ist, dass diese Systeme als strukturdeterminierte, selbst-

steuernde Systeme von Umweltereignissen nur zu eigenen Operationen angeregt oder angestoßen, nicht aber determiniert werden
können – denn externe Determination wäre das Ende ihrer
Autopoiese. Diese Art der Umweltbeziehung nennt Maturana
»strukturelle Koppelung« (Maturana 1982: 144 u. 150ff.). Ganz
analog ist es im Falle sozialer Systeme notwendig, die Härte des
Gedankens reiner Selbstreferenz abzumildern durch eine
besondere Art der Kombination oder Koppelung von Selbstreferenz und Fremdreferenz. Reine Selbstreferenz müsste sich in
der Perpetuierung des immer Gleichen erschöpfen; sie würde eine
Welt fensterloser Monaden schaffen. Da außer Zweifel steht, dass
auch im Verhältnis zwischen psychischen und sozialen Systemen
Veränderungen, Beeinflussungen und Resonanzen stattfinden, ist
der Schluss zwingend, dass reine Selbstreferenz nicht möglich ist
und auch zur Erklärung dieser Prozesse nicht ausreicht.

Tatsächlich ist Selbstreferenz gewissermaßen der *basso continuo*
kommunikativer (und: psychischer, organischer) Prozesse. Er
schließt keineswegs aus, sondern ermöglicht geradezu, dass auf
dieser Grundlage weitere, freiere Verweisungsbeziehungen als
Begleitmelodien eine Rolle spielen. Luhmann nennt diese Kombination von Selbstreferenz und Fremdreferenz, die Simultanver-
weisung auf Eigenes und Fremdes »mitlaufende Selbstreferenz«
(Luhmann 1984: 604) Er sieht die operative Geschlossenheit
autopoietischer Systeme nicht als Selbstzweck an, sondern als
Bedingung der Möglichkeit für Offenheit. In Erweiterung strikt
autopoietischer Formulierungen kommt er deshalb zu der
Schlussfolgerung, dass selbstreferentielle Systeme »mit Hilfe der
Differenz von Selbstverweisung und Fremdverweisung (kurz: mit
Hilfe mitlaufender Selbstreferenz) Informationen gewinnen, die
ihnen die Selbstreproduktion ermöglichen« (Luhmann 1984: 607).
Streng analog können soziale Systeme dann als operativ geschlossen angesehen werden, wenn sie semantische Strukturen
ausbilden, die die in ihnen ablaufenden kommunikativen Operationen auf selbstreferentielle, rekursive Umlaufbahnen zwingen.

Diese Bedingung ist für Gesellschaft als dem Gesamtzusammenhang aneinander anschließbarer Kommunikationen
qua Definition gegeben. Für gesellschaftliche Teilsysteme und
andere soziale Systeme aber nur dann, wenn sie *Spezialsemantiken*
ausbilden, die sowohl die präzise Bezeichnung einer

systemspezifischen elementaren Operation wie auch eine trenn-
scharfe Differenzierung zwischen allgemeinen (gesellschaftlichen)
Kommunikationen und systemischen Operationen erlauben.

So lässt sich zum Beispiel begründen, dass das gesellschaftliche
Teilsystem Ökonomie mit dem abstrakten Geld eine Spezialse-
mantik ausgebildet hat, innerhalb derer die elementare Operation
der Zahlung einen Verweisungszusammenhang erzeugt, in dem
trennscharf ökonomisches Handeln von anderem sozialen Handeln unterschieden werden kann (Luhmann 1988; Baecker 1988).

Und darauf kommt es an! Man darf sich die Ausbildung selbstreferentieller sozialer Systeme, ihre Absonderung vom gesellschaftlichen Gesamtzusammenhang nicht so vorstellen, dass nun
im Unternehmen nur über Entscheidungen, im Rechtssystem nur
über Recht, in der Ökonomie nur über Zahlungen oder im
Wissenschaftssystem nur über Wahrheit geredet würde. Entscheidend ist vielmehr, dass die Qualität (im Sinne des Informa-
tionsgehaltes) von Kommunikationen durch die jeweilige Art der
Bezugnahme, also durch die Art der Beziehung zwischen Refe-
rent und Referiertem, definiert wird als organisationsbezogene,
rechtliche, ökonomische, wissenschaftliche oder sonstige Kommunikation. Eine schnelle und zuverlässige Einordnung von
Kommunikationen in je spezifische Kontexte geschieht durch
eine Engführung des Bedeutungsstromes von Kommunikationen
durch differentielle semantische *Codes* oder Leitdifferenzen, die
im Prozess der Kommunikation stetig in Form von Code-Schlüs-
seln und Kontextsignalen mitgeliefert werden. Es liegt auf der
Hand, dass Schwierigkeiten entstehen, wenn diese Schlüssel
ausbleiben oder nicht verstanden werden.

Aus dem Gesagten folgt, dass soziale Differenzierung und
semantische Differenzierung sehr eng zusammenhängen. Schrei-
tet die semantische Differenzierung soweit voran, dass über eine
spezifische Codierung eine Sondersprache und ein eigenständiges
»Sprachspiel« in dem Sinne entsteht, dass eine durch Selbstreferenz geschlossene Operationsweise dieser spezifischen
Kommunikationen sich etabliert, dann kann man wohl ohne
Bedenken von einem autopoietischen sozialen System sprechen.
Denn nun kontinuiert es sich durch Kommunikationen, die durch
Bezug auf Kommunikationen der gleichen Element-Klasse
entstehen. In noch stärkerem Maße als für organische und psy-

chische Systeme gilt allerdings für soziale autopoietische Systeme, dass nur eine Kombination von selbstreferentieller Geschlossenheit und fremdreferentieller Offenheit aus der Paradoxie einer Selbstlähmung durch Eigenbewegung heraus hilft. Wenn es aber auf diese Kombination, auf Offenheit durch Geschlossenheit, auf die Simultaneität von Selbstreferenz und Fremdreferenz ankommt, dann stellt sich die Frage, inwieweit der Autopoiese-Gedanke über das alte Konzept der relativen Autonomie hinausführt.

Eine erwägenswerte Antwort gibt Francisco Varela, indem er Autonomie als allgemeine Form selbstreferentieller Geschlossenheit definiert und Autopoiese als Spezialfall versteht, der nur dann gegeben ist, wenn die Elemente des Systems aus den Elementen des Systems im strengen Sinne sich reproduzieren. Damit ist Autopoiese auf chemische Prozesse beschränkt; jede Übertragung auf andere Emergenzebenen als »Kategorienfehler« (Varela 1979: 55) ausgeschlossen. Begrenzt man allerdings die Idee der Autopoiese nicht auf chemische Reproduktion innerhalb topologischer Grenzen, sondern begreift man deren Kern als operative Geschlossenheit eines selbstreferentiellen Verweisungszusammenhanges, dann steht einer Übertragung auf psychische und soziale Systeme nichts im Weg. Dann wird zugleich auch deutlich, dass Autopoiese ungleich präzisere, trennschärfere und engere Voraussetzungen postuliert als ein Begriff von Autonomie, der zwar irgend eine Form von Eigengesetzlichkeit, Eigendynamik oder Eigenständigkeit meint, aber nicht präzisiert, worin genau die Eigenständigkeit eines Kontextes bestehen sollte.

Es macht die herausragende Erkenntnisleistung des Autopoiese-Konzepts – und seine Nähe zur Idee des Hyperzyklus – aus, die selbstreferentielle Geschlossenheit eines Verweisungszusammenhanges in der Radikalität zu postulieren, dass Einheit und Elemente dieses Zusammenhanges erzeugt werden durch nichts anderes als die Operationsweise dieser Einheit selbst. Damit wird die *Regelstruktur* der Operationsweise eines Systems zum Kriterium, an dem sich in gläserner Härte und Transparenz erweist, ob ein System autopoietische Qualität hat oder nicht: Zwingt diese Regelstruktur die Einzeloperationen in autokatalytische Zyklen eines rekursiven Musters, so dass ein geschlossener, selbstreferentieller Verweisungszusammenhang von Operationen sich ergibt, dann liegt Autopoiese vor. Sonst nicht. Und es ist dann ein notwendiger weiterer Schritt, die auf dieser Basis möglichen (und unabdingbaren) Umweltbeziehungen des autopoietischen Systems zu spezifizieren.

Der Autonomie-Begriff erscheint nun besonders geeignet, die Einheit der Differenz von Autopoiese und Umweltkontakt, von Selbstreferenz und Fremdreferenz zu bezeichnen. Denn in einem wörtlichen Sinne meint Autonomie die Eigengesetzlichkeit der Operationsweise eines Systems, die nun präzisiert werden kann als Autopoiese, als Tiefenstruktur der Selbststeuerung eines Systems (Willke 1984; 1987; 1987a). Im Gegensatz zum Begriff der Autopoiese ist Autonomie aber nicht auf den Innenhorizont eines Systems beschränkt. Autonomie soll gerade beide Seiten, Innenhorizont und Außenhorizont, übergreifen und den Zusammenhang von Selbstreferenz und Fremdreferenz betonen. *Ein autonomes System ist mithin ein System, das auf der Grundlage autopoietischer Selbststeuerung spezifische, durch seine Leitdifferenz und seinen Operationsmodus vorgezeichnete Umweltbeziehungen unterhält.* Die mit der Simultaneität von Selbstreferenz und Fremdreferenz korrelierende Mischung von Unabhängigkeit und Abhängigkeit eines autonomen (sozialen) Systems lässt sich nun präzisieren: Es ist unabhängig von seiner Umwelt hinsichtlich der Tiefenstruktur seiner Selbststeuerung und seiner daraus folgenden rekursiven Operationsweise. Es ist abhängig von seiner Umwelt hinsichtlich der Konstellationen und Ereignisse, aus denen es Informationen und Bedeutungen ableiten kann, welche die Selbstbezüglichkeit seiner Operationen interpunktieren und anreichern. Und es ist abhängig davon, in dieser Abhängigkeit unabhängig zu sein.

Diese (Wieder-)Entdeckung von Selbstreferentialität und Autonomie als grundlegendem Operationsmodus komplexer Systeme wirft dann auch ein neues Licht auf die »Unwahrscheinlichkeit der Kommunikation« zwischen solchen Systemen. Denn was tagtäglich und scheinbar völlig selbstverständlich zwischen psychischen und sozialen Systemen faktisch abläuft – nämlich: Kommunkation – lässt sich in seiner hoch voraussetzungsvollen Tiefenstruktur erst begreifen, wenn es zunächst einmal als »unwahrscheinliche« Leistung verfremdet wird. Die »unsichtbar gewordene Unwahrscheinlichkeit« von Kommunikation (Luh-

mann 1981: 26) ist wieder sichtbar zu machen, um die prekären
Bedingungen ihrer Möglichkeit besser hervortreten zu lassen.

Kommunikation zwischen (im oben definierten Sinne) autonomen Systemen, also vor allem zwischen Menschen, aber auch
etwa zwischen Parteien, Nationen, Gewerkschaften und Unternehmerverbänden, Ministerien und Interessenvertretern etc., setzt
wechselseitiges »Verstehen« der mitgeteilten Informationen
voraus – und genau dieses Verstehen versteht sich nicht von
selbst. Denn jedes Verstehen ist notwendigerweise eine Operation des verstehenden Systems, ist also an dessen spezifische,
innen-geleitete Operationsweise gebunden. Z.B. versteht eine
politische Partei die Welt, die Gesellschaft oder bestimmte gesellschaftliche Problemarenen »nur« innerhalb des Rahmens des
Differenzierungsrasters ihrer selbst gesetzten Präferenz- und
Selektionskriterien.

Kommt dort etwa Umweltschutz oder Abrüstung nicht vor, so
kann dies auch nicht Thema werden. Besonders aufschlussreich
sind natürlich Verzerrungen oder gar Pathologien der Kommunikation, die dort deutlich hervortreten, wo die jeweiligen
Präferenz- und Selektionskriterien der Kommunizierenden stark
voneinander abweichen. So gibt es etwa in der Kommunikation
von Ehegatten, die sich »nicht verstehen«, häufig ganz charakteristische pathologische Muster, die auf der Unfähigkeit beruhen,
die Signale des anderen in brauchbarer Weise wahrzunehmen und
zu verarbeiten (zum Fall der Vermeidung »gefährlicher« Kommunikationen siehe Hahn 1989). Nur zu leicht lassen sich ähnliche
Muster systematisch verzerrter Kommunikation etwa in Lehrer-
Schüler-Interaktionen, Arbeit-Kapital-Auseinandersetzungen,
internationalen Beziehungen und insbesondere in Entwicklungs-
hilfe-Strategien beobachten. Diese Bespiele sollten deutlich
machen, dass *gelingende* Kommunikation nicht unbedingt der
Normalfall ist. (Aufschlussreich zu Voraussetzungen und Strategien gelingender Kommunikation bei Verhandlungen Fisher/Ury
1991.)

Da für psychische und soziale Systeme *Sinn* die Ordnungsform
ihrer Welten ist, impliziert die Entstehung eines neuen Systems
in erster Linie die Herstellung gleichsinniger und damit anschließbarer Kommunikationen. Wichtig ist, dass Gleichsinnigkeit
keineswegs mit Konsens gleichgesetzt werden kann. Auch und

gerade Dissens kann gleichsinnige Kommunikationen vorantreiben und den Aufbau sozialer Systeme fördern. Ver-ständigung über Dissens kann produktiver sein als der Versuch, Verstehen auf den Sonderfall von Konsens zu verengen. Bei genauerem Hinsehen erweisen sich gerade zentrale gesellschaftliche Institutionen als *dissensgeleitete* Formen der Verständigung, in denen hinter dem Rücken der streitenden Akteure Systemintegration entsteht aus dem regelgeleiteten Prozessieren von Dissens: vom Streit zwischen den Parteien über Gerichtsverfahren oder wissenschaftlichem Disput bis zu marktförmigen Konkurrenzbeziehungen (ausführlicher Willke 1989: 99ff.).

Im folgenden soll bespielhaft die Herausbildung eines neuen Systems aufgrund sich stabilisierender Kommunikationen aufgezeigt werden. An diesem Beispiel lässt sich ein wichtiges Problem systemtheoretischen Denkens verdeutlichen: der Übergang vom Quasi-System zum System.

4 Soziale Systeme in evolutionärer Perspektive: Vom Quasi-System zum System

Den Grenzfall elementarer Interaktion zwischen zunächst Fremden behandelt Luhmann als »einfaches Sozialsystem« oder als »Interaktionssystem« (hierzu und zum folgenden Luhmann 1975:10f. u. 21ff.). Da einerseits auch ausgewachsene Systeme aus Interaktionen bestehen und andererseits einfache Systeme nur in einer ganz speziellen Hinsicht – nämlich der unmittelbaren Überschaubarkeit für alle Beteiligten – einfach sind, werden diese Begriffe hier nicht übernommen. Statt dessen wollen wir den gemeinten Sachverhalt einer anfänglichen, weitgehend offenen und insofern elementaren Interaktion als *Quasi-System* bezeichnen. Dieser Begriff ebnet auch den Anschluss an die hier relevante Diskussion in der Gruppensoziologie über die Unterscheidung von Gruppen und Quasi-Gruppen (dazu Dahrendorf 1961: 143: sich formierende Konfliktgruppen; Krege 1977: 70: variable Handlungskonstellationen; Überblick bei Deutsch 1976: 52-68: Stufen der Gruppenbildung).

Quasi-Systeme entstehen aus der elementaren Interaktion von Anwesenden. Anwesend sind Beteiligte, »wenn und soweit sie einander wechselseitig (also nicht nur einseitig!) wahrnehmen können« (Luhmann 1975: 22). Die Rede vom Quasi-System ist berechtigt, weil schon allein die Tatsache, dass mehrere Personen sich wechselseitig wahrnehmen, aufgrund der Selektivität der hergestellten Beziehungen eine Komplexitätsdifferenz zwischen dem sich bildenden System und der allgemeinen Umwelt herstellt. Denn über Wahrnehmung kommt es zur Kreuzung und tentativen Abstimmung selektiver Prozesse des Erlebens und Handelns. Eine Abstimmung ist von Anfang an erforderlich, weil die prinzipiell kontingenten Möglichkeiten des Erlebens und Handelns jedes Teilnehmers auf die ebenfalls kontingenten Möglichkeiten jedes anderen Teilnehmers treffen: Aus diesen Mehrfachkontingenzen einerseits und aus der auch in elementaren menschlichen Interaktionen immer unterstellten gemeinsamen Absicht sinnhaft

verstehbaren Handelns andererseits folgt die Nichtbeliebigkeit
von Systemstrukturen, die Notwendigkeit, zumindest minimale
gemeinsame Orientierungen zu entwickeln. Schwierigkeiten und
Bedeutung dieser ersten gemeinsamen Festlegung springen beim
Ritual von Vorgesprächen oder Vorbereitungskonferenzen ins
Auge, wenn die Beteiligten von scheinbar unvereinbaren Positionen ausgehen: Wer wann wo und vor wem spricht; ob der Tisch
rund oder oval, ob die Tagesordnung allgemein oder präzis sein
soll; welche Sprachen zugelassen oder welche Musik gespielt
werden kann. Diese scheinbar nebensächlichen Fragen rücken
zunächst ins Zentrum und an ihnen kann das Zustandekommen
der eigentlichen Gespräche scheitern.

Quasi-Systeme bilden eine vorläufige und schwache Struktur
aus durch das »Thema« des Sprechprozesses zwischen den Anwesenden. Die Schwäche dieser Struktur bedingt die Leichtigkeit des
Themenwechsels und die Schwierigkeit, ein Thema durchzuhalten, wie bei manchen universitären Seminarveranstaltungen überdeutlich wird. Andererseits ergibt diese Strukturschwäche einen
Moment der Elastizität von Quasi-Systemen und belegt ihre
geringe Autonomie und Umweltkontrolle. Dem Vorteil der
Elastizität einer Struktur, die nur durch die Abfolge von Themen
gebildet wird, steht eine wichtige Beschränkung gegenüber:

> »Es kann immer nur einer der Anwesenden auf einmal reden... Das heißt:
> Interaktionssysteme müssen sich bei höheren Ansprüchen auf innere Ord-
> nung auf jeweils ein Thema konzentrieren, das im Zentrum gemeinsamer
> Aufmerksamkeit steht. Mehrere Themen können nur im Nacheinander
> behandelt werden... Vor allem aber ist das Erfordernis thematische Konzen-
> tration ein sehr zeitraubendes Strukturprinzip« (Luhmann 1975: 10f.).

Manche Wohngemeinschaft oder soziale Bewegung, die ganz
bewusst darauf zielte, keine festen Regeln und überdauernde
Strukturen aufzubauen, die also auf der Stufe eines Quasi-Systems
verharrte, ist denn auch an der zeitraubenden Notwendigkeit
zerbrochen, alles immer wieder neu besprechen und jeden Einzelfall zum Thema machen zu müssen. Luhmann versteht unter
der relevanten Umwelt »einfacher Systeme« vor allem die im
System handelnden Personen, während alles andere äußere
Umwelt ist. Die Beziehungen des Quasi-Systems zur äußeren
Umwelt sind einfach, störanfällig, und seine Umweltkontrolle ist
gering. Seine Beziehungen zur relevanten Umwelt dagegen – so
Luhmann – sind differenzierter. Denn hier bestehe die Möglich-

keit einer gewissen sozialen Kontrolle, weil gegenüber anwesenden Beteiligten, die anwesend bleiben wollen, gerade dieser Wunsch als Motivationsmittel und mithin als Kontrollmittel wirkt. Da aber Quasi-Systeme auch durch hohe Fluktuationsmöglichkeiten – leichter Eintritt und Austritt – charakterisiert sind, reiche soziale Kontrolle nicht zur Herstellung von Konformität, sondern nur zur Ausbalancierung einer »tragbaren Kontingenz des Verhaltens« (Luhmann 1975: 30): Immer ist die Frage offen, ab welchem Punkt Abweichung die schwachen Strukturen überfordert, ab welchem Punkt massivere soziale Kontrolle Austritt provoziert.

Quasi-Systeme sind Grenzfälle, weil sie als eigenständige Beziehungsstrukturen noch nicht voll in das Bewusstsein der Beteiligten kommen. Im Vordergrund stehen die je einzelnen Identitäten der Beteiligten, nicht aber eine zusätzliche (emergente) Systemidentität. Merton hat eine handliche Formel für die Bildung von Gruppen – einer Form sozialer Systeme – entwickelt, die drei Kriterien umfasst:

1. eine Anzahl von Leuten, die nach bestimmten Mustern miteinander agieren,
2. Selbst-Definition als Mitglied und
3. dieselbe Definition als Zugehörige(r) durch außenstehende Andere (Merton 1964: 285f.).

In Quasi-Systemen sind die beiden ersten Kriterien zwar nicht voll, aber doch zu einem gewissen Grad ausgebildet, während von außen noch nicht ohne weiteres erkennbar ist, wer dazugehört und wer nicht. Insbesondere ist es noch nicht möglich, Handlungen einzelner Mitglieder dem Quasi-System als ganzem zuzurechnen. (Voll ausgebildete Sozialsysteme wie etwa Vereine, Organisationen oder Unternehmen regeln ihre Vertretungsbefugnisse und Handlungsvollmachten eben deshalb ausdrücklich, weil ihnen als System die Handlungen ihrer Mitglieder zugerechnet werden.) Eine über die Mitglieder hinausgehende zusätzliche Systemidentität und eine bewusste, innere wie äußere Identifikation der Mitglieder mit dem System bildet sich erst aus mit der Verdichtung des Quasi-Systems zum System.

Luhmann nimmt an, dass eine solche Verdichtung in dem Maße erforderlich wird, als bestimmte Abstraktionsleistungen zu ordnen und zu organisieren sind. Solche Abstraktionsleistungen über das bloße Hier-und-Jetzt hinaus werden erforderlich, wenn

1. sich Zweierbeziehungen zu Systemen mit mehr Personen ausweiten;
2. der Zeithorizont erweitert wird, also Interesse an längerfristiger Fortsetzung und Erwartbarkeit der Interaktion aufkommt; und wenn
3. die Handlungsfähigkeit des Systems als System (mit der Folge der Zurechnung der Handlung zum System, nicht zum gerade handelnden Mitglied) angestrebt wird (Luhmann 1975: 32f.).

In überraschender Übereinstimmung mit Luhmanns Dimensionen des Übergangs von »einfachen« zu komplexen Systemen unterscheidet am Beispiel der Ausbildung von Primärgruppen auch Dunphy drei Elemente (Dunphy 1972: 5):

1. ein Interaktionszusammenhang von mehreren Personen, der schon ansatzweise zur Ausbildung unterschiedlicher Rollen geführt hat;
2. zeitliche Kontinuität, die zu starken emotionalen Bindungen führt; und
3. die Ausbildung einer eigenen Gruppenidentität, die die Gruppe als Ganze in Form einer »Subkultur« von ihren einzelnen Mitgliedern abhebt.

Der Übergang vom Quasi-System zum System setzt demnach auf mehreren Dimensionen Veränderungen voraus, die zunächst auf diesen Dimensionen zu einer Steigerung der Komplexität des Handlungszusammenhangs führen und dann, als Antwort darauf, zur Systembildung. Es ist eine analytisch und forschungstechnisch entscheidende Frage, welche Dimensionen sich hier unterscheiden lassen. Auf unterschiedlichen Gebieten haben sich diesbezüglich Vorstellungen entwickelt, die – jedenfalls in den Grundzügen – eine bemerkenswerte Parallelität aufweisen. Alle diese Konzepte basieren auf der Frage: Welche Leistungen oder Funktionen muss ein (psychisches oder soziales) System erbringen, um schließlich eine eigene handlungsfähige und entwicklungsfähige Identität zu bilden. Beispielhaft möchte ich den entwicklungspsychologischen Ansatz von Jean Piaget, den entwicklungssoziologischen Ansatz von Talcott Parsons und den gruppensoziologischen Ansatz von Theodore Mills vorstellen, um die zentrale Idee der evolutionären Entwicklung psychischer und sozialer Systeme zu veranschaulichen.

Die Entwicklungspsychologie von Jean Piaget betrachtet menschliche Organismen als offene, aktive und selbstregulierende Systeme, die »gleichzeitig unter dem Gesichtspunkt der Anpassung an die Umwelt und unter dem Gesichtspunkt einer intern regulierten Entwicklung auf Seiten des Subjekts« zu sehen sind (Piaget 1976: 356). Im Bereich der kognitiven Entwicklung unterscheidet Piaget drei Stufen: Auf der ersten Stufe der senso-motorischen Operationen entwickelt das Kind nach dem Konzept einer »Konstanz der Objekte« bestimmte Verhaltenspläne. Diese bilden eine erste Struktur für gleichwertige Akte; und sie ergeben sich als Resultate eines »Assimilationsprozesses«, durch den das Kind Umweltdaten in sich aufnimmt – allerdings nicht unvermittelt, sondern in Abhängigkeit von seiner biologischpsychischen internen Struktur.

Auf dieser Stufe ist also eine sehr starke, aber keine ausschließliche Umwelt-Abhängigkeit kennzeichnend. Auf der (zweiten) Stufe der konkreten Denkoperationen (prä-operative Stufe) bildet sich eine relativ stabile Denkstruktur für vielfältige interne Operationen aus. Allerdings ist diese Struktur noch nicht von ihren konkreten Inhalten getrennt. Erst auf der dritten Stufe, der Stufe der formalen Denkoperationen, löst sich diese Bindung an das konkrete Hier-und-Jetzt. Über formale Operationen können neue Kombinationen entwickelt, Hypothesen gebildet und Konsequenzen intern abgeleitet und beurteilt werden. Diese fortgeschrittenste Stufe der kognitiven Entwicklung ist durch die Möglichkeit der »Reversibilität« des Denkens gekennzeichnet, d.h. das psychische System kann sein eigenes Denken in Frage stellen und sogar negieren (siehe die Darstellung dieser Stufen bei Inhelder 1976: 54-60.).

Auch die strukturell-funktionale Systemtheorie von Parsons betont die Fähigkeit sozialer Systeme, sich selbst zu regulieren und sich aktiv mit ihrer Umwelt auseinanderzusetzen. Parsons nimmt an, dass jedes entwickelte soziale System vier Grundfunktionen erfüllen muss: die Anpassung an die Umwelt (adaptation), Zielverwirklichung (goal-attainment), Integration (integration) und schließlich die Funktion der Strukturerhaltung (latent pattern maintenance). Die Anfangsbuchstaben der englischen

Begriffe ergeben das bekannte AGIL-Schema. Anpassung und Zielerreichung bezeichnen den Außenbezug des Systems: einerseits den input aus der Umwelt, der vom System »assimiliert« wird, andererseits den output von Systemoperationen gegenüber der Umwelt. Strukturerhaltung und Integration beziehen sich auf die internen Vermittlungsprozesse zwischen input und output und weisen darauf hin, dass zunächst eine interne Struktur stabilisiert und dann die Friktionen und Widersprüche einer differenzierten Struktur durch Formen der Integration aufgefangen werden müssen (Parsons 1959: 4ff.).

Rechnet man ein, dass Piaget von psychischen Systemen und Parsons von Sozialsystemen spricht, so lässt sich doch eine erstaunliche Übereinstimmung der Konzepte ausmachen. Assimilation und Anpassung sind die »primitivsten« Formen der Auseinandersetzung mit der Umwelt. Hier dominiert die Umwelt und die Abhängigkeit von ihr. Auf einer mittleren Stufe entwickeln die Systeme differenzierte interne Strukturen und Prozesse, die die Abhängigkeit von der Umwelt schrittweise verringern. Die volle Ausbildung der Subjektivität, Identität und einer relativen Autonomie von der Umwelt setzt für beide Typen von Systemen voraus, dass sie aufgrund formaler Operationen selbstgewählte Ziele erreichen können. In der Tat hat Parsons in seiner späteren Evolutionstheorie in diesem Sinne primitive, mittlere und moderne Gesellschaften unterschieden (Parsons 1975: 46ff.).

Schließlich lässt sich auf einer mittleren Ebene zwischen Individuum und Gesellschaft das systemtheoretische Gruppenkonzept von Mills dafür anführen, dass der Übergang vom Quasi-System zum System Komplexitätssteigerungen auf angebbaren und vergleichbaren Dimensionen zur Voraussetzung hat. Mills nimmt an, dass eine Gruppe verschiedene, aufeinander aufbauende Entwicklungsstufen zu durchlaufen hat, bevor sie das Stadium einer handlungsfähigen, »generativen« Gruppe erreicht. Zunächst müssen die unmittelbaren individuellen Bedürfnisse der Mitglieder befriedigt werden, indem die einzelnen im Gruppenrahmen Ressourcen einbringen und verteilen. In einem zweiten Schritt können die Bedingungen der Aufrechterhaltung dieser Bedürfnisbefriedigung stabilisiert und in normativen Rollen strukturiert werden. Wenn dieser Gruppenzweck erreicht ist, liegen die Bedingungen dafür vor, dass instrumentelle Rollen sich

ausbilden und über mehrstufige Rückkopplungsprozesse kollektive Ziele verfolgt werden können.

Schließlich setzen reflexive Prozesse ein, die neben einer
Steigerung der Selbstbewusstheit der Mitglieder auch ein
Gruppen-Bewusstsein erzeugen. Die Gruppe entwickelt die
Fähigkeit zur Selbstbestimmung und damit verbunden die Fähigkeit zum Wachstum in dem Sinne, dass sie bewusst Kontakte zu
anderen Gruppen knüpft und schließlich aus sich heraus neue
Teilgruppen erzeugen kann. Diese letzte Stufe setzt die Ausbildung »generativer Rollen« voraus, Rollen also, deren Inhaber
bewusst nach Alternativen und neuen Anknüpfungspunkten für
die Gruppe suchen.

Ähnlich wie Theodore Mills zuvor, entwickeln Katzen-
bach/Smith ein Modell, in welchem die elementare Arbeitsfähig-
keit der Gruppe in unmittelbarer Auseinandersetzung mit der
Umwelt zunächst im Vordergrund steht (Katzenbach/Smith
1993: 173ff.). Wenn Mitglieder, Ressourcen, Beziehungen und
Möglichkeiten vielfältiger werden, ergibt sich ein Bedarf für
differenzierte interne Strukturen und Rollen, die diese Komplexität der Dinge und Ereignisse reduzieren und kanalisieren.
Normative und instrumentelle Rollen aber erzeugen ihrerseits mit
zunehmender Spezialisierung so viele Zustände, Ereignisse und
Möglichkeiten, dass schließlich die Gruppe nicht mehr nur ein
Ziel – nämlich Überleben –, sondern vielfältige, wählbare Ziele
verfolgen kann. Sie entwickelt eine Gruppenidentität und Selbstbewusstheit als integrale Orientierungsmuster für ihre Ziele als
Gruppe selbst, wie auch für ihre Ziele als Teil eines übergreifenden Zusammenhangs, wie etwa eines Unternehmens.

Wenn wir versuchen, aus den referierten Modellen das gemeinsame evolutionäre Prinzip herauszuschälen, dann drängt sich die
Vorstellung einer Entwicklungsspirale auf, in welchem die zunehmende Differenzierung zwischen System und Umwelt und die
damit zusammenhängende zunehmende Identitätsbildung des
Systems auf mehrdimensionalen, dialektischen Prozessen der
Komplexitätsproduktion und -reduktion beruht. In aufeinander
folgenden Schüben produzieren psychische oder soziale Quasi-
Systeme Differenzierungen in unterschiedlichen Dimensionen.

Die Ordnung der Dimensionen ist nicht zufällig, sondern
bestimmt durch die evolutionären Bedingungen des Aufbaus

abgegrenzter, selbsterhaltender, handlungsfähiger und schließlich
selbststeuernder Systeme. Mills hat am Beispiel der Gruppe eine
solche Ordnung sich je voraussetzender Rückkopplungsprozesse
dargestellt, und dasselbe ließe sich für andere soziale Systeme
durchführen. In sehr viel allgemeinerer Weise hat Parsons in
seinem bekannten AGIL-Schema vier Funktionen benannt, deren
Erfüllung notwendige Bedingung der Existenzfähigkeit von
Handlungssystemen sei. Parsons betrachtet den Zusammenhang
der Funktionen – von A nach L – als eine Hierarchie sich bedingender Faktoren; er betrachtet mithin die Ausbildung eines
Handlungssystems durchaus als einen evolutionären Prozess, in
welchem die Erfüllung elementarer Funktionen jeweils die
notwendige Bedingung dafür ist, dass eine nächst höhere (d. h.:
voraussetzungsvollere) Funktion sich ausbilden kann.

Sowohl Mills als auch Dunphy (zu dessen Variablenschema
siehe nochmals Tabelle 1) beziehen sich auf Parsons. Beide
machen jedoch einen entscheidenden Schritt über das AGIL-
Schema hinaus, indem sie nicht bei der Erhaltung des jeweiligen
Systems stehen bleiben, sondern als weitere Funktion die
Generativität des Systems im Sinne der Fähigkeit zu selbstrepro-
duktivem Wachstum hinzufügen. Dieser Schritt ist so bedeutsam,
weil erst er die evolutionäre Fortentwicklung auch sozialer Systeme plausibel machen kann und weil die Ausbildung spezieller
generativer oder mediatisierender Rollen Sozialsystemen als
Ganzheiten eine Fähigkeit einbringt, die sonst nur noch von
entwickelten Individuen (psychischen Systemen) geleistet werden
kann: Die Fähigkeit, sich selbst zum Thema zu machen, die
eigene Identität reflektiert in Beziehung zu anderen Identitäten
zu setzen. Von dieser Fähigkeit zur Reflexion wird weiter unten
ausführlich die Rede sein. Hier soll nur kurz zur Sprache kommen, in welchem Zusammenhang die im Folgenden behandelten
Dimensionen stehen und auf welchen Dimensionen (im Laufe
der evolutionären Entwicklung vom Quasi-System zum System)
Komplexitätssteigerungen das zentrale Problem abgeben, das
durch neue emergente, komplexitätsverarbeitende Steuerungsmechanismen gelöst wird.

Grundlage dieses Zusammenhangs von Dimensionen der
Komplexitätssteigerung sind die vier Funktionen des AGIL-

Schemas, wie sie von Mills konkretisiert werden (siehe die nach-
folgende Tabelle 2).

Tabelle 2: Vergleich Parsons – Mills

Parsons		Mills	
Funktio-nen	**Teilsysteme**	**Gruppen-zwecke**	**Rollenty-pen**
Anpassung	Ökonomie	Bedürnis-Befriedigung	Grundrol-len
Zielerrei-chung	Politik	Garantie der Bedingungen der Bed.Befr.	Normative Rollen
Integration	Sozialisation u. Solidar-organisation	kollektive Ziele	instrumen-telle Rollen
Struktur-erhaltung	Kultur	Selbstbestim-mung der Gruppe	Leitungs-rollen
–	–	Gruppen-wachstum	Generative Rollen

(Quelle: Eigene adaptierte Darstellung)

Nimmt man der Vollständigkeit halber zu den von Mills genannten Systemzwecken den Zweck der Systembildung selbst
hinzu – als Funktion ausgedrückt ist dies der Vorgang der konstitutiven Grenzbildung –, so ergeben sich insgesamt sechs
Systemzwecke oder Systemfunktionen als diejenigen Dimensionen, in denen die Ausbildung eines handlungsfähigen und
schließlich generativen Systems Leistungen erfordert; und zwar
Leistungen im Sinne der Steigerung interner Komplexität als
notwendige Bedingung für eine verbesserte Fähigkeit, Umweltkomplexität zu verarbeiten und für systemeigene Zwecke zu
nutzen.

Für den konkreten Fall eines bestimmten Sozialsystems bedeutet dies, dass zunächst eine konstitutive Grenze ausgebildet werden muss – eine Grenze, die das neue Gebilde überhaupt von seiner Umwelt als etwas Eigenständiges abhebt. (Wir haben diese Anfänge oben am Beispiel des »einfachen Systems« nachgezeichnet.) Das dringendste Problem ist danach, dem Quasi-System Ressourcen zu erschließen zur Befriedigung der existentiellen Bedürfnisse der Mitglieder. Diese Ressourcen sind immer systemspezifisch, weil die zu befriedigenden Bedürfnisse selbst systemspezifisch sind.

Erreicht die Ressourcengewinnung einen gewissen Grad der Differenzierung und Komplexität, so entsteht zwangsläufig ein Bedarf an normativen Strukturregeln zur Aufrechterhaltung der Bedingungen der Bedürfnisbefriedigung. Auch in dieser Dimension kann – keineswegs muss! – es zu Steigerungsprozessen kommen. Dann entsteht mit der Zunahme struktureller Komplexität ein Bedarf an Synchronisation der (aufgrund unter-schiedlicher Strukturierung) unterschiedlich schnellen Systemprozesse: In der Gruppe übernehmen dies Träger instrumenteller Rollen, die unterschiedliche Prozesse auf ein Ziel hin koordinieren. Auf sozietaler Ebene leisten dies z.B. interministerielle Ausschüsse, die die unterschiedlichen Projekttempi und Zeithorizonte der Ministerien koordinieren, oder die mittelfristige Finanzplanung, die Haushaltsaufstellung (1 Jahr), Legislaturperiode (4 Jahre) und Finanzpolitik (langfristig) zu koordinieren versucht (5-Jahres-Rhythmus). Beispiele für Mechanismen der Prozesssteuerung in biologischen Systemen sind genetische Programme, aber auch Blut- und Hormonkreisläufe.

Über die evolutionäre Stufe von Prozesssteuerungen hinaus gelangen nur zwei Typen von Systemen: Individuen und Sozialsysteme. Sie allein entwickeln aufgrund fehlender genetischer Fixierung eine solche Vielfalt von Möglichkeiten (Ziele, Optionen), dass es ab einer bestimmten operativen Komplexität erforderlich wird, über Ziele zu entscheiden. Sobald psychische oder soziale Systeme Präferenzen selbst setzen, also nicht von Instinkten, Mythen, Traditionen etc. geleitet setzen, haben sie die neue evolutionäre Stufe der Selbstbestimmung (operative Intelligenz, genauer dazu siehe Abschnitt 4.4) erreicht: eine Stufe, die mit neuen Möglichkeiten auch ganz neue Probleme aufwirft. Vor

allem das Problem des Zusammenspiels verschiedener, sich selbst
bestimmender Identitäten, das Problem der wechselseitigen Abstimmung und des reflektierten Wachstums sozialer Systeme sind
hier zu nennen.

Es ergibt sich demnach ein evolutionärer Zusammenhang von
sechs Systemfunktionen, die kumulativ aufeinander aufbauen.
Das Erreichen einer weiteren evolutionären Stufe, d.h. die Erfüllung einer neuen Funktion ist abhängig von der Erfüllung der
elementareren Funktionen und ihrer Voraussetzungen (für die
Gruppe: Mills 1969: 159). Im folgenden werden diese Funktionen
im einzelnen behandelt. Dabei sollte aber der Zusammenhang
dieser Funktionen nicht aus dem Auge verloren werden. Denn
erst dieser Zusammenhang gibt einen Eindruck von dem un-
geheuer voraussetzungsvollen Prozess der Genese eines
handlungsfähigen und schließlich selbststeuernden Systems, das
aufgrund der Fähigkeit zur Reflexion sich zielbewusst und gener-
ativ mit anderen Systemen auseinanderzusetzen vermag.

Diese Fähigkeit zur Reflexion, zur diskursiven intersubjektiven
oder intersystemischen Auseinandersetzung, lässt sich zwar nicht
gerade einfach entwickeln und darstellen – und insofern wird dem
Leser einiges abverlangt. Doch dürfte die praktische Bedeutung
der Probleme der Reflexion und der Systemintegration für
hochdifferenzierte und komplexe Sozialsysteme kaum zu überschätzen sein. Nicht nur Großstädte, Bildungssysteme,
Versicherungssysteme, technologische oder militärische Groß-
organisationen scheinen mit wachsender Komplexität weniger
regierbar und steuerbar zu werden; inzwischen wird dies immer
häufiger von ganzen Gesellschaften behauptet, und es gibt immerhin einige Anzeichen dafür. Dies sollte Anlass genug sein,
sich intensiv mit den Folgeproblemen hoher Komplexität auseinanderzusetzen.

Ausführlicher habe ich daher diese Thematik in Band III dieser
Einführung (Steuerungstheorie) mit Blick auf die Steuerungsmedien Macht, Geld und Wissen behandelt. Inzwischen kommen
mit den Themen *Wissensgesellschaft* und *Globalisierung* zusätzliche
theoretische und praktische Herausforderungen auf eine angemessene Steuerungstheorie zu, die ich in den drei Bänden der
Atopia-Reihe dargestellt habe (siehe Willke 2001, 2002 und 2003).
Im vorliegenden Zusammenhang geht es »nur« um die ersten

Schritte und die Grundlagen einer Steuerungstheorie komplexer Sozialsysteme.

Die hier behandelten sechs Systemfunktionen hängen in einer bestimmten, im Folgenden näher zu erläuternden Weise mit jenem Wachstumsprozess zusammen, welcher in der neueren Evolutionstheorie als das Kriterium der Evolution höherer Entwicklungsniveaus angesehen wird: der Zunahme an *organisierter Komplexität*. Wäre das Kriterium der Evolution das Überleben des Stärkeren oder eine hohe Reproduktionsrate, so hätte die biologische Entwicklung bei Bakterien oder Amöben aufhören müssen; denn diese überleben seit Milliarden von Jahren und sind optimal an ihre Umwelt angepasst. In Wirklichkeit scheint Evolution einer ganz anderen Gesetzmäßigkeit zu folgen: dem Spiel mit den Möglichkeiten des Aufbaus immer komplexerer Systeme, die sich zwar gegenüber ihrer äußeren Umwelt auch behaupten – und insofern das Darwinsche Kriterium erfüllen; die aber darüber hinaus zusätzlich ihre interne Kombinatorik von Teilen, Funktionen und Prozessen steigern und damit gegenüber ihrer Umwelt qualitativ neue Freiheitsgrade zu verwirklichen vermögen.

Um das schwierige Konzept organisierter Komplexität behandeln zu können, ist es sinnvoll, unterschiedliche Dimensionen von Komplexität zu unterscheiden. Im folgenden werde ich die fünf Dimensionen sachliche, soziale, zeitliche, operative und kognitive Komplexität unterscheiden und in einen evolutionären Zusammenhang bringen. Dies soll es erleichtern, die differenzierte und verwickelte Einheit des evolvierenden Prozesses, »Systeme-in-Umwelten« besser zu verstehen.

4.1   Sachliche Komplexität

Sachliche Komplexität ist der etwas ungenaue Ausdruck für eine Vielfalt von Einheiten, die aufeinander wirken – seien es nun Sachen, Zellen, Organismen, Elemente, Menschen, Gruppen, Institutionen, Gesellschaften oder anderes. Ungenau ist der Ausdruck deshalb, weil er »Sachen« nur in einem allgemeinen Sinne umfasst, nicht aber auf Sachen im Sinne von Gegenständen beschränkt ist. Sachliche Komplexität nimmt zu, wenn die Zahl und die Dichte von Einheiten in einem bestimmten Raum-Zeit-Abschnitt steigt und wenn diese Einheiten aufeinander Wirkungen ausüben.

So kann man sagen, dass die sachliche Komplexität des Spiels »Mensch-ärgere-Dich-nicht« gering ist, weil die im Spiel-Raum zu verteilenden Sachen nur in (den Witz des Spiels ausmachenden) Ausnahmefällen aufeinander treffen und sich aus der Bahn werfen. Dagegen ist die sachliche Komplexität des Schachspiels groß, weil hier zur gleichen Zeit auf einer Vielzahl von Feldern eine Vielzahl von Figuren mit einer Vielzahl von Konsequenzen aufeinander treffen können. Die sachliche Komplexität eines Wassermoleküls ist gering, die eines Eiweißmoleküls groß, weil in diesem eine Vielzahl von Elementen und Teilen zu einer bestimmten Konfiguration verdichtet wird.

Auf der Ebene sozialer Beziehungen kennzeichnet sachliche Komplexität einen Aspekt, der sehr eng mit anderen Formen von Komplexität – insbesondere soziale Komplexität, dazu sogleich unter Abschnitt 4.2 – verbunden ist. Man kann diesen Aspekt analytisch isolieren, wenn man das Eigengewicht und die Eigendynamik der bloßen Zunahme der Zahl und Dichte von Menschen und Handlungszusammenhängen betonen will. Für den Bereich von Gesellschaften hat vor allem Emile Durkheim die Bedeutung der Zunahme von Zahl und Dichte der Bevölkerung für die Entwicklung moderner Gesellschaften hervorgehoben. Die Zunahme des Sozialvolumens (das ist die absolute Anzahl der einer Gesellschaft zugehörigen Mitglieder) und die Dichte der Interaktionen führen dazu, dass nicht nur die Kommunikation, sondern auch die Konkurrenz zwischen den Mitgliedern einer Gesellschaft intensiver werden (Durkheim 1977: 296ff.). Auf der

Ebene von Gruppen gibt es zahlreiche empirische Belege für diese These (siehe die Beispiele bei Olmsted 1974: 28ff., auch zu Mechanismen der Kontrolle von Konkurrenz).

Das Problem sachlicher Komplexität entsteht, ganz abstrakt formuliert, dadurch, dass sich in der Welt immer mehr Systeme entwickeln und sich durch die Ausbildung von Grenzen von ihrer Umwelt abheben. Die Geburt eines Lebewesens, die Bildung einer Ehe, einer Gruppe, eines Vereins, eines Staates, die Produktion von Sachen, Sinn oder Symbolen vermehrt die Bestände, indem neue Einheiten sich konstituieren. Die daraus entstehende Konkurrenz um Überlebenschancen führt zu dem Folgeproblem der Verteilung und Gewinnung von Ressourcen an Energie, Zeit, Information etc. Eine der wesentlichen Ressourcen sozialer Systeme sind Mitglieder (Mayntz/Scharpf 1995). Organisationen, Vereine, Parteien oder abweichende Gruppen müssen sich um Mitglieder bemühen. Nicht erst der Fall der Berliner Mauer oder die Folgeprobleme der gegenwärtigen demographischen Entwicklung in Deutschland oder Italien zeigen, dass auch für Gesellschaften die Ressource Mitglieder nicht unerheblich ist.

Auf der Ebene sozialer Systeme, so lässt sich zusammenfassen, entsteht das Problem sachlicher Komplexität durch die Konstituierung immer neuer Systeme infolge der Ausbildung von Grenzen und die Stabilisierung einer Differenz zwischen System und Umwelt. Innerhalb einer Gesellschaft oder eines anderen bestehenden Sozialsystems bewirkt dies eine Zunahme an Volumen und Dichte, an verstärkter Kommunikation und Konkurrenz. Eine der wichtigsten Lösungen des Problems der sachlichen Komplexität liegt daher in der Kanalisierung des Konkurrenzdruckes durch geregelte und erwartbare Formen der Ressourcengewinnung und -verteilung.

Wenn wir uns erinnern, dass Jean Piaget im Falle der »Konstituierung« eines Säuglings die Aufnahme von Umweltressourcen Assimilierung nannte und damit Abhängigkeit von und Wechselwirkung zwischen Organismus und Umwelt meinte, dann wird deutlich, dass die Konstituierung sachlicher Komplexität durch Ausgrenzung neuer Systeme nicht denkbar ist ohne das dialektische Gegenprinzip der Rückverbindung des Ausgegrenzten zu seiner Umwelt in der Form geregelter Ressourcengewinnung. Man kann auch formulieren: *Sozialsysteme lösen das Konkurrenz-*

problem sachlicher Komplexität durch eine Regelung der Ressourcengewinnung und -verteilung. Diese Lösung bindet das ausdifferenzierte System an seine Umwelt zurück, weil das System aus dieser seine Ressourcen gewinnt, bevor es eigene aufbauen kann. Wenn nun aber das System – das in dieser Entwicklungsphase in aller Regel nur ein Quasi-System sein wird – Ressourcen in Form von Mitgliedern gewonnen hat, dann entstehen gerade dadurch neue Probleme.

4.2   Soziale Komplexität

Wenn mehrere Personen in einem engen Interaktionszusammenhang stehen, entwickeln sich zwar zur Erleichterung der Kommunikation schnell Gewohnheiten, Regeln, gemeinsame Vorverständnisse und Orientierungen und mithin Ansätze einer Struktur, die diesen Interaktionszusammenhang von anderen abhebt. Dennoch werden die Beziehungen bald unüberschaubar, weil die Mitglieder des Quasi-Systems immer als ganze Personen relevant sind und sich als ganze Personen in der Kommunikation darstellen und einsetzen müssen. Da jeder insgesamt betroffen und zuständig ist, muss jedes Einzelproblem in langwierigen, weil umfassenden Verhandlungen neu gelöst werden. Beispiele hierfür sind »Gerichtsverhandlungen« in traditionalen Stämmen, die das ganze Dorf einschließen, oder »Organisationsfragen« in Wohngemeinschaften, die Emanzipation mit dem Fehlen von Organisation verwechseln. Bei variierenden Anforderungen der Umwelt entsteht daraus ein Grad an sozialer Komplexität, der die schwach ausgeprägten Strukturen des Quasi-Systems rasch überfordert.

Eine grundlegende Änderung tritt in dem Augenblick ein, in dem sich zwischen den Mitgliedern unterschiedliche Rollen ausdifferenzieren und sich damit eine bestimmte Form der internen Arbeitsteilung einspielt. Nun ist nicht mehr jedes Ereignis für jeden Teil relevant, sondern die anfallenden Probleme werden auf die funktional differenzierten Rollen verteilt und zudem von Spezialisten verarbeitet. Die Strukturiertheit des Quasi-Systems nimmt zu und mithin seine Problemlösungsfähigkeit und seine Unabhängigkeit von Ereignissen in der Umwelt. Anders ausgedrückt: funktionale Binnendifferenzierung ist ein erster grundlegender Mechanismus der Reduktion von sozialer Komplexität. Die Komplexität der Umwelt kann mit immer weitergehender Binnendifferenzierung aufgefangen und in vorstrukturierte Kanäle gelenkt werden. *Systeme lösen das Problem sozialer Komplexität mit funktionaler Binnendifferenzierung:*

»Durch Differenzierung erreichen Systeme ›Ultrastabilität‹. Sie können interne Grenzen zwischen den Teilsystemen stabilisieren im Sinne von Schwellen, die eine Effektübertragung beschränken – sei es, dass sie nur

außergewöhnliche, krisenhafte Störungen durchlassen, normale aber ab-
fangen; sei es, dass sie nur spezifische funktionale Effekte weiterleiten. So
können störende Umwelteinwirkungen in Teilsystemen abgekapselt und
neutralisiert werden; andere fördernde Leistungen können intensiviert
werden, ohne dass jedes Ereignis alle Teile anginge und alles mit allem
abgestimmt werden müßte. Darin liegt eine erhebliche Beschleunigung
systeminterner Anpassungsprozesse, ein überlebenskritischer Zeitgewinn,
der das Entstehen und die Erhaltung komplexer Systeme auf höherer Stufe
der Entwicklung überhaupt erst ermöglicht« (Luhmann 1971: 123; siehe auch
Mayntz u.a. 1988).

Die »Entdeckung« von Rollen und interner funktionaler
Differenzierung – die ihre phylogenetische Parallele in der Spezialisierung von Zellen hat – hebt Quasi-Systeme auf eine qualitativ
neue evolutionäre Stufe. Die neue Qualität liegt in der nun ungleich größeren Kapazität für strukturell geordnete
Komplexitätsverarbeitung. Auftauchende Probleme betreffen
nicht mehr alle Mitglieder in gleicher Weise und verbrauchen
nicht mehr die Zeit aller, sondern sie betreffen und beschäftigen
nur noch bestimmte Rollenträger oder Teile. Funktionale
Differenzierung multipliziert die im System verfügbare Zeit und
damit die Gelegenheit zur Problemlösung, indem die eine Weltzeit durch Rollenstrukturen aufgefächert wird wie das eine Son-
nenlicht durch ein Prisma. Insofern ist es richtig, dass die Zeitdimension sich zur Entlastung der Sozialdimension einsetzen lässt
(aufschlussreich mit Blick auf das Geschäft der Banken Baecker
1991: 108ff.).

Auf unser obiges Beispiel von »Gerichtsverhandlung«
angewendet, bedeutet dies, dass nun nicht mehr das ganze Dorf
oder der ganze Stamm zugleich Ankläger, Richter und Voll-
strecker ist, sondern diese Aufgaben den Trägern ausdifferenzierter Rollen übertragen wird, die bei Bedarf zusammentreten
und das Problem ad hoc lösen. Es leuchtet unmittelbar ein, dass
dadurch Problemfälle von »abweichendem Verhalten« effektiver,
schneller und kontrollierbarer gelöst werden. Und es leuchtet
ebenso ein, dass dadurch ganz neue Probleme insbesondere bei
der Bestimmung der Spezialisten und im Verhältnis des Ange-
klagten zu »seinem« Gericht entstehen.

Darüber hinaus gilt ganz allgemein, dass funktionale Differenzierung zwar eine neue Stufe der Ordnung ermöglicht, dass
sie aber gleichzeitig der Kristallisationspunkt für spezifische
Probleme ist, die sich als notwendige Folge eben dieser

Rollendifferenzierung ergeben. Denn Arbeitsteilung und interne Differenzierung bewirken funktionale wechselseitige Abhängigkeiten (Interdependenzen), weil nun jeder Spezialist einen und nur einen Teil zum Ganzen beiträgt und dafür von den Beiträgen der anderen Spezialisten abhängt (Durkheim 1977, bes. S. 306ff.; Thompson 1967: 54f. zu unterschiedlichen Formen der Interdependenz; Mayntz u.a. 1988). Rollendifferenzierung und funktionale Interdependenzen erzeugen eine zunehmende Kompliziertheit, Vielschichtigkeit und Vernetzung der Interaktionen und internen Operationen. Sie erzeugen einen hohen Abstimmungsbedarf, weil die Leistungen der einen auf Vorleistungen oder komplementären Leistungen anderer beruhen und Anschlussleistungen erfordern. Zugleich setzen differenzierte Aktionen unterschiedliche Kausalketten in Gang und produzieren damit einerseits Widersprüche und Folgeprobleme, andererseits eine vorher unvorstellbare Vielfalt von Möglichkeiten aus zeitlich nebeneinander her laufenden Prozessen. Kurz: Das Quasi-System entwickelt eine neue Form der Eigenkomplexität. Besonders bemerkenswert ist, dass diese Möglichkeit einer immensen Steigerung von Komplexität auf einer strategisch ansetzenden Reduzierung beruht: der Reduzierung von Personen auf Rollen.

Zugleich schafft die Ausdifferenzierung von Rollen eine wichtige Scharnierstelle zwischen der Ebene der Gruppe und der Ebene von gesellschaftlichen Funktionssystemen und Gesellschaften insgesamt. Über dieses Scharnier laufen strukturelle Kopplungen zwischen Gruppe und Organisation, Organisation und Gesellschaft. Damit ist ein Übergang zwischen Mikro- und Makroebene (so die Unterscheidung der Ebenen im herkömmlichen soziologischen Sprachgebrauch), zwischen unterschiedlichen Systemebenen der Gesellschaft möglich, ohne dass Identität und Autonomie der jeweiligen Ebene durch diese Übergänge bedroht wäre (Fuchs 1995; Schimank 1996).

4.3 Zeitliche Komplexität

Quasi-Systeme leben in der Gegenwart. Cocktail-Partys, Happenings, eine Warteschlange, eine spontane Demonstration, ein Flirt oder eine konstituierende Versammlung haben noch keine gemeinsam erinnerbare Vergangenheit und deshalb auch noch keine gemeinsam vorstellbare Zukunft. Aber schon mit der Konstituierung eines Quasi-Systems beginnt dessen eigene Systemgeschichte, noch in Form einer Interaktionsgeschichte (Luhmann 1975: 26f.). Diese an Aktualität gebundene Interaktionsgeschichte gewinnt erst an zeitlicher Tiefe, wenn soziale Äquivalente zum psychischen Gedächtnis sich entwickeln: Wenn aus abgelagerten Erfahrungen und routinisierten Erwartungen Symbole, Konzepte, Schemata und schließlich systeminterne Modelle der Außenwelt entstehen, die es ermöglichen, das System auch in der Zeitdimension von seiner Umwelt abzukoppeln.

Dies geschieht dadurch, dass zwischen Perzeptionen und Assimilationen auf der einen Seite und Operationen und Produkten eines Sozialsystems auf der anderen Seite intern differenzierte Umsetzungsprozesse geschaltet sind (siehe Abbildung 1 am Ende von Kapitel 2), die einerseits die selegierten Beobachtungen und Informationen nach intern gespeicherten Erfahrungen und Präferenzen aufbereiten und dadurch mit Hilfe der eigenen verfügbaren Geschichte Vergangenheit gegenwärtig machen können. An die Stelle einer »einfachen« Gegenwart tritt mit der Möglichkeit einer selektiven Aktualisierung vergangener Gegenwarten eine vielfältige und in Grenzen wählbare Gegenwart. (Und darüber hinaus, wie bestimmte Geschichts»korrekturen« zeigen, auch die Möglichkeit, gegenwärtige Vergangenheiten zu manipulieren und zu wählen.)

Andererseits umfassen die internen Umsetzungsprozesse auch symbolische Operationen an den internen Außenweltmodellen und ein Durchspielen von prospektiven Handlungen und Strategien am Modell – also noch ohne Außenweltwirkungen (Stachowiak 1973: 93 und passim). Dies verschafft dem System Zeit, erst einmal Handlungsstrategien intern zu proben, zu planen und aufgrund der am Modell gewonnenen Prognosen oder Szenarien zu wählen.

Auch hier tritt an die Stelle einer »einfachen« Gegenwart eine Vielfalt von in Grenzen wählbaren zukünftigen Gegenwarten. So ist jede betriebliche, organisatorische oder gar gesamtgesellschaftliche Steuerung dadurch charakterisiert, dass eine ganz bestimmte zukünftige Gegenwart anvisiert wird, nicht aber andere, auch mögliche, oder gar eine »einfache« naturwüchsige Zukunft.

Diese Besonderheit komplexer Sozialsysteme hat Mogoroh Maruyama in die Kategorie der *Futurität* gefasst: in physikalischen, chemischen oder biologischen Systemen hat die Zukunft keinen Einfluss auf die Gegenwart, weil es nur einfache Rückkopplungsschleifen von existierenden Effekten auf zukünftige Auswirkungen und dann wiederum von diesen Auswirkungen auf weitere zukünftige Auswirkungen gibt. In komplexen psychischen oder sozialen Systemen dagegen kann Futurität wirksam werden, weil mögliche oder befürchtete oder gewünschte Gegenwarten in Form von Antizipationen, Erwartungen, Hoffnungen, Befürchtungen etc. als weitere Rückkopplungsschleifen wirksam werden, die nur an virtuellen, internen Ereignissen ausgerichtet sind. Virtuelle Ereignisse sind solche, die innerhalb der Möglichkeiten der vom System entwickelten internen Außenweltmodelle plausible Extrapolationen oder Projektionen darstellen (Maruyama 1967: 183). Bekannte Wirkungen solcher virtuellen Ereignisse sind z.B. selbsterfüllende und selbstzerstörende Voraussagen oder der im »Thomas-Theorem« gefasste Sachverhalt (»*If men define situations as real, they are real in their consequences*«).

Die Ausdehnung des Quasi-Systems auf der Zeit-Dimension in kontingente vergangene und zukünftige Gegenwarten erzeugt differenzierte Zeithorizonte und eine Fülle von Möglichkeiten der Verknüpfung von Vergangenheit und Zukunft in einer vielschichtiger werdenden Gegenwart (Luhmann 1984: 377ff.). Unterschiedliche Zeithorizonte der Teilsysteme eines sozialen Kontextes führen zu zeitlichen Diskontinuitäten, zu Anschluss- und Synchronisierungsproblemen. All dies bewirkt eine Steigerung der zeitlichen Komplexität, die von den gering strukturierten Prozessen eines Quasi-Systems nicht mehr verarbeitet und gesteuert werden können.

Die Zunahme zeitlicher Komplexität ist demnach eine zweite Bedingung der Notwendigkeit einer Fortentwicklung des Quasi-Systems zum System. Es bedarf schärfer strukturierter Verfahren

und genauer abgestimmter Prozesse, um die kontingent werdenden zeitlichen Verknüpfungsmöglichkeiten zwischen den funktional differenzierten Rollen und Teilen gemäß den Präferenzen und
Relevanzen des Gesamtsystems einzuschränken und auf eine
verbindliche Systemzeit zu synchronisieren. Wieder fällt auf, dass
die Möglichkeit einer Steigerung der zeitlichen Komplexität auf
einer strategisch ansetzenden Reduzierung beruht: der Reduzierung frei fließender Weltzeit auf prozessual synchronisierter
Systemzeit (Luhmann 1997: 997ff.; mit Blick auf die Kunstform
der Zeit Schwanitz 1987).

*Im Laufe ihrer Entwicklung lösen Systeme das Problem zeitlicher Kom-
plexität durch die Differenzierung von Struktur und Prozess.* Neben dem
Selektionspotential der durch Rollen und interne Differenzierung
gebildeten Systemstruktur tritt das zusätzliche Selektionspotential
zeitlich verbindlicher Prozessregeln. Insofern liegt die Funktion
der Differenzierung von Struktur und Prozess in der Reduktion
von Komplexität durch doppelte Selektivität (Luhmann 1984:
377ff.) Mit der Einrichtung geregelter Prozesse als temporaler
Ordnungsform kontrolliert das Quasi-System die Folgewirkungen
der internen funktionalen Differenzierung. Es erreicht damit eine
neue evolutionäre Stufe seiner Fähigkeit zur Verarbeitung von
Komplexität.

Auch hier bleibt die Entwicklung indessen nicht stehen. Die
neue Ordnungsform prozessual gesteuerter Abstimmung zeitlicher Komplexität ist wiederum zugleich Bedingung der Möglichkeit einer neuen Form der Komplexität. Denn die Entlastung des
Quasi-Systems durch die Einrichtung selektiver Prozesse eröffnet
die Möglichkeit, bei laufenden Verfahren sich von vorgegebenen
Zwecken zu lösen und nicht mehr nur *ein* von außen vorgegebe-
nes kollektives Ziel zu verwirklichen, sondern vielfältige Ziele in
Angriff zu nehmen. Je mehr Zwecke, Ziele und Sinngebungen
aber vorstellbar werden, desto deutlicher tritt in das kollektive
Bewusstsein, dass Systemziele nicht »von Natur aus« vorgegeben
und unveränderlich sind, sondern auch systemintern machbar
und wählbar.

Auf unser Beispiel der »Gerichtsverhandlung« angewendet,
bezeichnet dies die Situation ausdifferenzierter Rollen für verschiedene Funktionen – z.B. Ermittlung, Anklage, Verteidigung,
Richter, Vollzug –, deren Zusammenspiel aber inzwischen so

komplex ist, dass es in formalisierten Gerichtsverfahren als Verfahren der Rechtsfindung geregelt ist. Je formalisierter, routinisierter und professionalisierter diese Verfahren werden, desto unglaubhafter wird die Vorstellung, dass die Rechtsfindung das eine und einzige Ziel der Verwirklichung einer vorgegebenen, religiös oder naturrechtlich definierten Gerechtigkeit haben könne. Andere Ziele und Zwecke werden vorstellbar, bis schließlich mit der Positivierung des Rechts – also einer bewussten Entscheidung über das, was Recht sein soll – die volle Machbarkeit und Wählbarkeit, mithin die volle Kontingenz der Rechtssetzung ausgebildet ist (Luhmann 1981; Willke 1992: 24ff.). Wenn (bereits weit entwickelte) Quasi-Systeme von extern vorgegebenen Zielen sich lösen und beginnen, intern eigene und vielfältige Ziele zu bilden, dann kann sich mit zunehmender Binnendifferenzierung und Eigenkomplexität eine neue Form der Komplexität ausbilden, die durch eine Vielzahl einander bedingender, zusammenhängender, konkurrierender oder widersprüchlicher Zwecke, Ziele oder Sinngebungen gekennzeichnet ist. Ressourcen, Strukturen und Verfahren des Quasi-Systems reichen nun aus, um gegenüber der Umwelt eigenständig unterschiedliche Ziele zu verfolgen. Auch hier beruht die Möglichkeit der Mannigfaltigkeit auf einer strategischen Reduktion: der Zurücknahme allumfassender Schöpfung auf spezialisierte Produktion.

4.4 Operative Komplexität

Weniger weit entwickelte Quasi-Systeme wie Schulkinder, mittelalterliche Gesellschaften, zentral gesteuerte Niederlassungen von Unternehmen oder sich formierende Teams in Unternehmen (zum letzten Beispiel Katzenbach/Smith 1993: 85ff.) sind nicht in der Lage, sich eigenständig *neue* Ziele zu setzen. Obwohl sie über gewisse Ressourcen, Strukturen und präoperative Prozess-steuerungen verfügen, sind sie in ihren Operationen eingegrenzt durch die Abhängigkeit von ihrer Geschichte oder – funktional äquivalent – von ihrem »Mutter«-System. Der letzte Schritt zur Systemqualität (oder Subjektheit und Identität) liegt in der Erarbeitung der Fähigkeit, Zwecke und Ziele eigenständig zu setzen und zu variieren, also im Rahmen einer partiellen Autonomie von der Umwelt operative Komplexität zu produzieren und zu verarbeiten.

Operative Komplexität setzt voraus, dass in einem sozialen Handlungszusammenhang aufgrund interner funktionaler Differenzierung, adäquater interner Außenweltmodelle, interner Zeitmanipulationen durch Verfahren und der internen Zulassung inkongruenter Perspektiven die Bedingungen der Möglichkeit vorliegen, nicht nur durch äußere Vorgaben, sondern *aus sich heraus* Handlungsziele zu bilden. An dem – nicht einfachen, aber leichter nachvollziehbaren – Beispiel der kindlichen Entwicklung soll dies veranschaulicht werden. Auf unseren Problemaspekt beschränkt, kann man das »Trotzalter« des Kleinkindes interpretieren als die Entdeckung unterschiedlicher Verhaltensmöglichkeiten auf einer präoperativen Stufe. Das Kind wird sich zwar noch nicht über sein Ich bewusst, aber es registriert und verarbeitet den *Unterschied* zwischen Ich und Du und kommt dadurch zu möglicherweise überraschenden Reaktionen. Erst in der späteren Phase der »Adoleszenzkrise« bildet sich mit zunehmender Bewusstheit einer eigenen Identität operative Komplexität in dem Sinne aus, dass der (die) Jugendliche Handlungen nach internen Maßstäben und Präferenzen aus intern mitbedingten Handlungsoptionen auswählt. Unterschiedliche Handlungsoptionen ergeben sich u.a. aus folgenden Gründen:

1. In dieser Entwicklungsphase differenziert sich die »naturwüchsige« Einheit der kindlichen Rolle in ein Rollen-Set
   aus und dadurch entstehen neben Konflikten auch
   Autonomiespielräume (Stern 1985; Dornes 1993).
2. Durch unterschiedliche Rollenbezüge kontrastierende
   Außenweltkonstruktionen werden internalisiert. Diese
   Kontraste vertiefen das eindimensionale, Familien-analoge
   Weltbild zu einem mehrdimensionalen – und deshalb
   adäquateren – Bild der Außenwelt. Reize oder Anstöße aus
   der Umwelt werden an den symbolisch konstituierten
   internen Außenweltmodellen vielfach gebrochen. Es ergeben sich Diskontinuitäten, Indifferenzen und zu Inde-
   pendenzen kombinierbare gegenläufige Dependenzen: insgesamt eine partielle Autonomie von der Umwelt.
3. Es ergeben sich unterschiedliche Handlungsoptionen, weil
   mit der Ausbildung von Selbstbewusstsein dem (hier:
   psychischen) System ein generalisiertes Steuerungspotential
   für das eigene Sein zur Verfügung steht. Die ausschließliche, unmittelbare Abhängigkeit des Systems von der Umwelt ist überlagert von einer internen Selbstbestimmung der
   dem System möglichen Operationsweise. Die im System
   bewusst erarbeiteten Vorstellungen und Ziele – psycholo-
   gisch also der Wille – treten nun als handlungssteuernde
   Momente neben die Zwänge der Umwelt.

Auf psychische Systeme bezogen, geht es also um die zwischen
»stimulus« und »response« liegenden handlungsleitenden Konzepte; auf soziale Systeme bezogen um die zwischen Perzeptionen
und Assimilationen einerseits und Operationen und Produkte
andererseits liegenden handlungsleitenden und prozesssteuernden
symbolischen Konstrukte und Wissensbestände (Willke 1996),
die dem System überhaupt ermöglichen, der Determination durch
die Umwelt den eigenen Willen und eigene Ziele entgegenzuset-
zen. Und in der Tat liegt genau darin die Besonderheit dieser
handlungssteuernden Konzepte: dass sie Handeln nicht nur
steuern, sondern sogar erst ermöglichen. Denn während *Verhalten*
als eine Reaktion auf Umweltreize zu verstehen ist, setzt *Handeln*
gerade die Durchbrechung des unmittelbaren Reaktionsdruckes
auf Umweltereignisse voraus. Der Kurzschluss zwischen Reiz und
Reaktion kann aber erst dadurch unterbrochen werden, dass

Systeme mittels ihrer Grenzen, Ressourcen, Strukturen und
Verfahren im Verhältnis zu ihrer Umwelt Diskontinuitäten und
Dependenzunterbrechungen erreichen und somit Zeit, Spielraum
und Autonomie gewinnen.

Handeln im Sinne einer aktiven Orientierung gegenüber der
Umwelt setzt zusätzlich voraus, dass die Eigenkomplexität des
Systems dazu ausreicht, intern rückgekoppelte Prozesse in Gang
zu setzen, die bei der Wahrnehmung von Umweltveränderungen
auf die Möglichkeit einer bewussten Reorganisation der symbolisch repräsentierten internen Außenweltmodelle hinauslaufen:

> »When the internal organization of an adaptive system acquires features that
> permit it to discriminate, act upon, and respond to aspects of the
> environmental variety and its constraints, we might generally say that the
> system has »mapped« parts of the environmental variety and constraints into
> its organization as structure and/or information. Thus, a subset of the
> ensemble of constrained variety in the environment is coded and transmitted
> in some way via various channels to result in a change in the structure of the
> receiving system which is isomorphic in certain respects to the original
> variety. The system thus becomes selectively matched to its environment
> both physiologically and psychologically ... In these terms, then, the paradigm
> underlying the evolution of more and more complex adaptive systems begins
> with the fact of a potentially changing environment characterized by variety
> with constraints, and an existing adaptive system of organization whose
> persistence and elaboration to higher levels depends upon a successful
> mapping of some of the environmental variety and constraints into its own
> organization on at least a semi permanent basis« (Buckley 1968: 491).

Nach Walter Buckley dient die Internalisierung von Umweltzwängen dazu, sie innerhalb des Systems beherrschbar zu machen. Indem das System einerseits relevante Umweltaspekte
durch Beobachtung und die Ableitung von Informationen vereinnahmt und zu internen Modellen aufbereitet, andererseits aber
seine Kommunikationen nicht mehr durch starre Instinkte,
sondern durch flexible, intern rückgekoppelte Operationen
produziert, entsteht innerhalb eines bestimmten Schwellenwertes
äußerer Ereignisse ein Spielraum für interne Operationen im
Sinne selbstgenerierter und selbstkontrollierter Handlungsmöglichkeiten. Anders ausgedrückt: Das Vermögen aktiver Selbstorganisation gegenüber einer variablen Umwelt begründet den
definitiven Übergang vom Quasi-System zum System.

Die Konzeptualisierung von psychischen oder sozialen Systemen als handlungsfähigen und selbstorganisierenden Einheiten
trägt der Vorstellung Rechnung, dass Handlung und System

gleichursprüngliche Momente der Evolution eines neuen Ordnungsniveaus sind. Handeln ebenso wie Systemhaftigkeit sind
emergente Eigenschaften einer Organisationsstufe, die durch die
Fähigkeit zu bewusster Selbstorganisation gekennzeichnet ist. Der
Übergang vom Verhalten zum Handeln impliziert den Übergang
vom Quasi-System zum System und vice versa.

Bedingung der Möglichkeit dieser evolutionären Stufe ist die
Bändigung zeitlicher Komplexität in Prozessen, die ihrerseits auf
der Beherrschung sozialer und sachlicher Komplexität aufbauen.
Fundamental für die Systembildung ist operative Komplexität
deshalb, weil sie auf dem Hintergrund grenzbildender Strukturen,
interner Differenzierung und eingerichteter Verfahrenssteuerung
selbstinduzierte Zustandsänderungen erlaubt, bis hin zur bewussten Revision eben dieser Strukturen, Rollen und Prozesse. Sobald
die aufwendigen und zeitraubenden Mechanismen naturwüchsiger
biologischer oder sozialer Evolution zu organisiertem Entscheiden über Optionen komprimiert werden, sobald also der Zwang
zur Reaktion durch die Möglichkeit zur Aktion verdrängt wird
und aus dem Quasi-System ein System geworden ist, tritt eine
frappierende und grundlegende Veränderung ein: Wiederum wird
in einem dialektischen Umschlag die Lösung zum Problem.

Das System, das unter dem Aspekt der Beherrschung der
Umwelt, der operativen Autonomie und der Selbststeuerungs-
fähigkeit gegenüber den Ereignissen der Umwelt eine einzigartige
Lösung darstellt, wird nun aufgrund der sich entwickelnden
operativen Komplexität *sich selbst* zum Problem. Es produziert
Optionen in einem Ausmaß, das immer schwieriger zu verarbeiten ist. Für die Lösung des Problems der Autogenese handelt es
sich das Folgeproblem der Autokatalyse ein: wie der Zauber-
lehrling im Märchen, wird es von den eigenen Fähigkeiten in
höchste Bedrängnis gebracht. Systemintern wird alles möglich,
da alles – selbst die eigenen Strukturen und Prozesse – zur
Disposition stehen.

Nun wissen wir nur zu genau, dass in der Wirklichkeit unserer
systemisch organisierten Welt nicht alles möglich ist. Wo liegt der
Fehler? Wir haben unseren Blick verengt auf nur *ein* System. In
Wirklichkeit ist jedes psychische oder soziale System umgeben
und verbunden mit einer Vielzahl anderer Systeme, die in gleicher
Weise aufgrund ihrer Handlungsfähigkeit operative Komplexität

produzieren. Für das isolierte Einzelsystem wäre theoretisch alles
möglich; aber da alle anderen Systeme in gleicher Weise einen
internen Möglichkeitsüberschuss erzeugen, beschränken und
blockieren sich aufgrund der gegebenen Interdependenzen diese
Möglichkeiten wechselseitig bis zu dem Punkt, wo alles möglich
ist und nichts mehr geht (ausführlich Willke 1983, Kap. 4 u. 5;
1989, Kap. 3 u. 4).

Die Analyse von Möglichkeiten, aus dieser Sackgasse herauszukommen, führt in wenig erforschte Bereiche. Während auf der
Ebene von psychischen Systemen immerhin Konzepte wie
Gewissen, Selbstbewusstsein, kognitive Struktur oder Identität
vorliegen und in einigen Ausarbeitungen die Frage der intern
regulierten Selbstbeschränkung und Selbststeuerung behandeln,
überwiegen auf der Ebene der Sozialsysteme die weißen Flecken.
Für die Zwecke einer Einführung in die neuere Systemtheorie soll
es hier genügen, das Problem zu skizzieren und einige Lösungs-
vorschläge anzudeuten. Zunächst bleiben wir auf der Ebene
psychischer Systeme und wenden uns dann dem ebenso schwierigen wie wichtigen Konzept der *Reflexion* zu.

4.4.1   Bewusstsein, Reflexion, Intersubjektivität

Es gibt erstaunlich wenig gesichertes Wissen über die Bedeutung und Funktion von Bewusstsein. Immerhin lässt sich feststellen,

> »that conscious processes play a central role in guiding us through our activities. Conscious processes act at the highest level of decision making, initiating high level operations and choosing between courses of action whenever there are conflicts ... One important aspect of consciousness is the state of self-awareness. By being aware of the courses of action that one is contemplating, there can be self-criticism and evaluation of the actions prior to their use. Similarly, while some activity is underway, or after it has been completed, this awareness allows for intelligent evaluation of the results and for suggested modifications for future actions. Consciousness and self-awareness may play an important critical role in the process of learning« (Norman 1976: 217f.).

Soziologisch relevant ist vor allem das Verhältnis und die Unterscheidung zwischen Kommunikation und Bewusstsein:

> »Das Bewusstsein ist einerseits Opfer einer Konfrontation mit Kommunikation, der es nie gelingt auszuschöpfen, was das Bewusstsein an sich als eigene Realität erfährt; und andererseits profitiert das Bewusstsein von immer neuen und immer raffinierteren kommunikativen Operationen, die genau dort das Bewusstsein als den Fluchtpunkt jeder Kommunikation setzen und fordern, wo es um den ›Witz‹ der Kommunikation geht, um den Sprung von der einen zu einer anderen. Aber für die Soziologie zieht sich das Bewusstsein hinter Titel wie ›Mensch‹, ›Individuum‹, ›Person‹ zurück« (Baecker 1992: 217).

Der Zusammenhang von Bewusstsein, Impulskontrolle und Lernfähigkeit muss zwar vorläufig eher in spekulativer als in kontrollierter Weise formuliert werden. Dennoch ist bemerkenswert, dass der Aufbau hochkomplexer kognitiver Strukturen nicht nur Bewusstsein, Lernfähigkeit und Selbst-Thematisierung ermöglicht; vielmehr scheint die Konstituierung von Selbstbewusstsein und Subjektivität auf der Konstituierung von *Intersubjektivität* – das heißt konkret: der Anerkennung der anderen Menschen als Subjekte – zu beruhen, weil erst die Beeinflussung durch die soziale Umwelt die Kontrollimpulse gibt, die dann zu einer reflektierenden Steuerung der Handlungsimpulse führt (dazu aus der Sicht der »Karriere« von Bedürfnissen Hutter 1992).

Festzuhalten ist, dass auf psychischer Ebene die Steuerung operativer Komplexität eine *Reduktion* individuell gegebener

Möglichkeiten im Hinblick auf die je für sich gegebenen Möglichkeiten anderer Subjekte erzwingt oder doch voraussetzt; dass
diese Steuerung die Ausbildung einer lernfähigen und lernbereiten
kognitiven Struktur voraussetzt und dass diese Steuerung schließlich ein Selbstbewusstsein voraussetzt, welches nur über die Anerkennung der Subjekthaftigkeit anderer Akteure zu erwerben ist.

Insbesondere Talcott Parsons hat bedeutende Anstrengungen
unternommen, um (vor allem) psychoanalytische Erkenntnisse
über Identitätsbildung und Handlungsfähigkeit für die Ebene
sozialer Systeme fruchtbar zu machen. Dies ist nur zum Teil
gelungen (Luhmann 1984: 346ff.). Aber gerade die Schwachstellen seines Versuches haben Anreize gesetzt, weiter zu bauen
(z.B. mit Bezug auf soziale Bewegungen Bergmann 1987). Auch
in der Auseinandersetzung mit Parsons hat vor allem Luhmann
Konzepte entwickelt, die hier weiterzuführen versprechen. Das
gilt insbesondere für das Konzept der *Reflexion,* welches – auf
soziale Systeme bezogen – deren Fähigkeit bezeichnet, sich selbst
zu thematisieren und sich selbst als (geeignete) Umwelt anderer
sozialer Systeme zu verstehen.

Luhmann verwendet also den Begriff Reflexion einmal im
Sinne von Selbstbesinnung auf die eigene Identität, was etwa am
Beispiel des Wissenschaftssystems »in der Grundlagenforschung
und im historischen Kontinuieren oder Diskontinuieren der
eigenen Problemtraditionen« (Luhmann 1975: 199) geschieht.
Weiter fasst er dann den Begriff als Selbstthematisierung, durch
welche ermöglicht werde,

> »dass die Einheit des Systems für Teile des Systems – seien es Teilsysteme,
> Teilprozesse, gelegentliche Akte – zugänglich wird. Reflexion ist insofern
> eine Form der Partizipation. Ein Teil kann das Ganze zwar nicht *sein,* kann
> es aber *thematisieren,* indem er es sinnhaft identifiziert und auf eine
> ausgegrenzte Umwelt bezieht« (Luhmann 1975: 73).

Diese etwas dunkle Umschreibung wird erst klarer, wenn man
eine dritte Begriffsbestimmung hinzunimmt, nach welcher Reflexion Bedingung der Kompatibilität von Teilen eines komplexen
Gesamtsystems ist. In dieser Fassung meint Reflexion, dass
funktional ausdifferenzierte Teilsysteme einerseits ihre Identität
in ihrer spezifischen Funktion finden, andererseits sich selbst
zugleich als adäquate Umwelt anderer Teilsysteme begreifen
lernen und die daraus folgenden Restriktionen und
Abstimmungszwänge in das eigene Entscheidungskalkül einbauen

(Luhmann 1984: 593ff.). Erst in dieser letzten Fassung des Reflexionsbegriffes gelingt es Luhmann, die Differenzierung von Systemreferenzen und den dadurch bedingten Grad an partieller Teilsystemautonomie anzuschließen an eine Problematisierung der Bedingungen der Abstimmung zwischen Einheiten, die durch ihre eigenen hohen Kontingenzen füreinander operative Komplexität erzeugen.

Wenn in diesem Sinne Reflexion die Selbstbeschränkung eines (Teil-)Systems durch Rücksichtnahme auf die Überlebens- und Entwicklungsbedingungen der anderen (Teil-)Systeme in seiner Umwelt beinhaltet, dann erhebt sich sofort die Frage, welche *Motivation* ein System zu dieser Selbstbeschränkung haben könnte. Welches Interesse kann ein System daran haben, sich mit Rücksicht auf seine Umwelt selbst einzuschränken? Wird hier nicht eine Art Altruismus unterstellt, die lebensfremd ist? Nein! Reflexion ist nämlich *dann* eine wirksame und überlegene Form der Handlungsrationalität, *wenn* nicht nur einige, sondern alle oder zumindest die meisten Teile eines Handlungszusammenhanges sie verwirklichen, wenn Reflexion also zur Handlungsmaxime eines Gesamtsystems geworden ist. Denn dann bewirkt die je kurzfristige Selbstbeschränkung der Teile (über den Umweg einer Effizienzsteigerung des Ganzen) eine kontinuierliche, langfristige Steigerung der Möglichkeiten auch der Teile (Axelrod 1984).

Ein berühmtes Beispiel hierfür ist die von Max Weber analysierte Durchsetzung der kapitalistischen Rationalität einer kontinuierlichen und langfristigen optimalen Rendite gegenüber der kurzfristigen, maximalen aber diskontinuierlichen »Gewinn«abschöpfung durch einen Abenteurer- und Raubkapitalismus (Weber 1972: 817-826).

Reflexion als Fähigkeit und Errungenschaft sozialer Systeme steht anfangs in einem gewissen Spannungsverhältnis zur Handlungsfähigkeit – übrigens ganz parallel zur Situation bei psychischen Systemen (übliche Stichworte: Hamlet und Alexander). Wie bei Menschen setzt auch bei sozialen Systemen Reflexion hochentwickelte kognitive Strukturen voraus, etwa in der Form von Rollen und Positionen oder Teileinheiten (Expertenteam, Beratungsstab, Wissenschaftssystem), die mögliche Handlungen des fokalen Systems im Hinblick auf mögliche Auswirkungen und Folgeprobleme für andere Systeme analysieren und bewerten *und* mit der Absicht der Handlungssteuerung an den »Effektor« rückkoppeln.

In diesem Moment der Berücksichtigung der Folgen des eigenen Handelns für andere Systeme scheint Reflexion eine altruistische Orientierung zu implizieren (Elster 1987: 36ff.). Dies ist aber nur eine von mehreren möglichen Interpretationen. Denn diese Form des Altruismus erweist sich als eine nur kompliziertere Form des Egoismus, sobald man die Systemreferenz wechselt; das heißt, sobald man nicht nur das fokale System im Auge hat, sondern die Beziehung zwischen diesem System und seiner Umwelt. Die Berücksichtigung der Folgen des eigenen Handelns in der eigenen Umwelt wird im Interesse des Systems selbst erforderlich, wenn diese Folgen als Reaktionen der Umweltsysteme auf das fokale System zurückschlagen: Wenn der schmächtige Wissenschaftler A mit dem Amateurboxer B in einen Streit um einen Parkplatz gerät, dann tut er gut daran, nach dem Motto »Der Klügere gibt nach« zu handeln. Nicht, weil er damit altruistisch handelte, sondern weil sonst die Folgen seines Handelns auf ihn selbst – im Wortsinne – zurückschlagen. Wenn der Ärzteverband A nicht mehr 20% Einkommenssteigerung, sondern nur noch 15% für angemessen hält, dann versucht er zwar, dies als altruistischen Dienst am Menschen zu verkaufen. In Wirklichkeit aber wurde er durch die Reaktionen der Umwelt – Kostenexplosion – zur Wahrung der eigenen Interessen dazu gezwungen: »Therefore, what began as altruism at one organizational level ends as egoism at another« (Wallace 1975: 130f.).

Dennoch ist die Fähigkeit zur Reflexion eine evolutionäre Errungenschaft, weil dadurch mögliche Konflikte zwischen Systemen antizipiert, in ihren Folgen bewertet und für interne Korrekturen der Handlungssteuerung ausgewertet werden können. Keineswegs folgt daraus, dass Beziehungen zwischen reflexiven Systemen nun konfliktlos wären. Aber bestimmte Typen von Konflikten werden nun vermieden, weil sie den Beteiligten oder einem der Beteiligten mehr Schaden als Nutzen bringen würden. Geleitet durch Reflexion wählt ein Sozialsystem – eine Partei, eine Organisation, ein Verband, ein Unternehmen, etc. – aus den ihm zur Verfügung stehenden Handlungsoptionen diejenige Variante aus, die ihm nicht den maximalen, sondern einen kontinuierlich optimalen Nutzen bringt. Es reduziert seine operative Kom-

plexität und gewinnt durch diese Selbstbeschränkung auf einer
höheren Ebene (nämlich auf der Ebene des *Zusammenhangs* von
Sozialsystemen) optimale Handlungsmöglichkeiten. Zur Verdeut-
lichung möge die Leserin dies an einem beliebigen Sozialsystem,
von der Familie bis zu internationalen Beziehungen, durchspielen.
Es erweist sich, *dass Sozialsysteme das Problem operativer Komplexität*
durch Selbstthematisierung lösen. Die Thematisierung der eigenen
Identität als eine solche, die in Beziehungen mit anderen Identitäten steht und auf diese Beziehungen angewiesen ist (also die
Konstituierung von Inter-System-Beziehungen im Sinne systemspezifischer Intersubjektivität), erfordert von jedem der Beteiligten eine Selbstbeschränkung der eigenen operativen Möglichkeiten. Wie gesagt, nicht aus altruistischen Gründen, sondern aus
klassisch rationalen: der Verstetigung eines optimalen Nutzens
anstelle eines immer gefährdeten maximalen Nutzens der Interaktion (Weber 1973: 337-339; Axelrod 1984; Fisher/Ury 1991;
Luhmann 1997: 866ff.).

Durch Selbst-Thematisierung stellt ein System seine eigene
Qualität zur Debatte – nicht eine Qualität an sich, sondern die
Qualität, die es für sich im Verhältnis zu anderen Systemen in
Anspruch nehmen will. In Luhmanns Worten:

> »Selbst-Thematisierung erfordert, dass in Systemen das jeweilige System als
> System-in-einer-Umwelt themafähig wird. Themafähig heißt für psychische
> Systeme bewusstseinsfähig, für soziale Systeme geeignet als Gegenstand
> thematisch integrierter Kommunikation. Thematisierung setzt einen »Hori-
> zont« anderer Möglichkeiten voraus und erschließt einen geordneten Zugang
> zu diesen Möglichkeiten. Die Diskontinuität von System und Umwelt
> ermöglicht es (dem System) dabei, Innenhorizont und Außenhorizont zu
> differenzieren (als unterschiedliche Ebene der eigenen Identität) und zuein-
> ander in Beziehung zu setzen. Als Element dieser Beziehung wird das System
> zum im System bestimmbaren Thema (nämlich in Form eines symbolisch
> gefassten Eigenmodells); als Element dieser Beziehung wird das System
> zugleich für sich selbst kontingent, zum Beispiel in Anpassung an die Umwelt
> variierbar (etwa indem über Lernprozesse das Eigenmodell symbolisch
> manipuliert wird)« (Luhmann 1975: 74; Klammerzusätze H. W.).

Bedingung der Möglichkeit von Reflexion und Selbst-
Thematisierung ist demnach, dass das System einerseits ein
Bewusstsein seiner selbst entwickelt, andererseits die Fähigkeit
hat, sein Verhältnis zur Umwelt operativ zu definieren (also als
Interaktionsverhältnis zu bestimmen); und dass es vor allem
drittens beide Beziehungen, die zu sich selbst und die zu seiner
Umwelt, noch aufeinander beziehen kann zum Zwecke der

Steuerung seiner internen Relationen nach den Zwängen der
Umwelt und umgekehrt. Das System gewinnt damit die Möglichkeit, seinen Reichtum an intern produzierten Handlungsalternativen – seine Kontingenz oder operative Komplexität – in bewusst
gesteuerter Weise auf die Möglichkeiten und Restriktionen sowohl seiner internen Bedingungen als auch seiner Umwelt einzustellen und optimale Handlungsstrategien zu konzipieren.

Gehen wir davon aus, dass in komplexen Beziehungsgefügen
Maximalforderungen fatal sind, weil sie notwendigerweise auf
Entdifferenzierung und Simplifizierung dieser Beziehungen
hinauslaufen, dann ergibt sich, dass unter Bedingungen hoher
Komplexität Optimierungsstrategien tatsächlich »vernünftiger«
und rationaler erscheinen, weil Kosten und Nutzen nicht mehr
im Sinne eines Null-Summen-Spiels zwischen zwei Kontrahenten
kalkuliert werden, sondern wirklichkeitsnäher als Steigerungs-
verhältnisse zwischen mehreren Akteuren. Dies schließt zwar
instrumentales Handeln und den Einsatz von Macht als Steuerungsmedium für die Interaktion von Systemen keineswegs aus.
Aber es erhöht die wechselseitig erkennbaren Kosten dieser
Formen des Verkehrs und macht dadurch andere Formen at-
traktiver. So wie auf der Ebene psychischer Systeme die wechselseitige Anerkennung als Subjekte Machtbeziehungen zwar nicht
ausschließt, aber für viele Probleme nur noch kommunikativ
ausgehandelte Lösungen den reflektierten eigenen Ansprüchen
genügen können, so lassen sich auf der Ebene von Inter-System-
Beziehungen eine Vielfalt von kommunikativen Handlungsstrategien beobachten: Gespräche, Verhandlungen, Konferenzen,
Hearings, Schlichtungsverfahren, Sozialpakte oder andere Formen des Arrangierens von verschachtelten Widersprüchen in der
Hoffnung auf gemeinsamen Vorteil.

Eine Form solcher kommunikativen Handlungsstrategien, die
in der Praxis der politischen Steuerung entwickelter Gesellschaften besonders wichtig ist, stellt die Einrichtung *sozietaler Verhand-
lungssysteme* dar: z.B. die Konzertierte Aktion (KA) im Tarifbe-
reich, welche von 1969 bis 1979 funktionierte und heute unter
dem Stichwort »Sozialpakt« in erweitertem Umfang neu erfunden
wird, der Wissenschaftsrat, die Konzertierte Aktion im
Gesundheitswesen (KAG), der (inzwischen aufgehobene) Bil-
dungsrat, der Atomrat und die entsprechenden Einrichtungen in

anderen europäischen Industriegesellschaften (siehe Mayntz /Scharpf 1995, bes. Kap. 5 u. 6). Dies beinhaltet den Versuch, auf der Ebene ganzer Gesellschaften Reflexion als Handlungsmaxime zu institutionalisieren.

Dieser Versuch setzt eine Neufassung der »terms of interaction« für alle Beteiligten voraus. Die korporativen Systeme wie Tarifparteien, Ärzteverbände oder Versicherungsverbände als gesellschaftliche Akteure sehen sich in Konzertierten Aktionen oder in anderen Formen von Verhandlungssystemen Zwängen ausgesetzt, welche ihren traditionellen Rollen als einfache und einseitige Interessenvertreter widersprechen. Alle Parteien in triadischen oder mehrseitigen Diskurssystemen können nicht mehr einfach Gegner sein mit klar geschnittenen, widersprüchlichen Strategien. Sie können die Kosten ihrer gesellschaftlichen Autonomie nicht mehr schlicht externalisieren. Sie können nicht mehr zugrunde legen, dass die traditionellen Formen der Konfliktregulierung – Verteilung des Zuwachses, Streik und Aussperrung, Kostenexplosion etc. – zugleich auch optimale Lösungen für das Gesamtsystem ergeben. Aber weshalb sollten die korporativen Akteure sich diesen Zwängen freiwillig aussetzen?

Für den Fall der Tarifautonomie und der in Krisensituationen stattfindenden »Spitzengesprächen«, in die neben den Tarifparteien die Politik und oft noch Sachverständige einbezogen sind, ist diese Frage für die Unternehmerverbände relativ klar zu beantworten. Sie erhoffen sich von den Gesprächen eine Einbindung der Gewerkschaften in gesamt-ökonomische Zwänge. Die Gewerkschaften werden auf die Notwendigkeit von Wachstum und Konkurrenzfähigkeit des »Standorts Deutschland« eingeschworen. Die strategische Veränderung der Machtverhältnisse zu ihren Gunsten steht nicht mehr zur Debatte. Statt dessen sollen die Lohn- und Lohnnebenkosten zur Steigerung der Wettbewerbsfähigkeit der nationalen Ökonomie gedämpft werden. Der dadurch erreichte Disziplinierungs- und Integrationseffekt ermöglicht den Unternehmern bessere Planbarkeit und Berechenbarkeit ihrer Strategien und bannt zumindest offiziell das Gespenst der Systemveränderung und den Abfall in die Zweitklassigkeit als Industriestandort.

Für die Gewerkschaften ist die Lage ungleich schwieriger. Sie können sich zwar eine Ausweitung des Themenkatalogs der

Gespräche von der Einkommenspolitik auf andere Bereiche wie Preispolitik, Investitionspolitik, Wettbewerbspolitik oder Einkommensverteilung erhoffen und mit Absprachen über die Schaffung oder Erhaltung von Arbeitsplätzen, Arbeitszeitregelungen, Ausbildungsplätzen etc. zugunsten der Arbeitnehmer zu punkten. Sie sind indessen durch ihre Verpflichtung auf die marktwirtschaftliche Ordnung und den Primat des unternehmerischen Profits als Anreizsystem für Investition und Innovation in ihrer Gestaltungsfunktion erheblich eingeschränkt.

Viel deutlicher als für die Unternehmerverbände ist daher für die Gewerkschaften jene Selbstbeschränkung und Selbstbindung durch Reflexion auszumachen, welche aus der Einsicht in Integrations- und Steuerungszwänge des Gesamtsystems erwächst. Ein realistischer Grundkonsens aller Akteure besteht darin, dass alle Beteiligten Vorteile haben (in Form von Steuern, Gewinnen und Löhnen), wenn die Ziele des »magischen Vierecks« des §1 StabG erreicht werden. Gelingt dies aber nicht – und das ist seit Jahren der Regelfall – dann wird die Basis für einen Grundkonsens schmal. Dann bleiben neben der – allerdings nicht ganz unwirksamen – Rhetorik von »runden Tisch der kollektiven Vernunft«, von der »Sozialen Symmetrie« (Karl Schiller) und der Gemeinwohlverpflichtung als Konsensgrundlage tatsächlich nur noch die besondere Rücksichtnahme der Gewerkschaften auf die Politik, welche mit der Regierungsbeteiligung der SPD sich aus der Sicht der Gewerkschaften vom traditionellen Gegner zum potentiellen Verbündeten gewandelt hat. Allgemeiner: Die Gewerkschaften sehen sich zu einer besonderen Rücksichtnahme auf die ökonomischen und sozialpolitischen Belange des Gesamtsystems gedrängt, welche vor allem mit der veränderter weltökonomischer Lage, mit Globalisierung, globaler Konkurrenz, weltweiter Abschwächung der Konjunktur, unumgänglicher Verlagerung der Produktion in Billiglohnländer etc. begründet wird.

Allerdings erwies sich schon am Beispiel der Konzertierten Aktion, dass Reflexion nur als wechselseitige Handlungsstrategie durchzuhalten ist und zum Scheitern verurteilt ist, wenn sie nur einseitig geleistet wird. Während der Laufzeit der KA konnten die Arbeitgeberverbände sich allzu häufig auf die wohlwollende Unterstützung durch die Vertreter des Staates und insbesondere

durch den Sachverständigenrat verlassen. Eine eigenständige
Reflexionsleistung war von ihnen nur minimal gefordert. So
entwickelte sich allmählich eine asymmetrische Kommunikations-
struktur mit den Gewerkschaften in der Defensive. Ihre integrativen und reflexiven Vorleistungen wurden nicht in hinreichendem
Maße durch reziproke Leistungen insbesondere der Unternehmerverbände gewürdigt. So war denn die Mitbestimmungs-
klage der Unternehmer nur noch auslösendes Moment für das
Einfrieren einer Konzertierten Aktion, welche in Wirklichkeit
schon seit längerer Zeit inhaltsleer geworden war.

Das Scheitern der Konzertierten Aktion ist indessen keine
Widerlegung der realen Möglichkeit von Reflexion als Handlungsmaxime. Im Gegenteil. Sowohl ihr Zustandekommen wie auch
ihr Scheitern beleuchten schlaglichtartig den Bedarf und die
Riskiertheit reflektierter Abstimmung auf der Ebene des Gesamtsystems. Sie könnte und sollte Anlass sein, den Bedingungen der
Möglichkeit von Reflexion auch wissenschaftlich größere Aufmerksamkeit zu widmen, zumal gegenwärtig mit der Verschär-
fung der »Standortfrage« die Kalküle von Unternehmerverbänden
und Gewerkschaften weit auseinander klaffen. Eine Politik hoher
Lohnkosten und hoher Lohnnebenkosten treibt immer mehr
produzierende Betriebe in Billig-Lohn-Länder, ob mit nachvollziehbaren Argumenten oder nicht. Im Inland jedenfalls führt dies
zu einer sich zementierenden Arbeitslosigkeit, welche auch die
Gewerkschaften nicht unberührt lassen kann (dazu Willke G.
1999).

Die Fähigkeit selbstbewusster, strategiefähiger Systeme, sich
selbst als mögliche Umwelt anderer Systeme zu thematisieren und
daraus reflektierte Interaktionen abzuleiten, hat auf der Ebene der
Einzelsysteme Kosten und verspricht erst auf der weiteren Ebene
des intersystemischen Zusammenhangs kombinatorische Gewinne. Die Kosten bestehen darin, dass Reflexion den Handlungsspielraum des Systems auf diejenigen Optionen eingrenzt, welche
an die Optionen der jeweils anderen Systeme anschließbar sind;
anders formuliert: diejenigen Optionen ausschließt, welche »non-
negotiable demands« stellen würden. Aus der Vielfalt kontingenter
Handlungsmöglichkeiten werden damit praktisch diejenigen
Optionen ausgesiebt, welche auf kurzfristige Maximalgewinne
zielen und diejenigen realisiert, welche längerfristige Optimierung

versprechen. Diese Form der Kontingenzkontrolle verursacht den relevanten privatautonomen Gruppierungen als sozietalen Akteuren einige Schwierigkeiten.

Ein besonders deutliches Beispiel wirksamer Kontingenzkontrolle bietet der Lernprozess, den die Ärzteverbände, insbesondere die Zahnärzteverbände im Zeitraum zwischen Gesetzesentwurf (Ende 1976) und erster Verhandlungsrunde (17.3.78) der Konzertierten Aktion im Gesundheitswesen (KAG) durchmachte: Wurde zunächst ein veritabler »Krisenstab« gebildet und dominierte zunächst absolute Ablehnung des Krankenkostendämpfungsgesetzes einschließlich der KAG mit teilweise abenteuerlichen Argumenten (Bedrohung »unseres freiheitlichen Gesundheitswesens«, »Krankenkassenstaat« etc.), so erkannten besonnenere Verbandsmitglieder doch bald die mittel- und langfristigen strategischen Vorteile einer KAG für die Ärzteschaft und drangen auf gute und koordinierte Beziehungen zu denjenigen Akteuren (Kassen, Gewerkschaften und Staat), deren eigene Interessen den komfortablen status quo der Ärzte bedrohen könnten. Dieses Spiel hält bis heute an (Mayntz u.a. 1988: 117ff.; Groser 1992; Döhler/Manow 1995). Ähnliches lässt sich an den missglückten Versuchen der Clinton-Administration in den USA beobachten, das Gesundheitssystem zu reformieren.

Die Problematik unzureichender Integrationsfähigkeit differenzierter Funktionssysteme aufgrund ihrer mangelnden Fähigkeit zu systemischer Reflexion zeigt sich gegenwärtig auf nationaler Ebene beispielhaft in den Schwierigkeiten der »Reformagenda 2010« oder in der analogen Bredouille, in die sich die französischen Konservativen mit ihrer ähnlich gelagerten Reformpolitik gebracht haben – so dass sie im Frühjahr 2004 flächendeckend die Regionalwahlen verloren. Das Zusammenspiel von Faktoren wie wirtschaftliche Rezension, demographische Entwicklung, Kostenexplosion im Gesundheitssystem und in den sozialen Sicherungssystemen führt zu einer Problemlage, die weder durch die Politik allein noch durch die betroffenen Funktionssystem je für sich gelöst werden können. Dennoch fehlt weiterhin bei allen Beteiligten die Einsicht in die komplexen Interdependenzen zwischen den unterschiedlichen Problemfaktoren. Vergleichbare Fälle sind die anstehenden Reformen des Erziehungssystems (PISA-Problematik) oder des Universitätssystems (Bologna-

Angleichung innerhalb der EU). Alle diese Fälle lassen Zweifel daran aufkommen, ob nationale Kontexte überhaupt noch dazu in der Lage sind, gegenüber verflochtenen, komplexen Problemlagen die erforderliche Steuerungsleistung zu erbringen. Auf internationaler und transnationaler Ebene bezeichnet dies die gegenwärtige Problematik von »global governance« – beispielhaft im Fall des globalen Finanzsystems.

Die Anpassung der Steuerungsformen und Steuerungskompetenzen an die Risikoarchitektur des globalen Finanzsystems entfaltet sich gegenwärtig zu einem Modellfall für »global governance« als »government with and without governments« (Lütz 1997; Rhodes 1996), mithin für die Genese hybrider Formen der Kooperation privater und öffentlicher Akteure in Feldern, in denen weder der Markt noch die Politik für sich allein angemessene Problemlösungen zustande bringen. Aber selbst in diesem fortgeschritteneren Fall gibt es keinen Anlass für Euphorie. Zu beobachten sind tastende Versuche und ein Stochern im Nebel eines überwältigenden Nichtwissens über die chaotischen Dynamiken komplexer verschachtelter Systeme.

Diese Beispiele zeigen auch in aller Deutlichkeit, dass Integration keineswegs Abstimmung unter Gleichen oder gleichgewichtige Abstimmung bedeutet oder Machtgleichheit der sich Abstimmenden impliziert. Integration beinhaltet eine solche *Form der Organisation des Zusammenspiels zwischen differenzierten Teilen, welche den Zusammenhang eines gemeinsamen Ganzen mit emergenten Eigenschaften zulässt.*

Integration ist deshalb notwendige Vorbedingung der Steuerbarkeit eines Gesamtsystems. Desintegrierte Systeme sind nicht steuerbar. Integrationsarbeit ist nicht vom Ganzen, sondern von den Teilen des Gesamtsystems im Hinblick auf das Ganze zu leisten. (Dies ist ein Grund dafür, warum etwa die Integration Europas nicht von Brüssel, sondern nur von den nationalen Hauptstädten zu leisten ist.)

Steuerung im hier verwendeten Sinne ist selbstredend nicht gleichbedeutend mit dem Steuerungsbegriff der Kybernetik, welcher als Spezialfall der Regelung Rückkopplung gerade ausschließt. Vielmehr meint Steuerung hier eine potenzierte Form der Regelung mit vielfältigen positiven und negativen Rückkopplungen. Er ist dem Begriff der »societal guidance« bei Amitai

Etzioni ähnlich, betont aber besonders den Aspekt, dass ein gesteuertes Gesamtsystem aktiv eine bestimmte Richtung in der Auseinandersetzung mit seiner Umwelt wählt und implementiert. Steuerung beinhaltet jene *Form der Organisation von Konditionalitäten relativ autonomer Akteure, welche diese Akteure (auf eine bestimmte Umwelt bezogen) zielorientiert handlungsfähig macht.*

Ein evolutionär frühes Steuerungssystem ist deshalb das Genom, indem es die Konditionalitäten des Organismus so organisiert, dass dieser in seiner spezifischen Umwelt aktions- und überlebensfähig ist. Es ist zugleich ein integratives System, indem es die differenzierten Teile des Organismus so limitiert, dass das Zusammenspiel der Teile ein emergentes Ganzes zulässt.

Auf der Ebene komplexer Systeme besteht ein enger Zusammenhang zwischen Steuerung und Integration. Steuerung kann die Bedingungen der Integration verbessern oder verschlechtern, und Integration kann die Bedingungen für Steuerung verbessern oder verschlechtern. Dennoch ist die Trennung beider Formen der Abstimmung nicht nur analytisch wichtig, sondern auch praktisch bedeutsam. Integration zielt auf einen modus vivendi der Teile eines Gesamtsystems, und sie bezeichnet eine bestimmte Qualität des System*zustandes:* Jene Qualität aus dem Spektrum möglicher struktureller Arrangements, welche eine pareto-optimale Verteilung der kombinatorischen Gewinne aus der Interaktion der Teile ergibt. Steuerung zielt auf einen *modus procedendi* des Systems gegenüber seiner Umwelt und bezeichnet eine Qualität der Systementwicklung. Aus der Sicht des Systems ist die Steuerung gut, welche es dem System ermöglicht, seine spezifischen Ziele optimal zu erreichen, z. B. längerfristig Konkurrenzfähigkeit und ein Überleben des Systems in seiner Umwelt abzusichern, mithin die weitere Evolution des Systems zu fördern.

Für die Bestimmung des Zusammenhangs von Steuerung und Integration ist wichtig, dass Integration Bedingung der Möglichkeit von Steuerung und mithin evolutionstheoretisch primär ist. Denn zunächst entscheidet die Integrationsfähigkeit (im Sinne von Kompatibilität, Einbau- und Anschlussfähigkeit) neuartiger (mutanter) Momente des Systems darüber, ob sie überhaupt zu den bislang vorgegebenen hochorganisierten Ordnungsprinzipien des Systems »passen«. Nicht einpassbare Neuerungen haben keine

Chance – es sei denn, sie verändern zugleich die Ordnungsprinzipien des Systems durch Mega-Evolution oder Revolution. In der »normalen« Evolution von Systemen überleben also nur die Neuerungen, welche in die vorgegebene Organisations- und Koordinationsstruktur sich einfügen. Damit wird die Anzahl der hypothetisch möglichen Mutationen erheblich reduziert, mithin die Evolution des Systems durch *interne* Faktoren der Organisierbarkeit und Koordinierbarkeit beeinflusst.

Die solchermaßen getroffene Unterscheidung von Steuerung und Integration lehnt sich eng an die Neuorientierung der Evolutionstheorie nach Entdeckung der »internen Faktoren der Evolution« (Whyte 1965) an. Diese internen Faktoren wurden von Lancelot Whyte und anderen weitgehend hypothetisch entwickelt aus der Einsicht, dass Organismen Systeme *organisierter Komplexität* sind. Diese Einsicht machte zwingend, dass jede Neuerung in den Teilen oder Prozessen eines überlebensfähigen Organismus bestimmten allgemeinen Bedingungen der systemischen Koordination (»*coordinative conditions*«) gehorchen mussten und mithin nur diejenigen Mutanten die interne Selektion auf molekularer, chromosomatischer und zellulärer Ebene überstehen, welche insofern kompatibel sind, als sie diesen koordinativen Bedingungen genügen. Gegenüber der vorherrschenden Darwinschen Evolutionstheorie der rein externen Selektion bedeutet die Existenz von internen Faktoren der Evolution eine wissenschaftliche Revolution, die neben das Überlebensprinzip der Konkurrenz und des »survival of the fittest« das weitere und logisch wie biologisch primäre Prinzip der Koordination und des »survival of the compatible« stellte:

> »The condition of biological organization restrict to a finite discrete spectrum die possible avenues of evolutionary change from a given starting-point. The nature of life limits its variation and is one factor directing phylogeny... It is the prior internal selective process, rather than Darwinian selection which ensures that only well-integrated genotypes survive« (Whyte 1965: 22f.).

Für die soziologische Systemtheorie ist diese Neuorientierung vor allem aus drei Gründen bemerkenswert:

1. Sie belegt wieder einmal, dass die Naturwissenschaften dort, wo sie mit Systemen hoher organisierter Komplexität zu tun haben und dieser Komplexität nicht ausweichen können, von den ernstzunehmenden (d.h.: nicht reduktionistisch arbeitenden) Sozialwissenschaften einiges lernen können. Längst ist in der

Gesellschaftstheorie klar, dass sozietale Evolution sowohl von internen wie auch von externen Faktoren bestimmt wird; gerade die Klassiker der Soziologie haben dies gesehen. Die Soziologie hat die Glaubenskriege zwischen rivalisierenden mono-kausalen Erklärungen bereits hinter sich.

2. Die Präzisierung der »internen Faktoren« durch Molekularbiologie und Genetik gibt der Soziologie den Anlass, ihrerseits nun genauer nach dem internen koordinativen Prinzip oder Integrationsbedingungen zu fragen. Beispielsweise reicht weder Emile Durkheims Prinzip der Solidarität noch Talcott Parsons Prinzip der Interpenetration aus, um für die Bedingungen hoher organisierter Komplexität Kompatibilitätsregeln funktional differenzierter Teile abzuleiten. Ganz oben auf der Prioritätenliste einer angemessenen Gesellschaftstheorie muss daher die Weiterentwicklung der Durkheim/Parsonsschen Integrationstheorie stehen.

3. Die besonders schwierige Frage des Zusammenhangs von externen und internen Faktoren der Evolution (bzw. Systemsteuerung) kann auf dem breitgefächerten Prüffeld einer allgemeinen Theorie lebender Systeme vermutlich eher und erfolgreicher beantwortet werden als von Einzelwissenschaften. So ist die Whytesche Zuordnung von Konkurrenz/Konflikt zu externen Faktoren und Kooperation zu internen Faktoren eher irreführend, wie Theorien der unterschiedlichsten Sozialsysteme – Gruppen, Organisationen, Verbände, Gesellschaften – belegen können. Auch interne Koordination schließt Konflikte unterschiedlicher Ausprägung ein, ebenso wie externer Wettbewerb unterschiedliche Formen der Koordination kennt.

Neue Formen sozietaler Steuerung – das ist die Lehre, die aus diesem evolutionstheoretischen Exkurs zu ziehen ist – setzen neue Formen der Integration der Teile voraus. Neue Formen gelungener Integration der Teile ermöglichen neue Formen der Steuerung des Ganzen. Besonders deutlich lässt sich dies an der Entwicklung der Gewerkschaftsbewegung in hochorganisierten Gesellschaften wie Schweden, den Niederlanden, Österreich oder der Bundesrepublik sehen. Die Vertagung des Klassenkampfes zugunsten eines »integrationistischen Kurses« der Gewerkschaften war Vorbedingung dafür, staatliche Steuerungsprogramme unter aktiver Mitwirkung der Gewerkschaften zu formulieren und zu implementieren.

Dieser Prozess zwang die Gewerkschaften in jene widerspruchsvolle »Doppelrolle«, nach welcher sie die jeweilige Gesellschaft sowohl verändern als auch stabilisieren und ihre jeweilige Mitgliedschaft sowohl aktivieren als auch disziplinieren wollen müssen. Aber es ist gerade diese Doppelrolle und der damit verbundene Zwang zur Kontingenzkontrolle, welcher die Gewerkschaften integrationsfähig und das Gesellschaftssystem in neuer Weise steuerbar macht (siehe den Vergleich zwischen USA, Japan und Deutschland bei Garten 1992, bes. S. 108ff.).

Die Kosten der Kontingenzkontrolle sind in dem freiwilligen Verzicht auf Maximalforderungen zu sehen, dem Verzicht auf solche Forderungen, die nicht verhandlungs- und vermittlungsfähig sind; sowie in den erhöhten Anforderungen an die Verbandsführungen, die den Mitgliedern diesen Verzicht plausibel machen müssen. Der Nutzen der Integrationsbereitschaft ist weniger greifbar und konkret, da er sich definitionsgemäß erst in einer mittelfristigen oder gar langfristigen Verbesserung der Entwicklungsbedingungen des Gesamtsystems niederschlägt.

Aber damit sind die entscheidenden Vorteile nur angedeutet. Diese ergeben sich aus den emergenten Eigenschaften einer Gesellschaft, die infolge der verbesserten Integrationskapazität ihrer Teilsysteme eine dem Entwicklungsstand der Teile angemessene Steuerungsform realisieren kann und sich durch diesen Prozess selbst auf ein höheres Emergenzniveau der Komplexitätsverarbeitung hebt. Hierfür sind eine gemeinsame Sprache und eine in den Grundzügen gemeinsame (Um-)Weltsicht der Teile, wechselseitige Information, abgestimmtes Timing, Erhöhung der Erwartungssicherheit durch kalkulierbare Kontingenzkontrolle etc. notwendige Voraussetzungen; ganz in dem Sinne, wie die »coordinative conditions« als interne Bedingungen der Evolution notwendige Bedingung der Weiterentwicklung komplexer Systeme sind (Lütz 1995; Strulik 2000a).

Eine diskursive Lösung von Problemen, die aus der operativen Komplexität unterschiedlicher Akteure entstehen, ist überaus voraussetzungsvoll – wenngleich sie häufiger sein dürfte, als eine auf manifeste Konflikte sich konzentrierende Soziologie es erscheinen lässt. Routinekonflikte zwischen Eheleuten, zwischen

Eltern und Kindern, zwischen Geschäftspartnern, Unternehmen, Verbänden, Parteien oder etwa den Staaten der EU werden nicht mit Fäusten und Bomben geregelt, sondern durch Verhandlungen. Eine diskursive Lösung setzt nicht nur Reflexionsfähigkeit bei den Beteiligten voraus, sondern auch Mechanismen, die die Reflexion anleiten und steuern: also hochentwickelte kognitive Fähigkeiten. Die evolutionären Vorteile der Fähigkeit zur Selbst-Thematisierung und Selbstbeschränkung durch Reflexion fördert Prozesse der Entwicklung kognitiver Komplexität (dazu Pringle, 1974; Luhmann/Schorr 1986; Fisher/Ury 1991; Senge u.a. 1999).

Längst haben große Unternehmen nicht nur ihre Forschungs-, Marktforschungs- und Public-Relations-Abteilungen oder Ministerien ihre wissenschaftlichen Beiräte, die die kognitive Komplexität der jeweiligen Sozialsysteme erhöhen. Auch Parteien, Gewerkschaften oder Unternehmerverbände leisten sich Forschungsinstitute; Staaten halten sich »*looking-out-institutions*« wie etwa in den USA die Rand Corporation oder die Brookings-Institution; Gemeinden richten Planungsabteilungen ein; der Deutsche Sportbund schaffte ein Bundesinstitut für Sportwissenschaft; und sogar die Universitäten suchen über ihre kümmerlichen Pressestellen den Kontakt zu ihrer Umwelt. All dies erhöht in mehr oder weniger großem Maße die kognitive Komplexität der jeweiligen Sozialsysteme und verbessert so ihre Fähigkeit, sich diskursiv mit ihrer Umwelt auseinander zu setzen.

Inzwischen geht es allerdings auch darum, dass ganze Gesellschaften und die globale Gemeinschaft insgesamt auf dem Weg sind, sich zu *wissensbasierten* Systemen zu entwickeln (Willke 1998). Eine Reihe zentraler Technologien und die aus ihnen folgenden Risiken beruhen auf hochkomplexen Wissenssystemen, welche sich nur durch wissensbasierte Institutionen und Strategien steuern und kontrollieren lassen. In modernen Gesellschaften ändert sich damit vor allem die Rolle von Politik und Staat: Viel deutlicher als bislang geht es in der Politik darum, prospektive Entwicklungen und heraufziehende Risikolagen vorausschauend zur Kenntnis zu nehmen und, wenn nötig, im Interesse des Schutzes von Kollektivgütern zu steuern. Es liegt auf der Hand, dass das politische System für diese Aufgabe einer ganz anderen Fundierung durch entsprechende Wissens- und Beratungssysteme bedarf als dies bisher realisiert ist (ausführlich dazu Willke 1992 und Systemtheorie II: Interventionstheorie, Kap. 5).

Ein exemplarischer Fall dafür ist die Dynamik der gegenwärtigen Veränderungen des globalen Finanzsystems und die damit zusammen hängenden Veränderungen der nationalen Finanz- und Bankensysteme. Nach einer Reihe spektakulärer Fehlspekulationen und Zusammenbrüche hatte bereits 1993 die »Group of Thirty«, ein privater Zusammenschluss global agierender Banken, eine stark beachtete Studie über Derivative und ihre Risiken herausgegeben und Empfehlungen für adäquate Geschäftsmodelle gegeben. Bereits ein Jahr später reagierte der quasi-öffentliche Baseler Ausschuss für Bankenaufsicht – als Teil der in Basel lokalisierten »Bank for International Settlements« (BIS oder BIZ für »Bank für internationalen Zahlungsausgleich«), in der die dreizehn wichtigsten Zentralbanken der Welt zusammengeschlossen sind – mit Empfehlungen für »risk management guidelines for derivatives« und im Oktober 1995 gab in Deutschland das Bundesaufsichtsamt für das Kreditwesen seine »Verlautbarungen über Mindestanforderungen an das Betreiben von Handelsgeschäften der Kreditinstitute« heraus, welche den Banken Leitlinien für eine koordinierte Selbststeuerung an die Hand gab (Reinicke 1998: 102 ff.; Strulik 2000b, Kap. 3.2).

Beispielhaft sind an diesem Prozess die Elemente eines neuen globalen Steuerungsregimes im Finanzsystem erkennbar. In einem vielschichtigen Wechselspiel zwischen privaten, öffentlichen und quasi-öffentlichen Akteuren auf globaler, transnationaler, nationaler und lokaler Ebene bilden sich Mechanismen der geordneten Verschränkung von Kontextsteuerung und Selbststeuerung heraus, die kein einzelner Akteur beherrscht oder diktiert und die vor keinem Gericht verbindlich einklagbar sind. Dennoch erzwingt die geteilte Einsicht der relevanten Akteure in die Notwendigkeit einer Anpassung des Steuerungsregimes des globalen Finanzsystems an neue Bedingungen jenen Problemdruck, der eine kollektive Selbstbindung ermöglicht.

4.5 Kognitive Komplexität

Über Bedingungen, Funktionen und Folgen kognitiver Komplexität weiß man wenig. Für die Zwecke einer Einführung muss es daher genügen, einige Fragen anzureißen, die erkennen lassen, welche zentrale Stelle mit diesem Thema erreicht ist.

Auf *individueller* Ebene hat das Problem der kognitiven Komplexität die Persönlichkeitspsychologie vor allem im Umkreis der Fragen menschlicher Informationsverarbeitung, menschlicher Denkprozesse und kreativer Problemlösungen beschäftigt. Kognitive Komplexität wird hier vor allem im Sinne einer differenzierten Wahrnehmung, differenzierten Beurteilung und relativ autonomen Behandlung von Informationen verwendet (Bieri 1966; Schroder/Suedfeld 1971; Norman 1976; Minsky 1988). Insbesondere Jean Piaget hebt vielfach die Bedeutung der Zunahme kognitiver Komplexität für die Identitätsbildung und das Erreichen der operativen Stufe der Intelligenzentwicklung hervor; und er macht den Übergang von spielerischer imitierender Aktivität des Kindes zur bewussten selbstgesteuerten Aktivität an der Zunahme der Fähigkeit zur Reflexion fest:

> »Erst gegen das Ende der egozentrischen Periode, wenn es gelernt hat, die Gesichtspunkte voneinander zu trennen, gelangt das Kind dahin, sich Rechenschaft über den eigenen Standpunkt zu geben (statt diesen mit allen möglichen anderen zu vermengen) und den Suggestionen anderer zu widerstehen. Der Fortschritt der Reflexion umfasst also auch die Imitation selbst, die dadurch in die Intelligenz reintegriert wird« (Piaget 1975: 362).

Auf *sozietaler* Ebene sind Analysen der Bedeutung der kognitiven Komplexität von Gesellschaften noch seltener. Die vorliegenden Ansätze sind um so berichtenswerter. Insbesondere Karl-Wilhelm Deutsch hat dem Problem sozietaler Informationsverarbeitung und gesamtgesellschaftlicher Kommunikationsprozesse Aufmerksamkeit geschenkt und die Bedeutung gesellschaftlicher Kreativität und Lernfähigkeit für das Lösen neuer gesellschaftlicher Probleme hervorgehoben (Deutsch 1969, bes. Kap. 10). Auch den Zusammenhang von kognitiver Komplexität und diskursiven Verfahren der Problemlösung berührt Deutsch ausdrücklich.

»Das Streben nach verbesserten intellektuellen Fähigkeiten auf den Ebenen Verstand, Weisheit und Vernunft wird sich höchstwahrscheinlich in einem Zusammenhang von Dialogen verwirklichen: intern zwischen Teilen einer einzelnen individuellen Persönlichkeit; gesellschaftlich zwischen kleinen Gruppen, großen Gruppen und ganzen Regierungen und Nationen; und durch inneres Sprechen in Form von Denken, Forschen und Evidenzerlebnissen zwischen Wissenschaftlern und dem Universum der sie umgebenden äußeren und inneren Umwelt« (Deutsch 1969: 26; veränderte Übersetzung H.W.).

Während Deutsch in erster Linie das Problem behandelt, wie das politische System im engeren Sinne (»government«) seine operative Komplexität durch verbesserte Modelle der politischen Kommunikation und Kontrolle im Zaume hält und durch den Aufbau kognitiver Komplexität auf innovative Formen der Problemlösung ausrichtet, kommt erst bei Amitai Etzioni die ganze Wucht dieses gesellschaftlichen Problems zum Vorschein: dass Sozialsysteme vom Ausmaß ganzer Gesellschaften sich als handlungsfähig und aktiv zielorientiert begreifen – und begreifen müssen, wenn sie nicht an den Folgewirkungen einer ungeregelten operativen Komplexität leiden wollen.

Etzioni behandelt Wissen als gesamtgesellschaftlich wirksamen, kybernetischen Steuerungsfaktor, mit dessen Hilfe Gesellschaften Informationen über ihre natürliche und sozio-technische Außenwelt und Innenwelt (also auch Informationen über sich selbst!) in zielgerichtete Handlungsstrategien umsetzen können (Etzioni 1975, Kap. 6-9). In dem Maße, als das in einem Sozialsystem vorhandene Wissen die Realität adäquat repräsentieren und testen können soll, muss es selbst komplex werden, sich in reflexiven Verfahren der Selbststeuerung kontrollieren (Systemtheorie III: Steuerungstheorie, Teil 2) und bezüglich der Festlegung der Rahmenbedingungen seiner Verwendung demokratischen Verfahren unterworfen werden (Etzioni 1975, Kap. 7; Willke 1993, Kap. 4.2).

Die kognitive Komplexität einer Gesellschaft ist eine emergente Systemeigenschaft, die mit dem Wissen von Experten und Eliten nicht ausreichend umschrieben ist. Vielmehr zählen hierzu die aggregierten Wirkungen des Ausbildungsniveaus einer Gesellschaft und der Entwicklungsstand ihres ausdifferenzierten Wissenschaftssystems. Parsons/Platt sprechen in diesem Zusammenhang treffend von der wachsenden Bedeutung des »kognitiven Komplexes« und betonen die Rolle der Universitäten bei der Mobilisierung einer neuen Ressource: nämlich *theoretisches* Wissen (Parsons/Platt 1973: 33ff.; dazu auch Stichweh 1994).

Vor allem gehört hierzu eine Entwicklung, die Kenneth Boulding eindringlich beschreibt:

> »It is only within the last two hundred years and in a sense almost within this generation that man has become widely conscious of his own societies and of the larger sociosphere of which they are a part. This movement of the social system into self-consciousness is perhaps one of the most significant phenomena of our time, and it represents a very fundamental break with the past, as did the development of personal self-consciousness many millennia earlier« (Boulding 1966: 4; siehe auch Isaacs 1993).

Dass entwickelte Sozialsysteme bis hin zu ganzen Gesellschaften ein Bewusstsein ihrer selbst ausbilden, dass sie ihre kollektive Identität und ihr kollektives Handeln selbst thematisieren, bewerten und bewusst steuern können, etwa durch autonome Zielsetzungen bis hin zur Positivierung des Rechts, erzeugt Möglichkeiten und Folgeprobleme, die noch kaum bedacht sind. Denn – darauf wird im nächsten Kapitel noch einzugehen sein – die Bedeutung völlig neuer, emergenter Eigenschaften hochkomplexer Sozialsysteme kann solange nicht angemessen begriffen werden, als soziologische Analysen mit Begriffen und Konzepten arbeiten, die über Individualkategorien und deren bloß statistische Aggregation nicht hinausgehen (so auch Forrester 1982; Dörner 1989).

Es gibt immer mehr Hinweise dafür, dass für entwickelte, hochkomplexe Sozialsysteme die Fähigkeit zur Reflexion, und mithin der Aufbau kognitiver Komplexität, dringlicher wird. Die wichtigste Ursache dafür dürfte in den veränderten Bedingungen für die Entscheidbarkeit praktischer Fragen – also der Kontrolle operativer Komplexität – liegen. In hochgradig differenzierten und vernetzten Gesellschaften haben Entscheidungen oft kaum noch übersehbare Folgewirkungen und Folgeprobleme. Mit der Verlagerung des Zeithorizontes von der Gegenwart in die Zukunft wird die Beeinflussung der Zukunft (genauer: möglicher zukünftiger Gegenwarten) durch gegenwärtige Entscheidungen immer problematischer und muss daher prospektiv mit bedacht werden. Wenn heute feststeht, dass die Entscheidung über den Bau eines Atomkraftwerkes nicht mehr von der Exekutive, sondern nur noch von der Legislative gefällt werden darf, so ist dies (neben der juristischen Problematik) auch Ausdruck dafür, dass eine solche Entscheidung nicht mehr nach der begrenzten Rationalität bürokratischer Administration getroffen werden kann und darf, sondern nach der – vermuteten – Gesamtrationalität der für das Ganze verantwortlichen gesetzgebenden Körperschaft.

Das im vorigen Abschnitt behandelte Beispiel des globalen Finanzsystems lässt sich unter dem Aspekt kognitiver Komplexität weiter führen: Wolfgang Reinicke fasst seine Fallstudie zur Genese des Regulierungsregimes des globalen Finanzsystems in folgende Beurteilung zusammen:

> »In what many saw as a bold and even revolutionary move, regulators outsourced an important part of the regulatory proces to the banks, taking advantage of the latter's superior capacity to assess risk, and thus reducing the information asymmetry, which by then had reached unacceptable levels« (Reinicke 1998: 122).

Immerhin scheint sich der Steuerungsansatz einer koordinierten Partnerschaft zwischen öffentlichen und privaten Akteuren zu konsolidieren. Im Juni 1999 legte der Baseler Ausschuss ein weiteres Konsultationspapier (»A new capital adequacy framework«) zur wichtigen Frage der adäquaten Eigenkapitalausstattung der Banken vor. Es zielt übereinstimmend mit der bisherigen Linie darauf, den Expertise- und Informationsvorsprung der privaten Korporationen und Akteure noch stärker zu nutzen und die Rolle der Regulierungsinstanzen darauf zu beschränken, die Parameter der Kontextsteuerung zu setzen.

Damit kommt eine »kognitive Wende« der Bankenaufsicht und der Regulierung des Finanzsystems in den Blick, die der kognitiven Komplexität der zu regelnden Probleme eher angemessen erscheint als das traditionelle Paradigma der direktiven Aufsicht. Je deutlicher die Industriegesellschaften sich zu Wissensgesellschaften umbilden, desto stärker kommt ein Steuerungsmodell in Schwierigkeiten, das auf hoheitliche oder direktive Fremdsteuerung setzt statt auf eine Kontextsteuerung, die den Besonderheiten komplexer dynamischer Systeme Rechnung tragen kann.

4.5.1   Auf dem Weg zur Wissensgesellschaft?

Dieses Beispiel ist nur ein Indiz unter vielen. Insgesamt, so könnte man vermuten, erzeugt die drastisch gesteigerte Notwendigkeit für sozietale Reflexion und kognitive Komplexität einen neuen Typus von Gesellschaft: die *Wissensgesellschaft* (ausführlich dazu Willke 1998, Kap. 5). Luhmann hat schon früh diese Entwicklung in einigen Konsequenzen beleuchtet, lehnt aber zu Recht die Idee einer von dem Funktionssystem der Wissenschaft geprägten Gesellschaft ab. Er charakterisiert zunächst die Entwicklung der Neuzeit als einen Übergang vom gesellschaftlichen Primat der Politik zu einem Primat der Ökonomie. Für die postmoderne Gesellschaft wäre nach dieser Logik ein Primat der Wissenschaft zu erwarten, und an die Stelle der Steuerungs- und Kommunikationsmedien Macht und Geld träte dann Wahrheit. Aber dies würde wiederum nur dazu führen, dass ein gesellschaftliches Teilsystem seine Teilrationalität für das Ganze verbindlich machte.

Die Besonderheit der Herausbildung der Wissenschaft als führendes gesellschaftliches Teilsystem könnte darin liegen, dass Wissenschaft nach ihrer eigenen Rationalität gerade die Befreiung von Selbsthypostasierungen durch Reflexion, also die Überwindung der Beschränkung auf den eigenen Standpunkt zugunsten der diskursiven Berücksichtigung von alternativen Standpunkten zum Programm habe. Die Differenzierung der Gesellschaft in funktional spezifizierte Teilsysteme fordert nach Luhmann von der Wissenschaft nicht nur, dass sie Systemreferenzen in ihrem Gegenstandsbereich unterscheiden kann, sondern auch in der Reflexion auf sich selbst:

> »Instrumente und Erkenntnisse der Wissenschaft sind nicht ohne weiteres Instrumente und Erkenntnisse der Gesellschaft, wissenschaftliche Wahrheiten bzw. Unwahrheiten nicht notwendigerweise auch lebensweltliche Wahrheiten bzw. Unwahrheiten der gesamten Gesellschaft. Vom Standpunkt des Wissenschaftssystems aus ist diese Differenz bisher überwiegend als Problem der ›Anwendung‹ beschrieben worden, aber das ist ein systemrelativer und im übrigen unvollständiger Aspekt. Hinzu kommt zum Beispiel, dass die Risiken wissenschaftlicher Wahrheitsproduktion gesellschaftlich nicht ohne weiteres tragbar, ihre Chancen gesellschaftlich nicht ohne weiteres

nutzbar sind ... Die Ausdifferenzierung eines Sozialsystems für Wissenschaft erweitert vor allem die Wissensmöglichkeiten, den Selektionshorizont des Wissens, in einer Weise, die es erlaubt, mehr Wahrheiten und mehr Unwahrheiten als festgestellte Sätze zu selegieren. Die Zahl und die Selektivität wissenschaftlich als wahr bzw. unwahr beglaubigter Sätze nimmt zu. *Und es ist vor allem dieser Aspekt der Veränderung des Niveaus, auf dem Produktion und Reduktion von kognitiver Komplexität etabliert sind, der die Bedingungen gesellschaftlicher Selbst-Thematisierung beeinflusst.* Denn jene Veränderung bedeutet, dass die Selbst-Thematisierungen des Gesellschaftssystems nicht mehr eo ipso wahrheitsfähig sind, sondern Wahrheit eine gesellschaftlich legitimierte Teilperspektive wird, in der ein Teilsystem gesellschaftliche Selbst-Thematisierungen reflektiert« (Luhmann 1975: 92f.; dazu auch Luhmann 1990).

Dies heißt auch, dass hochkomplexe Gesellschaften es sich aufgrund der enormen Folgeprobleme zunehmend nicht mehr leisten können, gesamtgesellschaftlich relevante Entscheidungen in der Teilperspektive der Politik oder in der Teilperspektive der Ökonomie zu fällen; dass aber solche Entscheidungen *genauso* wenig in der Beschränkung auf die Teilperspektive der Wissenschaft gefällt werden können. Erforderlich ist vielmehr ein wissenschaftlich reflektiertes Handeln in *allen* Bereichen: Nicht Herrschaft der Weisen ist das Problem, sondern eine weise Herrschaft. Jede(r) Leser(in) sollte sich Zusammenhang und Folgen dieser Gedankenführung an Beispielen wie etwa der Entscheidung über den Bau eines Atomkraftwerkes, der Entscheidung über eine bestimmte repressive Kulturpolitik oder der Entscheidung über die Entwicklung neuer Superwaffen vor Augen führen.

Von einem ganz anderen Ausgangspunkt her kommt Jürgen Habermas zu erstaunlich ähnlichen Folgerungen wie Niklas Luhmann. Auch er nimmt an, dass weder einzelne Wissenschaften noch das Wissenschaftssystem insgesamt das Ganze einer komplexen Gesellschaft repräsentieren und zum einheitlich normativen Bewusstsein aller Gesellschaftsmitglieder integrieren können, denn »sie produzieren wechselnde und spezialisierte Lehrmeinungen mit bloß hypothetischem Anspruch« (Habermas 1974: 51). Die Frage nach den Möglichkeiten einer kollektiven Identität im Sinne der Fähigkeit von Sozialsystemen, neue Identitäten aufzubauen und sie zugleich mit den überwundenen zu integrieren, könne nicht mehr mit der Suche nach der Einheit und der Form von Weltbildern beantwortet werden, die eine gemeinsame

Identität inhaltlich festschreiben. Vielmehr könne man heute eine
kollektive Identität

> »allenfalls in den formalen Bedingungen verankert sehen, unter denen
> Identitätsprojektionen erzeugt und verändert werden. Ihre kollektive Identität
> steht den einzelnen nicht mehr als ein Traditionsinhalt gegenüber, an dem
> die eigene Identität wie an einem feststehenden Objektiven gebildet werden
> kann; vielmehr beteiligen sich die Individuen selbst an dem Bildungs- und
> Willensbildungsprozess einer gemeinsam erst zu entwerfenden Identität. Die
> Vernünftigkeit der Identitätsinhalte bemisst sich dann allein an der Struktur
> dieses Erzeugungsprozesses, d.h. an den formalen Bedingungen des
> Zustandekommens und der Überprüfung einer flexiblen Identität, in der sich
> alle Gesellschaftsmitglieder wiedererkennen und reziprok anerkennen, d.h.
> achten können« (Habermas 1974: 51 f.), und: »Auch die kollektive Identität
> ist heute nur noch in reflexiver Gestalt denkbar, nämlich so, dass sie im
> Bewusstsein allgemeiner und gleicher Chancen der Teilnahme an solchen
> Kommunikationsprozessen begründet ist, in denen Identitätsbildung als kon-
> tinuierlicher Lernprozess stattfindet« (Habermas 1974: 66).

In dieser letzten Bemerkung nennt Jürgen Habermas
individuelle Bedingungen der Konstitution einer reflexiven
Identität sozialer Systeme – Intersubjektivität und kontinuierliches Lernen – die sehr genau den von Luhmann genannten
systemischen Bedingungen sozietaler Reflexion (oben 4.4) entsprechen: nämlich die wechselseitige Anerkennung als adäquate
Umwelt anderer Systeme und eingebaute Lernfähigkeit der
Sozialsysteme. Der wesentliche Unterschied zwischen beiden
Positionen scheint darin zu bestehen, dass Luhmann Reflexion
und kognitive Komplexität als Systemeigenschaften behandelt,
die Bedingungen der Möglichkeit von *Systemintegration* darstellen,
während Habermas Reflexion und kontinuierliches Lernen als
Individualeigenschaften behandelt, die über ein Bewusstsein
chancengleicher Partizipation eine kollektive Identität erzeugen,
als Bedingung der Möglichkeit von *Sozialintegration.*

Es kann hier nur behauptet, nicht aber bewiesen werden, dass
die von David Lockwood übernommene Unterscheidung von
Sozialintegration und Systemintegration nicht Typen der Integration unterscheidet, sondern Ebenen der Integration. Denn
Sozialsysteme, die ihre Mitglieder als relativ autonome Individuen
umfassen – und insofern keine »totalen Institutionen« sind –
können notwendigerweise nur eine, allerdings variable Form der
Integration aufweisen. Sozialsysteme sind nur integriert, wenn sie
sowohl ihre Binnenrelationen als auch ihre Außenrelationen
reflexiv abstimmen. Dies schließt keineswegs aus, dass nur eine

der beiden Seiten im Vordergrund steht – z.B. in defensiv
strukturierten Gesellschaften einerseits (dazu Argyris/Schön
1996), instrumentellen Organisationen wie Bürokratien andererseits. Aber dann ist für das jeweilige System Über- bzw. Unter-
Integration das Problem und nicht das Ausspielen einer Form der
Integration gegenüber einer anderen.

So ist die als »Generaleinwand« formulierte Kritik von Habermas an Luhmann, dass eine hinreichende Systemintegration der
Gesellschaft kein funktionales Äquivalent für ein erforderliches
Maß an Sozialintegration sei (Habermas 1974: 63; 1981 Band II:
449ff.), ebenso umkehrbar und gegen Habermas zu wenden, ohne
dass dies eine Klärung brächte. Was Habermas irrigerweise als
Typen der Integration ansieht, sind tatsächlich unterschiedliche
Ebenen im Sinne von Systemreferenzen der Integration. Und der
eigentliche Dissens liegt darin, ob auf der Ebene von Sozialsystemen noch sinnvoll mit Individualkategorien gearbeitet werden
kann, oder ob moderne Gesellschaften emergente Eigenschaften
entwickelt haben, die es nicht mehr erlauben, soziale Beziehungen
auf das Handeln von Individuen zu reduzieren (Habermas 1985,
390ff.).

Bevor dieses Problem näher beleuchtet wird, soll die Gedankenführung dieses Kapitels in einem Schema gefasst werden. Das
Schema gibt einen Überblick über die in Kapitel 3 behandelten
Funktionen, die eine sich konstituierende Einheit in ihrer
Entwicklung vom Quasi-System zum voll ausgebildeten System
kumulativ erfüllen muss. Es ordnet diesen Funktionen zur Ver-
deutlichung Probleme, Konflikttypen und Abstimmungsmodi zu,
sowie vor allem die sich als Folgeprobleme ergebenden Typen
von Komplexität und die zur nächst »höheren« Funktion führende evolutionäre Lösungsschemata.

Der Zusammenhang dieser Funktionen lässt sich in der einen
Richtung als evolutionäres Bedingungsgefüge, in der entgegengesetzten Richtung als Steuerungs- und Kontrollhierarchie auf-
fassen. Denn zum einen kann das System die jeweils nächste
Funktion ohne eine zureichende Erfüllung der elementareren
Funktion nicht verwirklichen, wie vor allem gescheiterte System-
bildungen zeigen. Zum anderen erfordert die Variabilität einer
Funktion notwendigerweise eine Steuerungsleistung durch eine
höher generalisierte Funktion.

Tabelle 3: Zusammenhang der Systemfunktionen

Funktion	Problem	Folge-problem	Lösungs-schema
Grenz-bildung	Umwelt	sachliche Komplexität	Assimilation
Ressourcen-gewinnung	Knappheit	soziale Komplexität	Rollendiffer-enzierung
Strukturbil-dung	Ordnung	zeitliche Komplexität	Prozess-regeln
Prozess-steuerung	Zeit	operative Komplexität	Reflexivität
Reflexion	Identität	kognitive Komplexität	Integration
Genese	Evolution	Systemkom-plexität	generative Differenzie-rung

Die zuletzt angeführte Funktion der *Genese* schließt für alle
offenen, reproduktiven Systeme den Kreis zur ersten Funktion
der Grenzbildung. Genese meint die Fähigkeit von Systemen, sich
über sich selbst hinaus zu entwickeln und neue Systeme aus sich
hervor zu bringen. Für den Fall der Gruppe haben wir dies oben
an Mills Typ der »generativen Gruppe« kennen gelernt. Ein
anderes Beispiel ist die Lebensgemeinschaft Frau-Mann, die sich
zum generativen System »Familie« entwickelt, wenn die Beteiligten sich entschließen, ein Kind zu bekommen. Auch Unternehmen oder Organisationen, die expandieren, Tochtergesellschaften
oder Niederlassungen gründen, sind generative Systeme. Dies
braucht hier nicht im einzelnen ausgeführt zu werden. Deutlich
sollte nur sein, dass für systemtheoretisches Denken die Evolution von Systemen (die Scheitern der Evolution in Formen der
Regression einschließt) ebenso grundlegend ist, wie Grenzen,
Ressourcen, Strukturen oder Prozesse, weil in einer sich kon-

tinuierlich ändernden Umwelt offene Systeme viele Möglichkeiten
haben – nicht aber die des Stillstandes.

Generativität als einzigartige evolutionäre Errungenschaft hochkomplexer Systeme – vom Virus bis zum Sozialsystem – ist der
springende Punkt, mit dem Leben beginnt und an dem auch die
Lebensfähigkeit von Sozialsystemen hängt. Und es ist auch der
Punkt, der die Systemtheorie dazu zwingt, über die binäre Logik
des Alles-oder-nichts, des Ja-oder-nein hinauszugehen, um der
Polyvalenz und Widersprüchlichkeit komplexer Prozesse mit
komplexeren und flexibleren Logiken gerecht zu werden
(Spencer-Brown 1979; anschaulich Hofstadter 1984).

Je differenzierter, vielschichtiger und verwickelter Gesellschaften werden, desto dringlicher wird es also, das Grundproblem der Soziologie – nämlich das Verhältnis zwischen han-
delndem Individuum und gesellschaftlichem System – nicht mit
Hilfe künstlicher Reduktionen zu behandeln und zu »lösen«,
sondern es in seiner Komplexität ernst zu nehmen. Einfache
Schemata wie Freiheit-Zwang, Basis-Überbau, Konsens-Konflikt,
Effizienz-Partizipation, Individuum-Gesellschaft oder andere als
Gegensätze verstandene Begriffspaare werden in dem Maße zu
bloßen Schlagworten, in welchem entwickelte Gesellschaften
gezwungen sind, komplizierte Mischformen, intermediäre Strukturen und vermittelnde Instanzen auszubilden, um die vielfältigen
Wechselwirkungen und wechselseitigen Abhängigkeiten
differenzierter Teile zu einem Gesamtprozess zu organisieren.

Die dazu entwickelten neuen Organisationsprinzipien dienen
der Reproduktion des gesellschaftlichen Lebens auf einer
bestimmten Entwicklungsstufe, wenn sie evolutionären Erfolg
haben. Eine systemtheoretische Analyse der Genese von Gesellschaften sowie ihrer generativen Potenz (ihrer Fähigkeiten, sich
gegenüber absehbaren Umweltbedingungen durchzusetzen)
verlangt den Verzicht auf einfache Schemata. Erforderlich ist
vielmehr eine theoriegeleitete Suche nach denjenigen
Organisationsprinzipien oder Eigenschaften, welche die spezifische Qualität und Identität eines bestimmten Systems charakterisieren.

Dieser Suchprozess ist außerordentlich schwierig, weil in
systemtheoretischer Perspektive sich die beiden traditionellen
Suchprozesse – Induktion und Deduktion – als unzulänglich

erweisen. Induktion, das Schließen von Teilen auf das Ganze, kann über die Aggregation der Eigenschaften von Teilen nicht hinauskommen und verwehrt somit die Erkenntnis gerade dessen, was zentral wäre: die nur das Ganze charakterisierenden neuartigen Eigenschaften des Ganzen *und* die Rückwirkungen dieser Systemeigenschaften auf die Teile. Deduktion andererseits, das Schließen von einer Gesamtheit auf die sie bildenden Elemente, setzt aber die Gesamtheit voraus. Diese kann der Erfahrungswissenschaftler aber nicht einfach behaupten, sondern er muss sie selbst herleiten, und die Frage ist: woher?

Der systemtheoretische Ausgangspunkt, dass ein System nicht isoliert, sondern nur im Zusammenhang und in Auseinandersetzung mit seiner Umwelt analysiert werden kann, bietet einen Ansatz, um aus dem logischen Dilemma von Induktion und Deduktion herauszukommen. Denn der Grundsatz der Umweltbedingtheit eines Systems führt zu zwei ebenso einfachen wie umfassenden Fragen: Wie ist das, was ist überhaupt *möglich?* Genauer: was sind die konstitutiven Bedingungen der Möglichkeit eines bestimmten Systems in seiner spezifischen Umwelt? Und: Wozu ist das, was ist, überhaupt *notwendig?* Genauer: was sind die spezifischen Funktionen beobachtbarer Strukturen oder Prozesse für ein bestimmtes System in seiner gegebenen Umwelt?

Die Beantwortung beider Fragen verlangt ein Hin-und-Her-Pendeln zwischen Deduktion und Induktion im Sinne eines iterativen Suchprozesses. Der Forscher muss sich zunächst hypothetische Vorstellungen über den Gesamtgegenstand, sein hypothetisches System, bilden, diese Vorstellungen am Verhalten der Teile prüfen, daraus verbesserte Vorstellungen über das Ganze entwickeln, diese wieder in Bezug zum Verhalten der Teile setzen etc., bis schließlich Widersprüche so weit abgebaut sind, dass sich ein gewisses Maß an Stimmigkeit ergibt.

Eindrucksvolle Beispiele für die Schwierigkeit solcher iterativer Suchprozesse bietet die Geschichte der Entwicklung von Modellen physikalischer und biologischer Systeme: ein Atom, ein Makromolekül, eine Zelle, ein Organismus sind jeweils hochkomplexe Systeme unterschiedlicher Ebenen, die zwar jeweils aufeinander aufbauen, aber aus ihren Elementen allein gerade nicht erklärbar sind. In jedem dieser Fälle war es erforderlich, neben einer detaillierten Kenntnis der jeweiligen Elemente schrittweise

verbesserte Vorstellungen über den jeweiligen Systemzusammenhang zu entwickeln, bis schließlich der entscheidende Durchbruch möglich wurde: die Erkenntnis der *Veränderung* der
Funktionsgesetze der isolierten Teile durch den Systemzusammenhang einerseits und die Erkenntnis der gegenüber den
Eigenschaften der Teile *zusätzlichen* Eigenschaften des Ganzen.

Eindrucksvolle Beispiele für die Schwierigkeit solcher iterativer
Suchprozesse bieten auch die Sozialwissenschaften, eindrucksvoll
allerdings vor allem in ihrem Versagen. Die Familientheorie, die
Gruppentheorie (Titscher 1995), die Organisationstheorie (Quinn
1992), die Verbändetheorie (Teubner 1992) und die
Gesellschaftstheorie (Willke 2000) haben auch heute noch große
Schwierigkeiten, die Systemhaftigkeit ihrer Forschungsobjekte
ernst zu nehmen, d.h., sie in Bezug zu ihrer Umwelt zu setzen
anstatt zu versuchen, sie jeweils aus ihren Elementen zu erklären.

Die vielleicht wichtigste Ursache für diese Schwierigkeiten liegt
darin begründet, dass die Soziologie vorherrschend als
Handlungswissenschaft verstanden wird und mithin soziales
Handeln als Grundbegriff der Soziologie gilt. Diese seit Max
Weber dominierende Ausrichtung der Soziologie war eine möglicherweise notwendige Kinderkrankheit der noch relativ jungen
Soziologie. Es ist meine Überzeugung, dass die Soziologie diese
Kinderkrankheit überwinden muss, wenn sie erwachsen werden
will. Übertragen auf den Bereich der Biologie entspräche eine
handlungstheoretische Soziologie etwa einer Molekulartheorie der
Zelle oder einer Zelltheorie des Organismus – solche Theorien
gab es durchaus, aber heute würde sich ein Biologe damit lächer-
lich machen (Varela 1990; Gould 1995).

Die Soziologie hat ihre Phase der »Teilchentheorie des Ganzen« noch lange nicht überwunden. Immerhin aber gibt es mit der
Entwicklung der Theorie sozialer Systeme alternative Ansätze
und Fortschritte auf dem Weg zu einer integrierten Theorie
lebender Systeme, welche die Eigengesetzlichkeit jeder Systemebene, d.h. ihre Nicht-Reduzierbarkeit auf die jeweils elemen-tare-
re Ebene berücksichtigt. Im folgenden Kapitel soll die Auseinandersetzung zwischen Handlungstheorie und Systemtheorie in
einer ihrer interessantesten Versionen, in der Kontroverse zwischen Parsons und Luhmann dargestellt werden. Diese Kontroverse ist nur scheinbar abstrakt. Wie der oben herangezogene

Vergleich mit der Biologie (oder anderen Naturwissenschaften) zeigt, geht es um nichts weniger als um einen möglichen Wendepunkt in der Entwicklung der Soziologie als Wissenschaft: Gelingt es, für soziale Systeme auf unterschiedlichen Ebenen (Familie, Gruppe, Organisation, vor allem aber Gesellschaft) die jeweils systemspezifischen neuartigen Gesamt-merkmale – Fachbegriff: *emergente Eigenschaften* – auszumachen? Gelingt es, Charakteristika und Funktionen der Elemente eines bestimmten sozialen Systems in ihrer konstitutiven Bedeutung für *und* ihrer Abhängigkeit von Struktur, Funktionen und Prozessnotwendigkeiten dieses (Gesamt-) Systems zu analysieren und zu erklären?

Die Leitfrage für das nächste Kapitel ist: In wie weit muss die Soziologie als Wissenschaft *sozialer* Einheiten über eine Handlungstheorie *individueller* Akteure hinausgehen, um nicht nur die soziale Bedingtheit individuellen Handelns zu berücksichtigen, sondern auch den viel weitergehenden Aspekt der systemischen Bedingungen der Möglichkeit von Handeln?

5 Systemtheorie und Handlungstheorie. Zum Problem des Verhältnisses von Teil und Ganzem

Die Definition von »System« lautet häufig: eine Menge von wechselseitig voneinander abhängigen Elementen und ihrer Beziehungen. Für hochkomplexe Systeme ist diese Definition unbrauchbar, weil es mit wachsender Komplexität weniger auf die Beziehungen der Elemente untereinander und mehr auf die Beziehungen der Elemente zum System ankommt; denn hohe Komplexität lässt sich nur noch in flexiblen Formen der Hierarchisierung organisieren (Systemtheorie III: Steuerungstheorie, Kapitel 3), welche eine selektive Verknüpfung der Elemente ermöglichen. Hinzu kommt, dass mit wachsender Komplexität das Verhältnis von Element und System qualitative Veränderungen erfährt, welche im wesentlichen auf dem Wechselspiel von Differenzierung und Integration, von Aggregation und Emergenz beruhen.

Im einzelnen: Was heißt selektive Verknüpfung von Elementen und welche Folgen hat dies? Nehmen wir als Beispiel eine politische Partei. Im Gründungsstadium, wenn sie vielleicht ein Dutzend Mitglieder hat, kennen sich alle noch untereinander, jeder hat Beziehungen zu jedem: genau 66 direkte Zweierbeziehungen. Da es bei 12 Mitgliedern auch schon Grüppchen und Fraktionen geben kann, kommen die Beziehungen der einzelnen Mitglieder zu Gruppierungen (Mitgliederkombinationen) hinzu, also unter Ausschöpfung aller kombinatorischen Möglichkeiten in unserem Beispiel bereits nahezu eine halbe Milliarde Beziehungen.

Nun wächst die Partei und erreicht nach vielen Jahren einen Mitgliederbestand von, sagen wir, einer halben Million, wie etwa die heutige SPD. Das sind dann schon einige Hundert Milliarden Zweierbeziehungen und bereits astronomisch viele kombinierte Beziehungen der Mitglieder untereinander. Würde eine »Zweierbeziehung« nur eine Sekunde dauern, so würde eine einmalige Beziehungsaufnahme der Teile dieses Systems bereits etwa 100.000 Jahre dauern. Es liegt auf der Hand, dass dies in der

Praxis absurd wäre. Was passiert also? Es entwickeln sich selektive Beziehungen: Nicht mehr jeder hat mit jedem Kontakt, son-
dern jeder nur noch mit ganz bestimmten anderen. Es bildet sich
eine hierarchische Organisation des Systems aus, z.B. Ortsvereine,
Kreisverbände, Bezirksverbände, Landesverbände, Bundespartei.
Es entwickelt sich zusätzlich eine horizontale Arbeitsteilung, z.B.
Arbeitsgruppen für Arbeitnehmerfragen, Kultur, Sozialpolitik,
Pressearbeit, Lokalpolitik, Frauenprobleme etc., so dass die
einzelnen Mitglieder nur noch in ganz bestimmten Hinsichten
(Arbeitsteilung gleich Aufmerksamkeitsverteilung) und über
vielfältige indirekte Vermittlungsstufen miteinander in Beziehung
treten. Längst kennt nicht mehr jeder jeden, und es entwickelt
sich innerhalb der Partei das, was die Soziologie mit Begriffen wie
Bürokratisierung, Oligarchisierung, Entfremdung, Mediatisierung
etc. bezeichnet hat.

Praktisch bedeutet dies, dass die Partei als Organisation oder
als System aufgehört hat, ein einfaches, überschaubares Ganzes
zu sein; dass zwischen »Fußvolk« und den verschiedenen Ebenen
der Parteiführung, zwischen Fraktionen, Flügeln und Richtungen,
zwischen Repräsentierten und Repräsentanten Konflikte, Abstimmungsprobleme und Koordinierungsbedarfe entstehen; und
dass die Partei nicht nur als Ganzes (als Partei), sondern auch im
Hinblick auf ihre Teile (die Mitglieder) sich grundlegend gewandelt hat.

In theoretischen Begriffen ausgedrückt bedeutet dies, dass sich
aus der bloßen Größenzunahme des Systems »Partei« sehr schnell
ein faktischer Zwang ergibt, sich zu differenzieren, also innerhalb
des Systems Subsysteme zu bilden – dann innerhalb der Subsysteme eigene Subsysteme und so fort. Das System kann also die
theoretischen Möglichkeiten der Relationierung, der Verknüpfung
oder Beziehungsstiftung zwischen den Teilen gar nicht ausnutzen.
Es ist zur Selektion nur ganz bestimmter Möglichkeiten der Relationierung gezwungen:

> »Demnach ergibt sich aus Größenzunahme für jedes System der Zwang, aber
> auch die Chance, mit eigenen Möglichkeiten der Relationierung selektiv zu
> verfahren und sich bei Bedarf zu differenzieren. Die Selektion aus eigenen
> Möglichkeiten ist nicht per Zufall, nicht nur ad hoc möglich, wenn Systeme
> entstehen und Grenzen gegenüber einer Umwelt invariant gehalten werden.
> Sie wird durch Strukturen gesteuert, die die Nichtbeliebigkeit und die An-
> schlussfähigkeit der Selektionen gewährleisten, also trotz und durch Selektion

das Entstehen von Interdependenzen ermöglichen. Der Grundvorgang, der Komplexität ermöglicht, ist der Zusammenhang von kombinatorischen Überschüssen und struktureller Selektion« (Luhmann 1975: 206).

Dies hat wichtige Konsequenzen für Bedingungen und Möglichkeiten der Evolution komplexer sozialer Systeme, seien dies Parteien, Verbände, Universitäten, Organisationen oder Gesellschaften. Zum einen begrenzt die Notwendigkeit zur drastischen Reduktion möglicher Verknüpfungen den »an sich« möglichen Variationsreichtum des Systems. Damit wird zum wesentlichen Identitätsmerkmal des jeweiligen Systems, nach welchen Kriterien, nach welchem Muster oder nach welcher Rationalität es die Selektion derjenigen Relationen vornimmt, welche (aus der Fülle möglicher Relationen) als zu realisierende ausgewählt werden. Konkret bedeutet dies die Frage nach dem Organisationsprinzip oder Steuerungsprinzip des betroffenen Systems.

Zum anderen resultiert aus dem Zwang zur Selektion paradoxerweise auch die Chance, die Evolution des Systems gezielt zu steuern, also *Evolutionsstrategien* zu verfolgen. Für biologische Systeme scheint dabei das Evolutionsprinzip gerade nicht das Überleben des Stärkeren (»survival of the fittest«) zu sein, wie die klassische Evolutionstheorie annahm; denn dann hätte die biologische Evolution bei Bakterien oder spätestens bei Amöben aufhören müssen: dies sind optimal angepasste Organismen mit enormer Reproduktionsrate, welche seit Milliarden von Jahren überleben und, was das Überleben betrifft, sehr viel erfolgreicher waren und wahrscheinlich sein werden, als etwa der Mensch (zu diesem Beispiel Gould 1995: 54). Viel eher lässt sich das Prinzip der biologischen Evolution als ein wechselseitiger Steigerungsprozess von Systemen-in-Umwelten verstehen, wobei die entscheidende Dimension der Steigerung diejenige *organisierter* Komplexität ist.

Man kann auch sagen, dass biologische Systeme (Organismen) aus irgendeinem – noch nicht überzeugend formulierbaren – Grunde die Tendenz haben, über sich selbst hinauszugehen. Das klingt vitalistisch, ist es aber keineswegs notwendigerweise. Man braucht keine Entelechie, keine »Lebenskraft«, keine Seele etc. zu postulieren, sondern nur die Ergebnisse der Evolutionstheorie »nach Darwin« und die Ergebnisse der Lern- und Entwicklungstheorie »nach Pawlow/Skinner« zur Kenntnis zu nehmen. Dann fallen insbesondere folgende Punkte auf:

1. Organismen sind keineswegs passive, von der Außenwelt »angestoßene« Systeme (Stimulus-Response-Theorem). Sie produzieren im Gegenteil endogen und spontan Aktivitäten, wie insbesondere die Untersuchung von Embryonen und Nerven-netzwerken ergeben hat. Etwas vermenschlichend könnte man sagen, dass Organismen ausprobieren, spielen und insofern kreativ sind. Vermuten lässt sich bislang nur, dass dahinter ein *Relationierungs-spiel* steckt: Zumindest in bestimmten Phasen der Entwicklung von Organismen sind die Verknüpfungen von Systemteilen zu anderen Teilen und zum Systemganzen innerhalb bestimmter Spielräume noch variabel und flexibel, so dass über veränderte Verknüpfungen auch veränderte Systemprozesse und Systemqualitäten erzeugt werden können. Hier deutet sich schon an, wie zentral für eine Theorie lebender Systeme das Problem des Verhältnisses von Teil und Ganzem ist.

2. Organismen streben nicht auf Gleichgewichtszustände und Homeostasis zu, wie mechanisch-atomistische Natur- und Menschenbilder bis hin zur Freudschen Psychoanalyse es postulieren: Denn dann wäre der »Wärmetod« der Idealzustand. Statt dessen trotzen Organismen gerade dem Zweiten thermo-dynamischen Hauptsatz und produzieren Ordnung statt Entropie. Etwas überspitzt, aber beziehungsreich kann man sagen, dass »Leben« im Weltbild der Physiker nicht vorgesehen ist.

Dass Systeme über hyperzyklische, metabolische und schließlich sinnkonstruierende Prozesse Ordnung (Negentropie), »unwahrscheinliche« Zustände und organisierte Komplexität produzieren, und dass diese organisierte Komplexität Gesetzmäßigkeiten aufweist, welche sich nicht auf die Gesetze der Physik reduzieren lassen, dies gibt den Wissenschaften und der Theorie lebender Systeme ihre besondere Bedeutung – nicht zuletzt auch für eine Weiterentwicklung der naturwissenschaftlichen Vorstellungen komplexer physikalischer Systeme. Dies hat die Erkenntnis erhärtet, dass die systemintern produzierte Organisations- und Ordnungsleistung zu Systemeigenschaften führt, welche aus den Eigenschaften der Systemelemente allein nicht mehr erklärbar und ebensowenig auf Eigenschaften der Elemente reduzierbar sind (dazu v. Foerster 1985; Watzlawick 1985).

3. Organismen verändern sowohl in phylogenetischer wie auch in ontogenetischer Hinsicht weniger ihre Systemelemente als die Relationen zwischen diesen Elementen. Deutlichstes Beispiel ist wohl Aufbau und Organisation des menschlichen Gehirns. Während die Produktion von Art und Anzahl der Neurone (Nervenzellen) bereits kurze Zeit nach der Geburt abgeschlossen ist, dauert die Relationierung (Vernetzung und Programmierung) dieser Elemente zum Systemzustand »operative Intelligenz« (im Sinne von Jean Piaget) über ein Dutzend Jahre – und sie kann in allen Formen der Gehirnwäsche grundlegend verändert werden, ohne dass die Elemente selbst grundlegend verändert würden (dazu Varela 1990; Waldrop 1994: 103ff.).

Insgesamt wird aus diesen Punkten deutlich, dass der wesentliche Unterschied zwischen traditionellen Naturwissenschaften und in diesem Sinne naturwissenschaftlich denkenden (reduktionistischen) Sozialwissenschaften einerseits und den systemtheoretisch denkenden Wissenschaften komplexer Systeme (anorganische, lebende und symbolische Systeme) andererseits darin liegt, wie das Verhältnis von Teil und Ganzem verstanden wird: Aggregation einerseits, Emergenz andererseits.

Grob skizziert sieht der Physiker die Welt als Aggregationsformen aus elementaren Einheiten, Atomen oder deren Partikel Die Regeln atomarer Dynamik und statistischer Gesetze genügen nach dieser Auffassung letztlich zur Erklärung der Welt. So geht etwa ein Behaviorist davon aus, dass soziales Verhalten keinerlei prinzipiell weitergehende Regeln involviert als die Gesetze, die der Physiker für seine Atome findet. Ganzheiten werden verstanden als die Summe der Eigenschaften ihrer Teile; und umgekehrt wird es als möglich angesehen, Ganzheiten verlustlos in ihre Elemente aufzulösen, zu disaggregieren (anders aber z.B. Capra 1983).

Auf der anderen Seite haben nach den Philosophen (seit Platons Kritik an Empedokles und Demokrit) auch Biologie und Gestalttheorie Anhaltspunkte dafür gefunden, dass das Ganze mehr sei als die Summe seiner Teile. Lassen wir zunächst offen, ob das Ganze wirklich »mehr« ist; es genügt zu sagen, dass das Ganze etwas *anderes* ist als Summe seiner Teile. Es hat sich in einigen Zweigen der Evolutionstheorie eingebürgert, dieses »andere« als *emergente* Eigenschaften von Systemen zu bezeichnen.

Damit ist gemeint, dass Systeme im Laufe ihrer Entwicklung Eigenschaften hervorbringen, die aus den Eigenschaften ihrer Elemente gerade nicht mehr erklärbar sind, die mithin neu und charakteristisch nur und erst für die Ebene des jeweiligen Systems sind (siehe den Überblick bei Krohn/Küppers 1992; siehe auch mit Bezug auf organisationales Lernen Kofman/Senge 1994).

Gegenüber dem immer noch vorherrschenden mechanistisch-atomistischen Weltbild vieler Naturwissenschaften und Möchte-gern-Naturwissenschaften ist die Annahme emergenter Eigenschaften von Systemen unterschiedlicher Entwicklungsstufen eine wissenschaftliche Revolution. Diese Revolutionierung des Denkens nachzuvollziehen ist wohl auch deshalb so schwierig, weil es gerade und erst *komplexe* Systeme sind, welche emergente Eigenschaften ausbilden – aber die Analyse komplexer Systeme immer noch in den Kinderschuhen steckt. Immer noch bereitet es immense konzeptuelle und methodologische Schwierigkeiten, komplexe Systeme als Ganzheiten zu erfassen, mithin dasjenige herauszuarbeiten, was sie erst zu Systemen einer bestimmten Identität macht. Zwei Variablen lassen sich mit den gegebenen Methoden ganz gut bearbeiten. Alles was über drei Variablen hinausgeht, macht auch den Naturwissenschaften noch erhebliche Schwierigkeiten. Die Analyse lebender komplexer Systeme müsste aber dreißig oder mehr Variablen analytisch erfassen und bearbeiten! Der Physiologe und Nobelpreisträger Alfred Szent-Györgyi beschreibt die Situation treffend:

> »(When I joined the Institute for Advanced Study in Princeton) I did this in the hope that by rubbing elbows with those great atomic physicists and mathematicians I would learn something about living matters. But as soon as I revealed that in any living system there are *more than two* electrons, the physicists would not speak to me. With all their computers they could not say what the third electron might do. So that little electron knows something that all the wise men of Princeton don't, and this can only be something very simple« (Szent-Györgyi 1964, zit. in v. Bertalanffy 1979: 5; zu den Mess-problemen auch Blalock 1979, bes. S. 886-888; Dörner 1984).

Was Not tut sind also Konzepte und Instrumente zur Analyse komplexer organisierter Systeme. Wie schwierig deren Entwicklung ist, möchte ich anhand einer Gegenüberstellung zweier Positionen zeigen, welche sich dadurch auszeichnen, dass sie *beide* systemtheoretisch orientiert und weit über das mechanistisch-atomistische Weltbild hinaus entwickelt sind. Dennoch wird sich an diesem Beispiel erweisen, wie hartnäckig reduktionistische

Elemente auch noch in solchen Konzeptionen mitgeschleppt werden, welche die Besonderheit komplexer Ganzheiten und die Realität emergenter Eigenschaften organisierter Systeme im Prinzip durchaus akzeptiert haben. Das folgende Beispiel wird leichter lesbar, wenn man sich klar macht, dass eine entscheidende Weichenstellung in der Bestimmung des Verhältnisses von Teil und Ganzem getroffen wird mit der Wahl des Grundbegriffs der Analyse sozialer Systeme. Ist dieser Grundbegriff *soziales Handeln*, so ist zumindest die Möglichkeit offengelassen, auch auf der Ebene sozialer Systeme die eigenständige Bedeutung des jeweiligen Systemganzen für die Schaffung und inhaltliche Bestimmung handlungsleitender Sinngehalte zu berücksichtigen.

Das Verhältnis zwischen Teil und Ganzem ist ein Leitthema der Allgemeinen Systemtheorie. Im Prinzip ist längst klar, dass nicht die Frage der Priorität, sondern die Frage der Organisation ihres Verhältnisses die entscheidende ist. Dennoch geistert in theoretischen Konzepten scheinbar unvermeidlich eine implizite Hintergrundannahme darüber herum, welches Moment der Beziehung zwischen Teil und Ganzem denn nun »in letzter Instanz« primär sei. Daran ändert insbesondere auch die notorische Floskel nichts, dass zwischen den Elementen einer Beziehung ein Wechselverhältnis bestehe – sei es Teil-Ganzes, Mensch-Gesellschaft oder Basis-Überbau. Denn dies sagt nichts über entwicklungslogische Gesetze wie Emergenz oder Irreversibilität aus.

Aufschlussreiche Unterschiede in der Betonung eines einzelnen Momentes des Wechselverhältnisses zwischen Teil und System lassen sich auch in den Konzeptionen von Parsons und Luhmann aufzeigen. Dies mag auf den ersten Blick verwirrend erscheinen, weil es gerade Parsons ist, der die soziologische Systemtheorie auf die Grundlage der eigenständigen Bedeutung des Systems stellt. Luhmanns Weiterentwicklung dieser Systemtheorie zeigt aber nicht nur, dass man noch »über Parsons hinaus« abstrahieren und generalisieren kann; sie zeigt auch, dass man dadurch neue Perspektiven zu gewinnen vermag.

Jenseits der für beide Autoren selbstverständlichen Annahme eines Wechselverhältnisses zwischen Handlung und System stellt Luhmann die Frage nach den Bedingungen und Konsequenzen eines impliziten Primats für nur eine Seite dieses Verhältnisses. Dabei erweist sich, dass Parsons zwar auf den systematischen Zusammenhang von Handlungen zielt, aber von der Einheit »Handlung« (natürlich immer verstanden als Handlung, die an einer Situation orientiert ist) als gegebenes Phänomen ausgeht. Den Zugang zum sozialen System gewinnt er nur über die einfache Kombination – mittels Kreuztabellierung – von unterschiedlichen Modi der sozial definierten Handlungsorientierung: Diese Modi konstruiert er durch die Unterscheidung der räumlichen Dimension Innen-Außen und der zeitbezogenen Dimension instrumental-konsumatorisch. Kombiniert man diese vier Ausprägungen von zwei Dimensionen in einer Kreuztabelle, dann ergeben sich vier Felder, die bei Parsons das bekannte AGIL-Schema bilden, als analytisches Passepartout für das Verhältnis von System und Handlung in einem Handlungssystem (siehe die folgende Tabelle 4).

Tabelle 4: Das AGIL-Schema nach Parsons

	instrumental	konsumatorisch
außen	Anpassung (**A**daptation)	Zielerreichung (**G**oal-attainment)
innen	Strukturerhaltung (**L**atent pattern-maintenance)	Integration (**I**ntegration)

Dieses Schema benennt vier analytisch unterscheidbare Systemprobleme, die Handeln in einem systemischen Kontext charakterisieren. Zugleich bezeichnet es die vier Systemfunktionen, die durch Handeln im System erfüllt werden müssen, wenn das System in einer variablen Umwelt überleben soll. Wichtig für unsere Fragestellung ist, dass das Schema auch auf der elementaren Ebene einer einzelnen Handlung lesbar ist. Es benennt dann die Bedingungen oder Elemente, deren Zusammenwirken in einer bestimmten Situation eine Handlung ergeben. Dabei werden die allgemeinen Bezeichnungen der vier Felder so konstruiert, dass Ressourcen für A, Ziele für G, Normen für I und Werte für L stehen. Diese vier systemischen Bedingungen konstituieren nach Parsons eine Handlung (Parsons

1961: 41ff.). Immer aber liegt bei Parsons der Fokus auf der Handlung, und das System gibt die Rahmenbedingungen für unterschiedliche Ausprägungen des Handelns vor. Etwas plakativ formuliert kann man sagen, dass er eine Allgemeine Handlungstheorie anstrebt, nicht aber eine Allgemeine Systemtheorie.

Talcott Parsons hat sich im Laufe seiner intellektuellen Entwicklung als überaus lernfähig erwiesen. Er hat als biologisch-medizinisch ausgerichteter Voluntarist angefangen, sich dann aber strukturellen, funktionalistischen, kybernetischen und schließlich evolutionistischen Orientierungen seines Denkens zugewandt. Nur eine Grundkonzeption hat er bezeichnenderweise nie aufgegeben und nie revidiert: die Konstruktion des Handelns aus gesetzmäßigen Beziehungen zwischen unterschiedlichen Komponenten und mithin die analytische Konzeption von Handlungssystemen unter der erkenntnisleitenden Prämisse, dass es das Handeln sei, was den Gegenstand der Soziologie ausmache.

Ich vermute, dass Parsons in dieser Grundausrichtung Opfer einer Ambivalenz in Max Webers höchst einflussreicher Bestimmung des Gegenstandes der Soziologie geworden ist. Weber schrieb:

> »Soziologie (...) soll heißen: eine Wissenschaft, welche soziales Handeln deutend verstehen und dadurch in seinem Ablauf und seinen Wirkungen ursächlich erklären will ... ›Soziales‹ Handeln aber soll ein solches Handeln heißen, welches seinem von dem oder den Handelnden gemeinten Sinn nach auf das Verhalten *anderer* bezogen wird und daran in seinem Ablauf orientiert ist ... (der einzelne Mensch ist der) allein für uns verständliche Träger von sinnhaft orientiertem Handeln« (Weber 1972: 1 u. 6).

Unabhängig von der Frage, ob Weber selber sich in seinen vergleichenden weltgeschichtlichen Analysen, seinen religionssoziologischen Studien und insbesondere in seiner Untersuchung des okzidentalen Rationalisierungsprozesses an diese seine Grundlegung gehalten hat, sind zwei Punkte bemerkenswert:

1. Wenn Soziologie die verstehende Analyse sinnhaft orientierten sozialen Handelns ist, dann bleibt unklar, ob Handeln emergente Qualität der Kombination unterschiedlicher bestimmter sinnhafter Orientierungen ist, oder aber Sinn emergente Qualität der Kombination unterschiedlichen bestimmten Handelns. Parsons neigt der ersten Interpretation zu, Luhmann der zweiten. Auf Weber können sich beide berufen, auf unbezweifelbare Wahrheit keiner.

2. Parsons Präferenz mag auch an dem Bruch zwischen Webers Aussagen und deren Übersetzung ins Englische liegen. »Meaning« als Übersetzung für »Sinn« ist zu konkret und inhaltlich ausgerichtet; verloren geht dabei die Konnotation des Rahmenhaften, Kontingenten und Unbestimmten, welche »Sinn« über »Bedeutung« hinaushebt. Vor allem aber führt die Übersetzung von »sin*haft*« in »mean*ful*« in die Irre: »sinnvoll« oder »bedeutungsvoll« meint eben etwas sehr viel Festgelegteres, inhaltlich Bestimmteres als »sinnhaft«. Im letzten Wort schwingt die Offenheit des erst noch zu bildenden, des gleichzeitig konstituierten und konstituierenden zumindest dann mit, wenn man es sehen will.

Niklas Luhmann kritisiert nicht in erster Linie die Theoriebautechnik der Kreuztabellierung, sondern grundsätzlicher Parsons Ausgangspunkt überhaupt: Nämlich die Entscheidung, Handlung als Beziehung zwischen notwendigen Bedingungen ihrer Möglichkeit zu analysieren und den systemischen Kontext nur als bedingenden, nicht aber als konstitutiven (d.h. konstituierenden und konstituierten) Faktor zu behandeln. Und er stellt dem die These gegenüber, dass emergente Ordnungen die Elemente, die sie verknüpfen, selbst konstituieren müssen. Emergente Ordnungen können nicht auf vorfabrizierte Bausteine zurückgreifen, sondern diese werden durch das neue Emergenzniveau überhaupt erst möglich und mit konstituiert. Ein Umweg soll das Verständnis dieser These erleichtern:

Emergent soll eine Ordnung oder eine Eigenschaft heißen, wenn sie aus der bloßen Aggregation von Teilen oder aus den summierten Eigenschaften der Teile nicht mehr erklärbar ist. In komplexen biologischen und sozialen Systemen sind qualitativ neue Ebenen der Integration durch neue emergente Eigenschaften erklärbar. Die Frage, durch welche Mechanismen und nach welchen Gesetzen neue emergente Eigenschaften entstehen, ist überaus schwierig und führt an die Grenzen des naturwissenschaftlichen und des sozialwissenschaftlichen Wissens: die Frage der Möglichkeit und der Entstehung selbstreproduktiver Systeme und die Frage der Weiterentwicklung von Sozialsystemen. Immerhin lässt sich feststellen, dass die Existenz selbstreproduktiver Systeme auf der Negation der thermo-dynamischen Grundgesetze beruht, also auf irgendeiner Form des Metabolismus (Assimilation, Energieaufnahme) und auf irgendeiner Form der Negation

von Entropie, d.h. der Ordnung. In unserer Sprache: Systembildung setzt einerseits Offenheit des Systems, andererseits eine
operative Geschlossenheit der basalen Prozesse innerhalb des
Systems voraus (ausführlicher dazu unten 5.1).

In der Physikochemie hat die Entdeckung »dissipativer Strukturen« (Prigogine 1987) gezeigt, dass unter bestimmten Umständen
ein physikalisches System Strukturen stabilisiert, obwohl dies sich
aus den Eigenschaften der Teile nicht mehr erklären lässt, ja,
ihnen sogar widerspricht. In der Molekularbiologie weiß man,
dass die funktionale Wirkung – Steuerung der Prozesse einer
Zelle – von Viren und von Enzymen außerordentlich ähnlich
sind. Nur zerstören die ersteren ein bestimmtes Entwicklungsniveau, während die letzteren ein höheres biologisches Emergenzniveau ermöglichen. Dieses neue Emergenzniveau ist dadurch
gekennzeichnet, dass mit dem »Einsatz« von Enzymen Existenz
und Identität der Zelle nicht mehr aus der Summe ihrer Teile
ableitbar ist; vielmehr werden die Teile nach den Entwicklungs-
gesetzen des Ganzen organisiert, rekombiniert und konstituiert.
Dieses »phénomène systémique« (Crozier/Friedberg) beschreibt
Kremyanskiy:

> »The more varied and complex the interconnections between components
> or subsystems (groups of components), the deeper the changes in the
> components (usually in only the first or second immediately preceding
> degrees). *But these components can change only to the extent of their inherent capacity
> for change.* For example, atoms change in molecules, and inorganic molecules
> change in crystals, solutions and cells; but there is far greater change in large
> polymerized molecules (macromolecules) in cells, and cells in multicellular
> organisms. The most profound changes occur in multicellular animals in the
> higher-degree systems. Furthermore, the essential features of the components
> can do more than change. *They can be newly created through the creative capacities
> of the system* (or subsystem). For example, the overwhelming majority of
> complex organic substances are synthesized only in the cell organelles i.e.,
> in the cell ›subsystems‹, under the influence of enzymes which act are disposed
> and which act in a definite order. Analogous examples are numerous in
> nonliving nature as well, but here there are important differences which are
> usually either totally ignored or are given inadequate attention by the authors
> of existing systems theories« (Kremyanskiy 1958 S. 77f.; Hervorhebungen
> H.W.).

Auch andere Naturwissenschaften haben den Boden für die
Einsicht bereitet, dass mit dem Überschreiten einer »kritischen
Masse« an Komplexität Systeme nicht mehr adäquat als Ag-
gregationen von Teilen begriffen werden können; es wird

erforderlich, mit Systemreferenzen und Emergenzniveaus zu arbeiten, die je ihre eigenen Regelsysteme entwickeln und die ohne eine Kenntnis dieser spezifischen Regeln nicht verstanden und schon gar nicht gesteuert werden können (als gut lesbare Einführung Waldrop 1994). Da auch die Mathematik (etwa mit der Theorie der »fuzzy sets«, einer Theorie selektiv offener Mengen und der »Katastrophentheorie« – einer Theorie selbstverstärkender, also positiv rückgekoppelter Prozesse) neue Instrumente bereitstellt, liegt die empirische Einlösung der Analyse offener, anpassungsfähiger Systeme nicht mehr ganz im Bereich des Unmöglichen: dann allerdings nicht mehr entlang der Linien der traditionellen Empirie, die immer noch glaubt, auf der Unterscheidung von abhängigen und unabhängigen Variablen aufbauen zu können (siehe aber die kritische Position von Luhmann 1997: 36ff.).

Die wichtigste Bedingung für das Entstehen emergenter Eigenschaften ist die größere Komplexität einer höheren Systemebene (Kofman/Senge 1994: 13ff.). Es ist leicht einsichtig, dass ein Makromolekül – etwa Hämoglobin – komplexer ist als ein Atom, eine Zelle – etwa ein Protozoon – komplexer ist als ein Molekül, ein Organismus komplexer als eine Zelle, eine Gruppe komplexer als ein Organismus. Zwar besteht die jeweils höhere Systemebene zunächst nur aus Ansammlungen von Elementen der niedrigeren Stufen; aber »Ansammlung« reicht eben nicht aus. Hinzu kommen bestimmte neue Strukturmuster und Prozesse, die aus den Funktionsbedingungen des *Ganzen* folgen und deshalb nur aus einer Sicht des Ganzen heraus verstehbar werden können. Natürlich müssen diese neuen Strukturmuster und Prozesse auch den Funktionsbedingungen der Elemente gehorchen (bis hin zu den Naturgesetzen der Atome, so dass auch ein Meister-Yogi seinen Schülern nicht das Schweben lehren kann). Aber – und hier liegt der scheinbar paradoxe Kern des Problems – die Funktionsbedingungen der jeweiligen Elemente sind nicht restringierter und enger als die der jeweils höheren Systemebene, sondern im Gegenteil offener und weiter. Das heißt: jede höhere Systemebene *begrenzt* zunächst den Möglichkeitsspielraum der Elemente, aus denen es sich zusammensetzt; sie zwingt die Elemente unter Gesetze, die bestimmte Zustände und Ereignisse nicht mehr zulassen. Insofern ist das neue Ganze zunächst *weniger* als die Summe seiner Teile!

Auf der Ebene chemischer oder biologischer Systeme wundert uns das kaum. Ein Makromolekül zwingt die es bildenden Atome in eine exakt definierte räumliche Lage; die wechselseitigen konservativen Kraftwirkungen schränkten den Bewegungsspielraum der Atome ein. Oder: ein Organismus überlebt nur, wenn seine Elemente (Zellen, Organe) nicht einfach drauflos produzieren, wie sie es – isoliert gedacht – eigentlich könnten, sondern wenn sie in feinster Abstimmung nur zu ganz bestimmten Zeiten ganz bestimmte Mengen an ganz bestimmte Orte liefern, also ihren Möglichkeitsreichtum nach den Funktionsgesetzen des Ganzen, des Organismus, einschränken.

Ein besonders eindrucksvolles Beispiel hierfür ist die in Evolutionstheorie und Genetik immer noch nicht gelöste Frage, weshalb einerseits in jeder Zelle eines Organismus zwar das gesamte Genom (die gesamte Erbinformation in Form der Gene) vorhanden ist, andererseits aber keineswegs jede Zelle den gesamten Organismus reproduziert. Dies tun nur die Erbzellen, während etwa eine Leberzelle nur Leberzellen, eine Hautzelle nur Hautzellen reproduziert. Es muss also in dem Genom besondere *»regulatory genes«* und möglicherweise im Organismus weitere Steuerungsmechanismen geben, welche in bestimmten Kontexten (etwa: »Leber« oder »Haut«) nur bestimmte Abschnitte des Genoms »anschalten«, andere an sich mögliche Replikationen aber unterdrücken (diese Funktion scheinen bestimmte »repressor molecules« zu übernehmen; dazu Stansfield 1977: 282ff.).

Und es muss in jeder Zelle und in jedem Organismus eine Reihe von Steuerungsmechanismen geben, welche die jeweils restringierten Produktionen der Teile aufeinander abstimmen, um im Sinne des Ganzen Überproduktionen oder ungehemmte Aktivitäten der Teile zu verhindern. So erweist sich, dass das Ganze die Organisation und die Prozesse seiner Teile kontrolliert. Und wieder stellt sich heraus, dass das Ganze *weniger* ist als die Summe seiner Teile; als die Summe der ungeregelten, nicht restringierten Potentialitäten der Teile.

Bei sozialen Systemen verhält es sich indes nicht anders. Im Zuge der Emanzipation der Frau wird deutlich, dass die Familie als soziale Einheit den Möglichkeitsreichtum ihrer Mitglieder zunächst begrenzt. Es kann nicht jeder wie er könnte, sondern nur wie es die Funktionsbedingungen des Ganzen zulassen. Es ergeben sich Abstimmungszwänge und Kompatibilitätsprobleme, weil das System Familie nur solange existieren kann, wie bestimmte überindividuelle Strukturmuster und Prozesse gewährleistet sind. Dasselbe gilt für Organisationen, gesellschaftliche Subsysteme und ganze Gesellschaften; und es gilt auch, wie die vielfältigen Abstimmungszwänge und Selbstbeschränkungen der nationalen Akteure im Prozess der Bildung der Europäischen Gemeinschaft beispielhaft zeigen, für supranationale Sozialsysteme. Immer fordert die Bildung einer höheren, komplexeren Einheit die Begrenzung der Freiheitsgrade der Elemente, weil nur so gesamtsystemspezifische Strukturen und Prozesse geschaffen und erhalten werden können.

Die für die Systembildung notwendige Begrenzung der Freiheitsgrade der jeweiligen Elemente besorgt auf allen Systemebenen ein normatives Grundmuster, sozusagen das Grundgesetz des jeweiligen Systems. Bei Molekülen sind dies atomare Kraftwirkungen, bei Zellen genetische Programme, bei Organismen zusätzlich Reiz-Reaktions-Mechanismen, bei sozialen Systemen zusätzlich – dies ist ein entscheidender evolutionärer Schritt – symbolisch codierte Steuerungsmechanismen von der Sprache über Traditionen, Satzungen, Grundordnungen, Verfassungen bis zur Charta der Vereinten Nationen. Immer geht es darum, systemspezifische Strukturmuster und Prozesse gegen die Tendenz zur Entropie zu stabilisieren, also eine Ordnungsleistung zu erbringen mit dem Ziel, die Elemente des Systems, ihre Relationen untereinander und zum System aufeinander abzustimmen, zu koordinieren, schließlich zu integrieren.

Dies ist das Paradoxe: dass Systeme irgendeines Emergenzniveaus durch etwas *Zusätzliches* gekennzeichnet sind, was auf die Elemente des Systems nicht reduzierbar ist; dass dieses Zusätzliche aber nur möglich ist durch *zusätzliche Restriktionen* (Beschränkung von Freiheitsgraden), welche aus der Fülle der elementspezifischen Möglichkeiten nur diejenigen Optionen zulassen, die untereinander kompatibel sind. Die spezifische Selektion »passender« Möglichkeiten von Teilen ergibt das Neue des Ganzen. Spezifisch ist diese Auswahl insofern, als sie von den Funktionsbedingungen des Ganzen determiniert ist und mithin aus der

Unzahl denkbarer Verknüpfungen der Elemente nun nur noch ganz bestimmte Strukturmuster und Prozesse übrig bleiben. Erst wenn solche spezifischen Restriktionen greifen und sich durchsetzen, haben sich eben jene Strukturmuster und Prozesse der neuen Systemebene konstituiert, die es erlauben, von emergenten Eigenschaften dieser Systemebene zu reden.

Und jetzt wird auch deutlich, weshalb man sagen kann, das Ganze schaffe sich seine Teile – obgleich es sich ja zunächst aus Elementen aufbauen musste: Teil und Element ist nicht mehr dasselbe. Element bezeichnet ein System eines niedrigeren Emergenzniveaus im Sinne eines Bausteines, der erst noch behauen werden muss, um Teile eines höheren Emergenzniveaus zu werden. So sind Proteine Elemente von Organismen. Aber aus der unendlichen Fülle möglicher Molekülstrukturen von Proteinen »schafft« sich der Organismus jenes Strukturmuster Hämoglobin, welches den Funktionsbedingungen des Organismus insofern gehorcht, als es fähig ist, Sauerstoff zu transportieren. So sind Menschen Elemente von Organisationen. Aber aus der Fülle möglicher Menschen »schaffen« sich Organisationen jenen Organisationsmenschen, der den Funktionsbedingungen von Organisationen angepasst ist. Wem diese Aussage zynisch erscheint, der schaue sich in einer Organisation um.

Auf der Ebene sozialer Systeme hat vor allem Niklas Luhmann Vorstellungen entwickelt, die dem Phänomen der Entwicklung neuer Emergenzniveaus auch in der Evolution von Sozialsystemen Rechnung trägt. Luhmanns Gedankengang lässt sich kurz wie folgt zusammenfassen: Ausgangspunkt ist die Vorstellung eines Systems, das so viele Elemente zusammenhält, dass im System nicht mehr jedes Element mit jedem anderen unmittelbar und gleichzeitig verknüpft werden kann. In solchen komplexen Systemen entwickeln sich zwei emergente Mechanismen: 1. Strukturen und 2. Prozesse.

Strukturen fangen das Risiko *selektiver* Relationierung der Elemente auf; Prozesse das Risiko der *Indirektheit* der Relationierung der Elemente. Anders formuliert: Strukturen ermöglichen es dem System, nur bestimmte Selektionsmuster in der Verknüpfung der Elemente zu realisieren und andere, auch mögliche Verknüpfungsmuster als für das System irrelevant zu behandeln. Prozesse erlauben es dem System, das Nacheinander der Verknüpfungen nach bestimmten Mustern selektiv zu steuern und aus der Differenz zwischen möglichen zeitlichen Verknüpfungen und aktualisierten zeitlichen Verknüpfungen eine systemspezifische Zeit zu produzieren (siehe Kap. 3.3). Die emergenten Eigenschaften Struktur und Prozess kennzeichnen das Emergenzniveau organischer und biologischer Komplexsysteme. Ein darüber hinausgehendes Emergenzniveau wird möglich, sobald die durch die Systemstruktur und die Systemprozesse weg selegierten Verknüpfungsmöglichkeiten zwischen den Teilen des Systems nicht ein für allemal entfallen, sondern über irgend eine Form der abrufbaren Speicherung *als Möglichkeiten* erhalten bleiben. Damit wird es möglich, strukturelle und prozessuale Selektionen zu revidieren und je nach Bedarf und Umständen neu einzustellen.

Dass dies praktisch tatsächlich möglich ist, – wenngleich nicht ohne Schwierigkeiten! – zeigt etwa das Beispiel der Diskussion um »Einsteiger« und »Aussteiger«. Aussteiger sind dadurch gekennzeichnet, dass sie eine bestimmte festgefügte Lebensform, eine bestimmte Rolle in der Familie, im Beruf oder als Konsument als entfremdend, repressiv, unauthentisch etc. finden und deshalb aus dieser Lebensform aussteigen in eine alternative Lebensform. Sie revidieren also eine bestimmte Selektion aus den kontingenten Optionen an sich möglicher Lebensformen und wählen eine andere Selektion. Galten einer Person etwa bisher Berufskarriere, Geldmachen und ostentativer Konsum als diejenigen Kriterien, welche die Selektion möglicher Verknüpfungen von Einzelhandlungen steuerte, so treten bei einem Aussteiger ganz andere Kriterien an deren Stelle: etwa persönliche Authentizität, Übereinstimmung mit der natürlichen Umwelt, Ausrichtung auf die eigene Familie, »voluntary simplicity« oder andere »kommunitarische« Werte (Etzioni 1997; Lindblom 1990).

Beim Einsteiger läuft genau dasselbe in umgekehrter Reihenfolge ab. Im Regelfall handelt es sich um Frauen mit einer abgeschlossenen Berufsausbildung, welche aufgrund ihrer familiären Situation (kleine Kinder, berufstätiger Mann) mehrere Jahre als Hausfrauen verbringen mussten und deshalb den gewünschten Beruf nicht ausüben konnten. Diese von den familiären Umständen festgelegte Lebensform wird als entfremdend, repressiv, unauthentisch etc. empfunden, und deshalb wird die erste Gelegenheit genutzt, aus dieser Lebensform auszusteigen in eine alternative Lebensform: den Einstieg oder Wiedereinstieg in den Beruf.

Sicherlich kann man fragen, welche Rationalität eigentlich hinter dieser spiegelbildlichen Verdammung/Verherrlichung von Beruf, Verdammung/Verherrlichung von Familie etc. steckt und ironisch den Kinderspruch zitieren: »Was ich hab', das mag ich nicht, und was ich mag, das hab' ich nicht.« Aber damit verpasst man die Pointe: dass der Mensch tatsächlich die Möglichkeit hat, abgelaufene Selektionen zu revidieren, virtuell gebliebene kontingente Möglichkeiten zu realisieren und so seinen Lebensentwurf (in gewissen Grenzen sicherlich) neu zu organisieren.

Unter der Bedingung, dass diese Fähigkeit zur Selbstthematisierung bewusst wird und mithin Selektionen nur als vorläufige Festlegungen innerhalb eines Kontextes weiterer Möglichkeiten begriffen werden, kann man davon sprechen, dass das System Sinn konstituiert (siehe Kap. 2). Sinnhafte Systeme sind dadurch ausgezeichnet, dass sie ihre Strukturen und Prozesse selbstbewusst verändern können, indem sie zunächst ausgeschlossene Möglichkeiten – die aber in Formen symbolischer Repräsentation virtuell erhalten geblieben sind – reaktivieren und realisieren. Dies ist das Emergenzniveau psychischer und sozialer Systeme.

Es ist wesentlich, dass Luhmanns Rekonstruktion des Verhältnisses von System und Handlung dieses Emergenzniveau voraussetzt. Daraus folgt zweierlei:

Sinnhafte Systeme ermöglichen und erzwingen Handeln zugleich. Sie ermöglichen Handeln als bewusste Auswahl zwischen Selektionsmöglichkeiten und sie erzwingen Handeln, weil Automatismen der Selektionssteuerung (wie z.B. Instinkte, Reflexe oder Affekte) der Komplexität der Umwelt sinnhafter Systeme in aller Regel nicht mehr angemessen sind. Zum anderen folgt aus dieser Ausgangslage, dass auf dem Emergenzniveau sinnhafter psychischer und sozialer Systeme mit der Automatik der Selektionssteuerung auch deren Problemlosigkeit bzw. Natürlichkeit verloren gegangen ist. Wenn ein System die Fähigkeit entwickelt hat, aus einer Bandbreite von Möglichkeiten eine bestimmte Möglichkeit zu wählen, wenn das System sich also nicht nur *verhält,* sondern *handelt,* dann entsteht das Problem der Plausibilität gerade dieser Wahl. Denn sowohl das handelnde System selbst als auch andere sinnhafte Systeme in der Umwelt des handelnden

Systems erfahren diese Handlung als bewusste und willkürliche Selektivität. Anders formuliert: Handeln ist immer Auswahl unter kontingenten Möglichkeiten, und soziales Handeln ist mithin unentrinnbar Handeln unter der Bedingung mindestens doppelter Kontingenz.

Speziell in diesem Punkte laufen Parsons und Luhmanns Konzeptionen weitgehend parallel. Bei beiden Theoretikern nimmt das Problem (mindestens) doppelter Kontingenz im Arrangement ihrer Theorie eine zentrale Stelle ein. Die Betonung der Handlung im Verhältnis Handlung-System führt aber Parsons dazu, sich der Frage zuzuwenden, wie die Offenheit der Handlungsführung über Steuerungs- und Kontrollhierarchien auf systembildende Ausmaße begrenzt und wie die Entwicklung der handlungsleitenden Steuerungsmechanismen (insbesondere Religion, Moral, Recht) für die Analyse der Evolution von Gesellschaften verwendet werden kann.

Die Sicherung wechselseitiger Plausibilität von Handlungen in Interaktionszusammenhängen rekonstruiert Parsons induktiv. Er setzt Handlungsfähigkeit und operative Komplexität (subjektiv also Kontingenz) des Persönlichkeitssystems als gegeben voraus und fragt dann nach Regelungsmustern, die die Abstimmung von Mehrfachkontingenzen auch auf höheren Aggregationsniveaus von Interaktionen leisten. Solche Regelungsmuster sind Sprachen, Rollen, Normen, Werte oder symbolisch generalisierte Medien. Wesentlich ist, dass Parsons die Funktionalität dieser Regelungsmechanismen aus den Steuerungsimperativen kontingenter Interaktionen entwickelt und damit von vornherein den systembildenden Effekt und die integrative Funktion dieser Mechanismen als geradezu selbstverständlich in die Theoriebildung einbaut.

Parsons Ausgangspunkt ist der sich an einer bestimmten sozialen Situation orientierende individuell Handelnde. Und sein Ziel ist die Entwicklung einer allgemeinen Handlungstheorie, die die soziale Bedingtheit des Handelns ernst nimmt. Diese Konstellation führt Parsons auf den Weg einer induktionistischen Reduktion: höhere Aggregations- und Entwicklungsniveaus werden dadurch erreicht, dass gegebene Elemente zu neuen Kombinationen verknüpft werden. Dies ergibt neue Situationen und mithin neue Orientierungen für das Handeln. Immer aber handelt es sich um Systeme, die nach einem hierarchischen Bedin-

gungsgefüge aus Handlungen *aufgebaut* werden. Es ist ein System-
typ, den man kumulativ nennen kann, weil durch einen Prozess
der Verknüpfung zunächst getrennte Teile zu einem Ganzen verbunden werden.

Dabei entstehen zwar aus der Verknüpfung der Teile aggregier-
te Eigenschaften des sich aufbauenden Systems; aber die Elemente des Systems sind vorgegebene Größen, die auch ohne den
spezifischen Systemkontext als isolierbare Elemente Realität
haben. Die Qualität der Elemente ändert sich nicht wesentlich
dadurch, dass sie aggregiert oder disaggregiert sind. So gibt es z.B.
einfache Organismen, die im wesentlichen eine Ansammlung
gleichartiger Zellen sind, welche auch einzeln überleben können.
Die Änderungen, die sich aus der aggregativen Verknüpfung der
Teile ergeben, sind geringfügig.

Den Unterschied zwischen solchen geringfügigen Veränderungen durch Aggregation und einem völlig anderen Typus von
Veränderungen des Verhältnisses von Teil und Ganzem, welcher
ein neues Emergenzniveau konstituiert, macht Edgar Morin in
einer Beschreibung der Eigenart komplexer Systeme deutlich:

> »Systematic complexity is manifest in particular in the fact that the whole
> possesses qualities and properties which are not to be found in the parts in
> isolation and, conversely, that the parts possess qualities and properties which
> disappear as a result of the organizational constraints of the system« (Morin
> 1974: 558).

Es sind genau diese (aus den immanenten Eigenschaften der
Elemente oder Teile nicht mehr erklärbaren) systemproduzierten
Gesamteigenschaften, die Luhmann im Auge hat und deren Betonung ihn von Parsons unterscheidet. Obwohl Parsons immer
wieder hervorhebt, dass die dyadische Interaktion nicht Grund-
fall, sondern Grenzfall ist, zeigt sein Theoriebauwerk induktioni-
stische Schwachstellen. Parsons Blick ist von der kleineren Einheit auf die größere Einheit gerichtet. So fragt er, wie elementare
Interaktion gesteuert werden muss, damit es im Systemkontext
nicht zu Abweichungen und Friktionen kommt. So konstruiert
er die Funktion der *normativen* Ordnung und der Kultur aus den
Notwendigkeiten der integrierten Abstimmung elementarer Interaktion. So betrachtet er *soziale Rollen* als Teile des Orientierungs-
zusammenhangs individueller Akteure und nicht so sehr als
aufgrund der Komplexität des Sozialsystems erzwungene Teilper-
spektiven.

Im Vordergrund steht also für Parsons der integrative Aspekt von Rollen, während aus der Perspektive des Systems Rollen Strukturmerkmale sind, die im Prozess der funktionalen Differenzierung komplexer Systeme als reduzierte Orientierungsmuster mit konstruiert und überhaupt erst möglich werden. Und nach der gleichen Theoriebautechnik nimmt Parsons an, dass die *symbolisch generalisierten Medien* der Interaktion der Ausdifferenzierung von gesellschaftlichen Subsystemen folgen und gerade den durch die funktionale Differenzierung entstehenden Bedarf nach Austausch und Integration zwischen den Teilen befriedigen sollen. Wieder wird schon von der Konstruktion her eine integrative Funktion in die Prozessmechanismen Medien eingebaut, die Medien also vor allem in ihrer system*bildenden* Funktion betrachtet. Dass Medien von Systemen eines bestimmten Komplexitäts- und Emergenzniveaus erst ausgebildet werden, kommt dadurch nicht in den Blick (siehe dazu Kap. 6.1).

Demgegenüber wählt Luhmann einen anderen Weg. Er sieht das Bindeglied zwischen System, Handlung und Evolution in den Arten der Zurechnung von Selektionen. Bevor ich darauf eingehe, soll nochmals der veränderte Ausgangspunkt gegenüber Parsons hervorgehoben werden. In der Gruppentheorie gibt es das bekannte Problem, ob Gruppen entstehen, weil zunächst isolierte Individuen gemeinsame Eigenschaften und Interessen haben, oder ob diese gemeinsamen Eigenschaften und Interessen sich entwickeln, wenn Mitglieder durch einen Gruppen-zusammenhang verbunden sind. Ganz parallel dazu ist es auf der Ebene von Gesellschaften die Frage, ob Individuen durch gemeinsame Normen und Werte sich zu einer Gesellschaft verbinden, oder ob Gesellschaften erst solche gemeinsamen Orientierungsmuster erzeugen – bis hin zur Institutionalisierung des Individualismus, d.h. bis zur Ermöglichung des Handelns im Sinne bewusster Selektion zwischen Optionen.

Der Unterschied zwischen beiden Positionen mag für viele Detailfragen unerheblich sein. Er ist aber dann zentral, wenn für den Fall hochkomplexer Systeme der *konstitutive* Zusammenhang von Handlung und System in Frage steht und wenn der Modus der Zurechnung von Handlungen als Veränderungen des Verhältnisses von Handlung und System das Kriterium der gesellschaftlichen Evolution bezeichnen soll. Luhmann konstruiert folgendermaßen (vgl. hierzu Luhmann 1984: 191ff.): Individuelles oder kollektives, zielgerichtetes Handeln liegt nicht einfach naturgegeben vor, sondern es wird durch Prozesse der kausalen oder sinnhaften Zurechnung von Wirkungen erst konstituiert. Diese Prozesse der Zurechnung sind evolutionär veränderlich. Erst relativ spät entwickelt sich z.B. ein Handlungsverständnis, das »die *soziale* Relevanz des Handelns von Prozessen intentionaler Binnenrelationierung abhängig machen will«.

Luhmann sieht die Anfänge dieser Entwicklung in der Moraltheologie des 12. Jahrhunderts; den Durchbruch kann man wohl erst mit dem Übergang von Erfolgsstrafrecht zum Handlungsstrafrecht ansetzen. Jedenfalls ist mit diesem Handlungsverständnis die Möglichkeit gegeben, Handlungen nicht nur extern zuzurechnen und Handlungsmotivationen nicht nur extern zu lokalisieren – etwa in dem Widerstreit zwischen guten und schlechten Geistern, rivalisierenden Göttern, Gott und Teufel, Gnade und Schuld. Der Mensch ist nicht mehr nur ausführendes Organ für den Ratschluss der Götter – und das heißt auch, nur über den schwierigen Weg der Beeinflussung der Götter steuerbar – sondern er selbst wird nun verantwortlich gemacht und ihm selbst werden nun seine Handlungen zugerechnet.

Daraus ergeben sich grundlegend veränderte Bedingungen für die Steuerbarkeit des Handelns – und für den Steuerungsbedarf von Interaktionen. Handeln übernimmt nicht nur, wie Luhmann hervorhebt, eine zeitbindende Funktion, sondern viel allgemeiner eine *sinnbindende* und *sinnbildende* Funktion in sachlicher, sozialer, zeitlicher, operativer und kognitiver Hinsicht. Der Sinn von Handlungen ergibt sich nicht mehr aus relativ einheitlichen und übergreifenden externen Zurechnungsmustern im Sinne von religiösen, moralischen oder naturrechtlichen Weltbildern, sondern er wird individuell mit bestimmbar. Er wird prekär und relational.

Dies wird überall dort beispielhaft deutlich, wo die Emanzipation der Menschen, ihr Austritt aus alten Abhängigkeiten und Bindungen neue Freiheitsräume geschaffen hat. Insbesondere der Zerfall der religiösen Orientierungen des Handelns im Zuge der »Entzauberung der Welt« eröffnete zahllose Wahlmöglichkeiten und mithin Unsicherheiten des Handelns. Auch die Auflösung der Großfamilie ist ein Beispiel dafür, wie einerseits Wahl-

möglichkeiten und Spielräume zunehmen, andererseits
Orientierungen und Bindungen verloren gehen. So müssen heute
viele junge Mütter aus Büchern und Zeitschriften Basiswissen
über Schwangerschaft, Kinderpflege, Erziehungsfragen,
Kochrezepte und Hausarbeit erlernen, wo früher dieses Wissen
organisch von der in einer Hausgemeinschaft lebenden älteren
an die jüngere Generation weitergegeben wurde.

Besonders prekär und relational ist der Sinn des Handelns in
den Bereichen, die Freiheit des Ausdrucks programmatisch
vertreten und deshalb nur schwer erkennbare sekundäre Orientie-
rungsregeln entwickeln: alle Bereiche der Kunst, der Unterhaltung
einschließlich Film und Fernsehen, zunehmend auch der Bereich
der Freizeitaktivitäten. So sind viele Äußerungsformen moderner
Malerei, Plastik oder Musik, avantgardistischer Filme und
Theaterstücke, Gedichte und Prosa auch für den aufgeschlosse-
nen Laien im Wortsinne nichtssagend, weil er ihren Sinn nicht
verstehen kann (aufschlussreich hierzu Luhmann/Bun-
sen/Baecker 1990). Wenn heute ein Dreißigjähriger in eine
»Jugenddisco« geht, so wird er als leicht fremdartig angesehen,
und er kommt sich auch bald so vor. Ohne Einführung und
Theoriearbeit wird er nicht begreifen können, was dort gespielt
wird und nach welchen Normen die Show abläuft.

Nicht nur auf individueller Ebene geht der gesteigerte Reichtum an Optionen mit dem Verlust an Handlungssicherheiten
einher. Wenn etwa die Reform von Kindergärten, Schulen,
Oberstufen, Universitäten, Krankenhäusern, Kirchen, Verwaltun-
gen etc. immer mehr zur Dauerbeschäftigung gerät, so auch
deshalb, weil übergreifende und dauerhafte Orientierungen des
Handelns fehlen.

Was folgt daraus? Für Parsons folgt daraus die Aufgabe, eine
neue theoretische Perspektive für die alte Frage »Wie ist Ordung
möglich?« zu gewinnen, und seine Antwort liegt darin, die
Gesamtgesellschaft als ein System zu betrachten, und zwar als ein
System der sozialen Kontrolle vielfacher Kontingenzen. Diese
Perspektive ist insofern neu, als in ihr soziale Kontrolle zunächst
als wechselseitige Handlungsrestriktionen »von unten nach oben«
in Form eines Bedingungsgefüges für die Möglichkeit der Aggregation und Generalisierung von individuellen Handlungen erscheinen. Erst nachgeschaltet greift »von oben nach unten« eine

kybernetische Steuerungshierarchie ein, die für die Institutionalisierung und Internalisierung zentraler, allgemeiner Werte sorgt.

Mit dieser Konstruktion sind zwei Probleme verbunden. Zum einen werden »höchsten Werten« Steuerungsfunktionen zugeschrieben, die sie nur in einfachen oder ideologisch vereinfachten Systemen, hingegen gerade nicht mehr in komplexen Systemen erfüllen können (Giegel 1997). Zum anderen berücksichtigt zwar das Moment der Handlungssteuerung von unten nach oben das evolutionäre Ereignis der Möglichkeit individuellen Handelns, aber es reduziert das System »Gesamtgesellschaft« auf ein bloßes Aggregat von Handlungen. Damit wird auf der Ebene der Theorie genau der Fehler wiederholt, der auf der Ebene der Empirie zur Kontroverse über »ecological« und »individual fallacy« (vgl. Scheuch 1969) geführt hat. Aus der Aggregation von Individualdaten lassen sich nur schwer Aussagen über andere Systemreferenzen gewinnen (dieses Problem wird heute bei der Frage des organisationalen Wissensmanagement virulent, siehe Kay 1994 und Systemtheorie III: Steuerungstheorie, Kap. 7). Für Parsons ist das System »Gesellschaft« zwar eine soziale Tatsache mit aggregierten Eigenschaften, aber die eigenständige Bedeutung dieser sozialen Tatsache bleibt unterbelichtet. Relevant ist das System als äußerer *Kontext* von Handlungen, als Umwelt im eingeschränkten Sinne von *Außenwelt*.

Aber auch die Folgerungen, die Luhmann aus der Ausgangssituation mehrfacher Kontingenzen des Handelns zieht, sind nicht unproblematisch. Die Identifikation von Handeln durch systemisch bestimmte Arten der Zurechnung trifft genau den Punkt nicht mehr, auf dem Luhmann aufbaut: die Komplexität hochentwickelter Gesellschaften.

Zunächst: Was heißt Identifikation von Handeln durch systemisch bestimmte Arten der Zurechnung? Ich habe weiter oben festgestellt, dass komplexe sinnhafte Systeme Handeln zugleich ermöglichen und erzwingen. Ein Zwang zum Handeln ergibt sich zunächst in Form einer raum-zeitlichen Notwendigkeit zur Selektivität dann, wenn ein System nicht mehr auf alle äußeren und inneren Ereignisse in gleicher Weise reagieren kann. Es muss nun zwischen möglichen Optionen wählen. Und diese Wahl ist das Problem, welches sowohl subjektiv wie intersubjektiv, individuell wie kollektiv unterschiedlich gelöst werden kann. Jedenfalls *muss* es gelöst werden, denn aller Augenschein spricht dafür, dass in sozialen Beziehungen diese Selektivität als solche nicht tragbar ist, sondern nur in Verbindung mit Begründungen und Motiven für die jeweilige Selektion. Die tägliche Erfahrung zeigt, dass dieser Begründungszwang nur latent vorhanden ist, Handlungen also nicht in jedem Fall begründet werden, sondern nur im Zweifelsfall *begründbar* sein müssen. Oft genügt als implizite Begründung einfach Tradition oder Routine.

In sozialen Beziehungen ist durch den permanenten Begründungszwang für jegliche Form von Aktivität von vornherein die chaotische Wirkung kontingenter Selektion eingedämmt durch ein ordnendes Prinzip »vernünftiger« Begründungen und Motive, die Erwartungen und Verknüpfungsmöglichkeiten schaffen und auf Anschlussselektionen ausgerichtet sind. Wieder erweist sich, dass Offenheit nur als strukturierte ertragbar ist, dass die Zufälligkeit faktisch kontingenten Handelns zwar abstrakt gegeben ist, konkret aber auf einer Meta-Ebene eine symbolische Kontrolle eingreift, die einen sinnhaften Zusammenhang der Handlungen bewirkt – jedenfalls in der Regel. Ausnahmen werden in Irrenhäusern, Gefängnissen oder sonst wo behandelt oder aber mit Orden und Nobelpreisen bedacht – auch hier kommt es auf den Zusammenhang an.

Im Regelfall also handelt man nicht einfach, sondern man handelt, weil... Die ungeheure Vielfalt von Begründungen und Motiven, Zwecken und Funktionen kann man zu analytischen Zwecken in allgemeine Begriffe fassen. Danach lassen sich bestimmte Handlungstypen, Handlungsorientierungen und Handlungssysteme unterscheiden. Es ist dann prinzipiell auch möglich, soziale Evolution unter dem Aspekt zu analysieren, welche Handlungsformen und Handlungssysteme vorherrschend sind: z.B. magische, religiöse, politische, ökonomische, technologische, wissenschaftliche oder Mischformen mit bestimmten Übergewichten.

Diesen hier nur angedeuteten Weg geht Luhmann nicht. Er gründet seinen Entwurf nicht auf die Komplexität von Handlungsformen, sondern auf die Gegenüberstellung von Handeln und Erleben. Diese überraschende Reduktion auf nur zwei Formen ergibt sich daraus, dass er die Vielfalt der Begründungsmöglichkeiten für selektive Wahlen auf nur zwei Möglichkeiten der Zurechnung von Selektionen zurück stutzt: Zurechnung auf die Umwelt (Fremdzurechnung) und Zurechnung auf das selegierende System (Selbstzurechnung). Das erstere soll *Erleben,* das letztere *Handeln* beinhalten (am Fall des Funktionssystems Kunst dazu Luhmann 1995). Handeln ergibt sich demnach als eine bestimmte Form der Zurechnung: nur diejenigen selektiven Auswahlen, die subjektiv oder intersubjektiv einem bestimmten fokalen System zugerechnet werden, gelten als Handeln. Alles andere gilt als fremdreduziert und damit als Erleben. Auf dieser Unterscheidung baut Luhmann seine Medientheorie auf. Darauf werde ich noch zu sprechen kommen.

An dieser Konzeption der Unterscheidung von Handeln und Erleben ist berechtigte Kritik geübt worden. So weist Jürgen Habermas darauf hin, dass diese Gegenüberstellung einer Konstitutionsanalyse der Erfahrungswelt nicht standhalte, weil die Erfahrungswelt des Menschen auf einem systematischen Zusammenspiel von sinnhafter Perzeption, Handeln und sprachlicher (oder in anderer Weise symbolischer) Repräsentation beruhe:

> »Bestanderhaltende Leistungen sozialer Systeme lassen sich nicht jeweils alternativ einem der beiden Modi des Erlebens *oder* Handelns zurechnen, vielmehr bringen sie Reduktion von Komplexität nur durch beides, Kognition und Handeln *zusammengenommen,* nämlich durch informierte Entscheidungen und erfahrungsgestütztes Operieren zustande« (Habermas 1971: 210).

Auch Richard Münch bezweifelt den Sinn der fundamentalen Unterscheidung von Erleben und Handeln und schlägt statt dessen vor, nur von zwei Formen sinnhaft vermittelter Umweltbeziehung zu sprechen, wobei Erleben als Unterfall von Handeln zu betrachten sei (Münch 1976: 154f.). Nach den Linien unserer eigenen Argumentation liegt auf der Hand, dass bei komplexen, sinngesteuerten Systemen sich Erleben und Handeln, Perzeption und Aktion nicht trennen lassen. Halten wir uns nochmals Abbildung 1 (vor Kap. 3 am Ende von Kap. 2) vor Augen: Perzeption und Aktion stellen zwar einen als input und output unterscheidbaren Umweltbezug des fokalen Systems dar, aber beide Formen des Umweltbezuges sind über das umfassende und systemspezifische Steuerungskriterium Sinn rückgekoppelt. So vollzieht sich eine Funktion nicht einfach, sondern sie wird durch »inneres Handeln« in Form spezifischer und selektiver Aufmerksamkeit gesteuert. So ist Handeln nicht einfach Selbstselek-

tion, sondern es wird von perzipierten Umweltereignissen mit
gesteuert.

Insgesamt wird deutlich, dass die scheinbar saubere und simple
Unterscheidung von Handeln und Erleben genau den Punkt
verfehlt, den sie klären helfen soll: die Komplexität der möglichen
Beziehungen zwischen Handeln und System. Selbst dort, wo die
klare Unterscheidung von Erleben und Handeln zentral wäre,
nämlich in der Strafrechtsdogmatik, erzwingt die Komplexität
unserer Gesellschaft eine Vielzahl von Zwischenstufen, Kom-
promissen und Widersprüchen. Die Differenzierung von interner
und externer Zurechnung und die Definition von Handlung als
internale Zurechnung reduziert das Verhältnis von Handlung und
System auf die einseitige Ableitung der Handlung als *Teil* des
Systems. Relevant ist Handlung als inneres Moment von Systemen, als Binnenrelation der Teile des Systems.

Luhmann moniert zu Recht die Einseitigkeit von Parsons
»Elementaranalytik des Handlungsbegriffs«. Aber er setzt dem
nur rhetorisch den Bezugsrahmen einer »Analytik der Komplexität« gegenüber. Tatsächlich begnügt er sich mit einer Umkehrung
der Sichtweise von »außen« nach »innen«. Dort, wo Parsons im
Verhältnis Handlung-System den spezifizierenden Focus auf die
Handlung legt, legt Luhmann ihn auf das System; dort, wo Parsons der zu einfachen Kombinatorik der Kreuztabellierung
erliegt, um – wie Luhmann richtig sieht – Probleme des Theorieansatzes aufzufangen, kontert Luhmann mit nichts anderem als
einer Kreuztabellierung (von Erleben/Handeln und alter/ego)
und versperrt damit einige Möglichkeiten seines Theorieansatzes
(siehe auch Kap. 6.1).

Nun liegt nichts näher, als beide Ansätze zu verbinden. Genau
dies wäre falsch, wenn es darauf hinausliefe, die Verlegenheits-
formel von der Wechselwirkung zwischen Handlung und System
wiederzubeleben. Der springende Punkt ist vielmehr zu erkennen,
dass *nach* dem evolutionären Ereignis der Differenzierung von
handlungsfähigem Individuum und sozialem System *beide*
Momente der Relation Handlung-System ein neues Emergenzniveau erreichen, auf dem das Problem nicht mehr die Relation von
Handlung und System ist, sondern die Relationierung der möglichen Relationen von Handlung und System. Dies ist, wie Michel
Crozier hervorhebt, das Problem der *Integration* als der bewussten

Regulierung dieser Relationierung. Handlung und System sind nicht mehr aufeinander reduzierbar. Sie sind nur noch selektiv – und das heißt: mit allen Kosten und Nutzen von Selektivität – unter dem Problemaspekt der Integration aufeinander zu beziehen (vgl. Crozier 1976; Crozier/Friedberg 1977, bes. Kapitel VII).

Weil auf dem erreichten Emergenzniveau beide Momente der Relation Handlung-System *unabhängig* voneinander variieren können, bedarf es sekundärer Verknüpfungsregeln, die »sinnvolle« Relationierungen hervorheben, ohne andere Möglichkeiten der Relationierung definitiv auszuschalten. Solche Regeln reichen von der Sprache über Werte, Normen, Rollen oder andere Vorverständnisse bis hin zu spezialisierten, symbolisch generalisierten Steuerungsmedien. Genau die Möglichkeit und Notwendigkeit solcher sekundärer Mechanismen und Reglen der Relationierung erst begründen ein neues Emergenzniveau, auf welchem Teile nicht nur verknüpft werden. Auf der neuen Ebene von Ermegenz werden die Teile zerlegt, rekombiniert und nach den Bedingungen des Ganzen neu geschaffen, indem eine Meta-Ebene der Steuerung dieser Verknüpfungen sich ausbildet.

Emergenz hängt demnach zusammen mit einer Verbesserung der Steuerungsleistung eines Systems. Die Verbesserung der Steuerungsleistung hängt zusammen mit der Ausbildung einer weiteren (sekundären, tertiären, etc.) Stufe der Symbolisierung elementarerer (primärer, sekundärer, etc.) Zusammenhänge, die ihrerseits durchaus symbolische Zusammenhänge sein können. Aggregation durch die Verknüpfung bereits vorhandener Teile ist also scharf zu trennen von der Ausbildung eines neuen Emergenzniveaus durch eine spezifisch selektive Verknüpfung von Verknüpfungen.

Der *Bedarf* für die selektive Verknüpfung von Verknüpfungen (oder Relationierung von Relationen) folgt, wie gesagt, daraus, dass sich bei einem nur geringen Anwachsen der Zahl der Elemente sehr schnell raum-zeitliche Bedingungen ergeben, die die Verknüpfung jedes Teils mit jedem anderen praktisch unmöglich machen. Das heißt, der Bedarf zur Ausbildung neuer Emergenzniveaus ergibt sich aus wachsender Komplexität. Dies gilt nicht nur für den Bereich konkreter Dinge oder Personen, sondern auch für den Bereich abstrakter Symbole, Ideen, normativer oder kognitiver Systeme. Die Vielzahl verbindlicher normativer Sätze im Sinne positiv-rechtlich gesetzter Normen ist nur noch fassbar und bearbeitbar über die Ausbildung von Grundsätzen; die Vielzahl der Grundsätze über die Ausbildung von Dogmatiken; die Vielzahl von Dogmatiken über Rechtstheorien, von Rechtstheorien über... .

Solche symbolischen Hierarchien emergenter Ordnungsniveaus gibt es nicht nur auf dem Gebiet des Sollens, sondern auch dem des Wissens (Erfahrungen, Regeln, Grundsätze, empirisches Wissen, Wissenschaften, Wissenschaftstheorien...) oder dem des Habens (Sachen, Wertgegenstände, »hartes« Geld, Papiergeld, Giralgeld, Ziehungsrechte...). Je höher wir in den jeweiligen Symbolhierarchien gehen, desto schwieriger wird das Verhältnis von Handlung und System. Luhmann hat daraus den Schluss gezogen, dass es nicht ohne weiteres möglich sei, über Handlungen auf Systeme einzuwirken oder von der Bewertung von Handlungen auf die Bewertung von Systemen zu schließen (1975: 189 Fn. 27).

Richtig daran ist, dass ich mit einer elementaren Handlung praktisch nicht auf hochgeneralisierte Systemebenen einwirken kann, weil die Wirkungen dieser einfachen Handlung bei jedem Übergang von einer Ebene zur anderen gebrochen und verändert werden, wenn sie nicht von vornherein durch selegierende Schwellenwerte absorbiert werden. Man kann sich diesen Vorgang am Beispiel eines aus verschiedenen Materialien bestehenden komplexen optischen Systems anschaulich machen. Bei jedem Übergang von einem Medium ins andere werden die auftreffenden Lichtstrahlen gebrochen, sie werden zum Teil reflektiert, zum Teil absorbiert, es treten Verzerrungen und Abweichungen auf, so dass nur äußerst schwer vorauszusagen ist, wie ein bestimmter Lichtstrahl schließlich auf das gesamte System wirkt, d.h. wie er am Ausgang des Systems ankommt. Diese elementare Lektion musste die NASA auf bittere Art beim Misserfolg ihres mehrere Milliarden Dollar teuren »Hubble«-Teleskops lernen, welches zunächst nicht funktionierte und dann mit erheblichem Aufwand im Weltraum repariert werden musste.

Ganz ähnlich ist es schwer vorauszusagen, wie eine einzelne Handlung auf ein System wirkt – und dies ist wieder ein Hinweis darauf, dass das Verhältnis von Handlung und System nicht das einer kontinuierlichen Aggregation sein kann. Mit einiger Sicherheit lässt sich nur sagen, dass eine einzelne Handlung in einem komplexen System meist gar nichts bewirkt. Mit einem noch so kräftigen Faustschlag lässt sich keine Politik machen. Wenn ich persönlich noch so viel Energie spare, so ändert dies am Übermaß unseres Energieverbrauchs gar nichts. Wenn ein einzelner Lehrer einen noch so brillanten Unterricht macht, so ändert dies nichts an der Misere überfüllter Klassen etc.

Aus diesen Beispielen wird aber auch deutlich, dass die Schlussfolgerung aus der praktischen Unerheblichkeit von Einzelhandlungen in komplexen Systemen nicht Resignation sein muss, sondern die Einsicht, dass ich *Handlungen jeweils auf dem Emergenzniveau ansetzen muss, auf welches ich einwirken will.* Also politisches Handeln auf dem komplizierten Weg der Mitarbeit in politischen Parteien und Verbänden, Energieeinsparungen auf der hochgeneralisierten Ebene der Veränderung von Umweltbewusstsein, Verbesserung der Schulsituation über organisierte Einflussnahme auf das komplexe Zusammenspiel ökonomischer, pädagogischer und politischer Prozesse. Das Verhältnis von Handlung und System ist vielfach gebrochen – und zwar gebrochen durch die Grenzen von Handlungssystemen, die auf unterschiedlicher Ebene der Generalisierung und der Komplexität unterschiedliche Rationalitäten, Eigenschaften und Probleme hervorbringen.

Erst die Einsicht, dass komplexe Systeme nicht durch die Aggregation von Einzelhandlungen (unit acts) sich bilden, sondern dass auf qualitativ unterschiedlichen Stufen der Komplexität neue emergente Eigenschaften sich entwickeln, die aus den Eigenschaften der Teile nicht ableitbar sind, verhilft zu angemessenen Konzepten der Steuerung hochkomplexer Systeme. Stichworte wie Unregierbarkeit, Desintegration, Systemkrise, Legitimationsprobleme, konterintuitives Verhalten von Planungssystemen etc. zeigen an, dass mit den herkömmlichen Mitteln einer Handlungstheorie die Überfülle bestehender praktischer Probleme nicht in den Griff zu bekommen sind (ausführlicher Willke 1992).

Auch eine Systemtheorie wird diese Lage nicht schlagartig verändern. Aber sie hat doch den entscheidenden Vorteil, dass sie analytisch auf einer Stufe von Komplexität arbeitet, die die Komplexität praktischer Probleme zu fassen imstande ist. Dies ist *eine* der Grundvoraussetzungen dafür, sozialwissenschaftliche Analyse von der empirisch leicht fassbaren, aber viel zu kon-

kreten und (in soziologischer Hinsicht) praktisch irrelevanten
Ebene der Einzelhandlungen auf die empirisch nur schwer
fassbare, aber praktisch ausschlaggebende Ebene sozialer Systeme
zu lenken.

Weiter ist dies eine Voraussetzung dafür, die Schwerpunkte
sozialwissenschaftlicher Analyse von der in mehrerer Hinsicht
prekären Frage der Steuerung von Einzelhandlungen auf die
Frage der Steuerung von Sozialsystemen zu verlagern. Diese
Verlagerung ist nach meinem Dafürhalten notwendig, weil die
Frage der reflektierten Steuerung des eigenen Handelns bei
anderen Disziplinen gut aufgehoben ist und darüber hinaus auf
dieser Ebene eher zu viel als zu wenig gesteuert wird. Dagegen
nimmt aufgrund der wachsenden Komplexität der Steuerungsbedarf sozialer Systeme zu, ohne dass dies bisher auf die Sozialwissenschaften großen Eindruck gemacht hätte. Dabei stünde es
einer »Wissenschaft von der Gesellschaft« gut an, sich gerade
dieses immer drängender werdenden Problems vornehmlich
anzunehmen.

5.1 Beobachten, Beschreiben, Verstehen

Was sehen wir, wenn wir ein System sehen? Kann man ein System sehen, wahrnehmen, beobachten? Eine Beantwortung dieser Fragen für den Fall psychischer und sozialer Systeme ist schwierig. Bei Personen ist es uns geläufig, die Identität dieses »psychischen Systems« auf seinen Körper zurückzuführen, sie zumindest daran festzumachen. Aber in der Regel nehmen wir an, dass sich eine Person nicht »wirklich« auf ihren Körper reduzieren lässt. Was also sehen wir, wenn wir eine Person sehen? Noch schwieriger ist diese Frage bei sozialen Systemen. Woran erkennen wir eine Familie? Kann man eine Partei wahrnehmen, eine Religion oder ein Unternehmen beobachten?

Systemtheoretisches Denken geht zunächst einmal davon aus, dass es Systeme gibt (vgl. Luhmann 1984: 30). Diese Annahme ist nicht zwingend, aber sinnvoll, um sie als Arbeitshypothese an der Wirklichkeit zu testen und zu sehen, wie weit man damit kommt. Aus dieser Annahme folgt allerdings zwingend, dass ich als Beobachter meinerseits ein System bin und nach den Operationsregeln eines Systems arbeite. Oder muss man umgekehrt sagen, dass die Operationsregeln, nach denen ich als Beobachter arbeite, zwingend im Prinzip auch diejenigen jedes anderen Systems sind? Wohlgemerkt heißt dies nicht, den »radikalen Konstruktivismus« (Glasersfeld 1985) als Erkenntnistheorie zu übernehmen.

Eher angemessen erscheint ein reflektierter Rekonstruktivismus, ein Verfahren der Erkenntnisgewinnung also, in welchem das erkennende System zwar ausschließlich an die *eigenen* Mittel des Beobachtens und Verstehens gebunden ist und deshalb den Gegenstand seiner Erkenntnis nicht »objektiv« oder »real« oder wirklich »wirklich« ergründen kann; aber dies heißt andererseits doch nicht, dass das erkennende System einfach irgendwelche Phantasieprodukte erfinden und diese als richtige Erkenntnis ausgeben kann. Augenscheinlich ist zwischen Erklärung und Erklärtem zumindest eine plausible Relation erforderlich, eine Passung, ein »goodness of fit« (Alexander 1970), eine Art Schlüssel-Schloss-Verhältnis (Glasersfeld 1985), ohne dass behauptet wäre, dass eine »passende« Erklärung zugleich eine »wirkli-

che« Erklärung sei. In einer besonders einleuchtenden Formulierung hat Humberto Maturana (1982: 16) Erklären als die Konstruktion eines »generativen Mechanismus« definiert, wonach
jeder »Versuch, ein Phänomen wissenschaftlich zu erklären, in der
Tat darin bestehen muss(te), einen Mechanismus zu entwickeln,
der das zu erklärende Phänomen erzeugt(e)«.

Aus dieser hier nur ganz knapp skizzierten Ausgangslage folgt
zumindest dreierlei:

1. *Die Logik der Beobachtung* (und der aus der Beobachtung
folgenden Beschreibung) ist nicht die Logik des beobachteten
Phänomens, sondern die Logik des beobachtenden Systems und
seiner kognitiven Struktur. Die Operation der Beobachtung liegt
vor, wenn aus der Feststellung eines Unterschiedes für das be-
obachtende System eine Information zu gewinnen ist, also ein
bedeutsamer Unterschied registriert wird (Bateson 1972: 381: »... any
difference which makes a difference in some later event«).

2. *Das Phänomen der Beobachtung* konstituiert die Beobachtung
eines Phänomens. Der »Gegenstand« der Beobachtung wird für
den Beobachter dann zu einer beobachtbaren Einheit, wenn er
ihn bezeichnen und beschreiben kann. Bezeichnen heißt, die
Einheit des Gegenstandes in Differenz zu allem anderen und zu
sich selbst zu sehen. Beschreiben heißt, »die tatsächlichen oder
möglichen Interaktionen und Relationen des Gegenstandes auf-
zuzählen« (Maturana 1982: 34), um daraus die *interne* Funktionslogik des Gegenstandes zu erschließen. Streng analog heißt dann
Selbstbeobachtung, die eigene Funktionslogik zu erschließen.

3. *Die Referenz der Beobachtung* ist nur vordergründig der beobachtete »Gegenstand«. Aufgrund der vom Beobachter abhängigen Rekonstruktion des Gegenstandes ist die Referenz der Beobachtung der Beobachter, also *Selbstreferenz*. Dies ist eine zentrale
Einsicht, weil sie die doppelte Selbstreferenz von Beobachtung
und Beobachtetem aufdeckt. Das Beobachtete kann sich als
Einheit nur darstellen, wenn es eine unterscheidbare Funktionslogik aufweist, wenn es also in seinem Funktionieren zwingend
auf sich selbst verweist. Genau dies aber schließt ebenso zwingend eine direkte Beobachtung dieser Einheit aus. Zugleich gilt,
dass der Beobachter als Mensch ein autopoietisches psychisches
System ist und ihm deshalb eine unmittelbare und unvermittelte
Beobachtung fremder Systeme nicht möglich ist. Alle Beobach-

tung ist mithin »darauf angewiesen, Einheit zu erschließen« (Luhmann 1984: 654).

Festzuhalten ist also, dass die beobachtungsleitenden und informationsproduzierenden Differenzen durch den Beobachter definiert werden, nicht durch den »Gegenstand« – und dies bei sich beobachtenden, interagierenden oder gar kommunizierenden Systemen natürlich wechselseitig. Daraus folgt das theoretisch wie praktisch erhebliche Problem, wie denn unter diesen Umständen fremde Systeme sich angemessen beobachten oder gar verstehen können (ausführlicher dazu Kap. 6.3).

Das bislang zur Beobachtung Gesagte klingt möglicherweise etwas ungewöhnlich und der üblichen Sichtweise entgegengesetzt. Tatsächlich ist es weder neu noch besonders elaboriert, sondern nur in dem Aspekt systemtheoretisch angereichert, als Beobachtung streng an Selbstreferentialität geknüpft wird. Jedes komplexe psychische oder soziale System kann sich nur als selbstreferentielles konstituieren und kontinuieren (Luhmann 1984: 31f.). Jede Beobachtung ist abhängig vom Operationsmodus des beobachtenden Systems. Nimmt man diese beiden Aussagen zusammen, so ergibt sich das eigentlich Interessante: Beobachtung als Operation eines selbstreferentiellen Systems ist selbst Teil des Systems, welches sich (in der Selbstbeobachtung) beobachtet und sie – die Operation der Beobachtung – kann in der Umwelt des beobachtenden Systems (also als Fremdbeobachtung) nur etwas erkennen, was im Bezugsrahmen des beobachtenden Systems Sinn macht. Demnach ist Fremdbeobachtung nur im Kontakt des Systems mit sich selbst möglich, setzt jede Fremdbeobachtung ein mehr oder weniger verzweigtes Netz von Selbstbeobachtungen voraus.

Legt man diese hoch unwahrscheinliche und verschachtelte Binnenstruktur der Operation »Beobachten« zugrunde, dann kann es schon sehr viel weniger überraschen, dass die jeweiligen Welten, die wir als Beobachter rekonstruieren, diesen idiosynkratischen Prozess ihrer Konstituierung nicht abschütteln können: »Es zeigt sich, dass die Wahrnehmung zwar ganzheitlich ist, wir aber nicht das Ganze sehen; sie ist abhängig von Erfahrungen, Erwartungen, Einstellungen usw.; sie ist selektiv; und sie ist strukturbestimmt. Es ist eine Perspektive, die zur Bescheidenheit,

Zurückhaltung und zu einer Besinnung auf die Grenzen des Möglichen mahnt« (Probst 1985: 201).

Bezogen auf das Problem dieses Kapitels – das Verhältnis von Teil und Ganzem – lässt sich jetzt sagen, dass Beobachtung die Basisoperation eines (psychischen oder sozialen) Systems ist. Beobachten ist eine Operation des Systems insgesamt. Das heißt: wie und was ein System (z.B. eine bestimmte Person, eine Clique, ein Klub, eine Partei, eine Kirche, ein Forschungsinstitut, eine Regierung) beobachtet, hängt von der Eigenart und Identität dieses Systems ab.

Zugleich ist die Operation ein Moment in der laufenden Selbstreproduktion des Systems. In der Operation des Beobachtens kommt die Differenz von Teil und Ganzem des Systems zur Einheit. Erst dieses Zusammenfallen der unterschiedlichen Bezüge in der Einheit der Operation ermöglicht es, dass das System beobachtet und dennoch es selbst bleibt, also zugleich sich in der Welt bewegt und seine Identität wahrt.

Besonders aufschlussreich sind dann natürlich die Fälle, in denen die Einheit identitätsverbürgender Operationen zerbricht und das System wählen muss zwischen Regression und Veränderung. Dies gilt etwa für (vollkommene) Liebe, (vollkommene) Erleuchtung oder (vollkommene) Entfremdung. Woraus man durchaus schließen mag, dass alle drei Zustände besondere Risiken mit sich bringen. In diesen Fällen beobachtet das System gewissermaßen seine eigene Unerheblichkeit. Es muss sich mithin fragen, ob es ein anderes werden will oder aber sich seinen eigenen Beobachtungen widersetzen soll – was dann zur Folge hat, dass es ein nur anderes Anderes wird. In den moderateren Fällen von Therapie, Erkenntnisgewinn, Organisationsentwicklung, Gesellschaftssteuerung etc. steht dagegen im Vordergrund, die Spielregeln des jeweiligen Systems so zu ändern, dass in einem kontrollierten Prozess sich mit den Beobachtungskriterien des Systems dessen Identität und mit der Identität dessen Beobachtungskriterien graduell ändern (dazu ausführlicher Willke 1987a).

Beobachten lässt sich all das, was in der Form irgendeiner *Differenz* vorliegt oder in diese Form gebracht werden kann, vorausgesetzt, dass die *Form* der Differenz für den Beobachter einen Sinn macht. So macht etwa die Differenz von

Wahrheit/Unwahrheit für einen Frosch (vermutlich) keinen Sinn.
Er kann also Unwahrheit nicht beobachten. Anders natürlich,
wenn der Frosch in Wirklichkeit ein verzauberter Prinz ist: dann
kann er wohl beobachten, dass die Prinzessin sich ihm entziehen
will, nachdem sie ihre goldene Kugel wieder hat. Einheit lässt sich
demnach nur beobachten als Einheit einer Differenz in Differenz
zu einer anderen Einheit. Die Beobachtung einer Einheit setzt
also bereits eine transjunktive (d.h. eine Differenzen überschrei-
tende) Operation voraus, denn ein Beobachter kann diese Einheit
der Differenz nur im Hinblick auf eine von dieser Einheit
unterscheidbare andere Einheit, also wiederum als Differenz
beobachten.

So muss sich z.B. die Einheit der Differenz von Mann und
Frau, welche als »Ehe« beobachtbar sein soll, gegenüber anderen
Formen möglicher Einheit wie etwa einer Geschwister-Bezie-
hung, Eltern-Kind-Beziehung, Kameradschaftsbeziehung,
Geschäftsbeziehung etc. profilieren. Dies ist im Fall der Ehe
einigermaßen plausibel, wenngleich, wie etwa im alten Ägypten,
die Differenz zu einer Geschwister-Beziehung jedenfalls für die
Königsfamilie fehlen kann. Schwieriger wird es schon z.B. bei der
Beobachtung der Einheit von Gesundheit und Krankheit, von
Schizophrenie und Normalität oder der Beobachtung der Einheit
von Gott und Teufel.

Beschreiben lässt sich nur das, was beobachtet und darüber
hinaus auch noch in die Form einer semantischen Figur gebracht
werden kann. Es ist nicht ohne weiteres ersichtlich, welche
zusätzlichen Restriktionen damit eingebaut sind. Die Umsetzung
in Signale, Zeichen, Sprache, Schrift, Datenträger etc. legt Beschreiben sehr viel zwingender als Beobachten auf Kommunikation fest, also auf die Ebene sozialer Systeme. Beschreibungen
dienen der kommunikativen Bemächtigung des Beschriebenen.
Mit einer Beschreibung oder Diagnose bringt der Beobachter
seine Beobachtungen auf den Begriff; und von da an übernehmen
die Gesetze der Eigendynamik von Semantiken das Kommando
(beispielhafte Studien dazu bei Luhmann 1980).

Dies erklärt zum Beispiel, warum Beschreibungen sozial sehr
viel wirksamer sein können als Beobachtungen, also etwa die
Bibel oder der Koran oder Karl May oder »Star Trek« soziale
Wirklichkeiten produzieren, die über Beobachtungen nicht

stabilisierbar wären. Noch mehr als Beobachtungen unterliegen Beschreibungen den Gesetzen der Reflexivität und Selbstreferenz, die Beschreibungen zu sozialen Konstruktionen machen, in denen die Beschreibende unentrinnbar mit eingezogen ist und in denen sie zuerst und vor allem ihre eigene Welt reproduziert. In der sozialen *Kommunikation* produzieren Individuen Beschreibungen ihrer Beobachtungen im Medium gemeinsamer Sprache. Aber der Deckmantel gemeinsamer Sprache suggeriert Verstehen und Einverständnis nur dann, wenn die Turbulenzen der Selbstreferentialität von Beobachtungen unterschlagen und die Schwierigkeiten der Trennung von Beschreibung und externer Realität überspielt werden. Die Selbstreferentialität jeder Beobachtung impliziert, dass Beobachtungen im Selbstkontakt des beobachtenden Systems ihre Basis haben und durch »passende« Ereignisse in der Außenwelt nur moduliert werden. Selbst noch die Relevanz von Außenweltereignissen wird durch die informationsleitenden Kategorien (binäre Schematisierungen, Leitdifferenzen) der Beobachterin (des Beobachters) bestimmt.

Der Abstand zwischen Beobachten, Beschreiben und Verstehen verschärft den Gesichtspunkt der Selbstbezüglichkeit jeder Beobachtung um den Aspekt der Selbstbezüglichkeit jeder Veränderung (dazu Kap. 6.3). Dennoch eröffnet Kommunikation sicherlich Möglichkeiten, Beschreibungen zu testen und auf ihre Brauchbarkeit zu überprüfen. Das besondere Geschick von Kommunkationsexperten besteht wohl zu einem guten Teil darin, ihre Diagnosen tatsächlich als vorläufige Konstruktionen zu behandeln und auf bestimmte Anzeichen hin zu revidieren – und dies so lange, bis sich jene besondere Qualität einer wechselseitig akzeptablen und brauchbaren Systembeschreibung herauskristallisiert, welche die operative und generative Dynamik dieses Systems bezeichnet (in dem Sinne eines Operationsnetzwerkes, welches sich in seinen Operationen selbst reproduziert).

Wenn dies über Kommunikation möglich sein soll, dann muss viel stärker als bislang üblich Kommunikation in ihrer Funktion beachtet werden, Abweichung und Ablehnung zu ermöglichen und *Dissens* treffsicher zu bezeichnen. Denn die iterative Annäherung aufeinander bezogener Fremdbeschreibungen oder Diagnosen wird über Negationen und Dissens prozessiert. Indem Akteure oder Systeme beobachten, dass ihre Beschreibungen eines

anderen Systems *nicht* passen oder akzeptiert werden, sehen sie
sich zu Korrekturen und weiteren Tests veranlasst. Kommunikative Übereinstimmung, Verstehen und Verständigung ist dann das
Ergebnis eines selbstreferentiell fundierten, rekursiven Wechsel-
spiels von *differierenden* Diagnosen (Wirklichkeitsbeschreibungen),
deren Unterschiede über die präzise Bezeichnung von Dissens-
punkten allmählich eingeebnet werden können.

So besteht z.B. im Falle von Therapie eine Grundvorausset-
zung für einen erfolgreichen therapeutischen Prozess in der
Fähigkeit der Therapeutin (oder des Therapeuten), die Bereit-
schaft zur Verständigung und zum Verstehen zu signalisieren und
so Vertrauen in ein gemeinsames Unterfangen zu schaffen. Aber
Verstehen reicht nicht aus. Die Schwierigkeit von Veränderung
jeder Art setzt dort ein, wo es auf der Basis des erzeugten Ver-
trauens unumgänglich wird, Dissens zu beobachten, klar zu
benennen und zu verarbeiten.

Insofern ist es zumindest missverständlich, wenn Jürgen
Habermas schreibt: »Verständigung wohnt als Telos der menschlichen Sprache inne« (1981, I: 387). Denn diese Aussage ist
tautologisch, wenn Verständigung die bloße Tatsache des miteinander Sprechens bezeichnet. Und sie ist problematisch, wenn
Verständigung mit Einverständnis oder Konsens gleichgesetzt
wird. Kommunikative Verständigung kann auf Konsens zulaufen,
aber ebenso auf Dissens. Es gibt keine eingebauten Prioritäten,
es sei denn die logische und operative Sonderstellung doppelter
Negation. Es spricht einiges dafür, dass die Präzisierung von
Dissens zumindest ebenso Anschlussmöglichkeiten für weitere
Kommunikation schafft wie die Erzeugung von Konsens. Die
Kommunikationsfigur des »double bind« (Bateson 1972, bes.
271ff.) zeigt nicht nur die Bedeutung von Konsens und Dissens;
sie zeigt vor allem, wie wichtig es ist, die den Verständigungs-
prozess tragende *Differenz* von Konsens und Dissens nicht unter
den Teppich eines umfassenden Konsensgewebes zu kehren.

Die Habermassche Unterscheidung zwischen strategischem
(erfolgsorientiertem) und kommunikativem (verständnisorientier-
tem) Handeln legt Kommunikation zu sehr auf Konsens fest.
Demgegenüber erscheinen gerade gesellschaftlich besonders
bedeutsame Kommunikationen wie etwa das Aushandeln von
Verträgen, politischer Meinungsstreit, erzieherisches Handeln

oder wissenschaftliche Debatte nicht nur dissensorientiert zu sein, sondern ihre Dynamik und Motivation geradezu von der Klarheit des zugrunde liegenden Dissenses zwischen Verkäufer/Käufer, Regierung/ Opposition, Erzieher/Zögling, Autor/Kritiker abzuleiten. Sicherlich finden alle diese dissensgesteuerten Kommunikationen im Rahmen eines institutionalisierten Konsenses über die Rahmenbedingungen möglichen Dissenses statt; und es wird in allen diesen Kommunikationen Bereiche des Einverständnisses im Sinne gemeinsamer Überzeugungen (vgl. Habermas 1981, I. S. 387) geben. Doch Kommunikation deshalb auf Konsens festzulegen, ist wohl nicht haltbar.

Dies lässt sich am Beispiel des Erstellens von Systembeschreibungen in der besonderen Form der Diagnose zeigen. Medizinische, therapeutische, erzieherische, organisationssoziologische oder entwicklungspolitische Diagnosen sind Beschreibungen eines fremden Systems aus der Sicht des Beschreibers. Man kann zwar annehmen, dass mit der Expertise des Beschreibers die Verlässlichkeit und Konsensfähigkeit der Diagnose steigt. Doch ist theoretisch ebenso wie empirisch sowohl zwischen verschiedenen Diagnostikern wie auch zwischen Fremdbeschreibung und Selbstbeschreibung eher Dissens zu erwarten.

Insbesondere therapeutische Diagnosen als Fremdbeschreibungen (Beschreibungen durch die Therapeutin) haben häufig die Funktion, mit der Selbstbeschreibung des Klienten oder des zu therapierenden Systems zu kontrastieren, um Veränderungsprozesse in Gang zu setzen. Die Kunst der Therapeutin besteht dann allerdings darin, die bloße Gewalt des Dissenses produktiv zu wenden. Dies erfordert vor allem den Perspektivenwechsel zwischen Fremdbeschreibung und Selbstbeschreibung (oder: zwischen Diagnose und Selbstbild) zu stützen und zu fördern. So kann etwa der hermetische Konsens einer gestörten Familie über den Sündenbock und die Ursache seines »Fehlverhaltens« nur dann aufgeweicht und schließlich durchbrochen werden, wenn es gelingt, über die Plausibilität einer differierenden Fremdbeschreibung überhaupt erst einmal die Denkbarkeit einer anderen Selbstbeschreibung ins Spiel zu bringen.

Ein wesentliches Hilfsmittel, um die Differenz zwischen Selbstbeschreibung und Diagnose aus bloßer Konfrontation in einen Prozess des Vergleichens und des Perspektivenwechsels zu bringen, scheint der *Rahmenkonsens* über die Beschreibung des zu verändernden Systems insgesamt zu sein. Es sind dies gewissermaßen die konsensgesteuerten Bedingungen der Fruchtbarkeit von Dissens. Daraus wird ersichtlich, dass zentrale Weichenstellungen für therapeutischen Erfolg oder Misserfolg bei der Definition der therapeutischen Situation und dem Aufbau des therapeutischen Systems (welches, wohlgemerkt, die Handlungen der Therapeutin einschließt) gestellt werden, so erfordert der interaktive Aufbau von wechselseitig brauchbaren (»passenden«) Systemdiagnosen einerseits nahezu zwingend, dass es der Klient oder das zu therapierende System sind, welche aufgrund ihres selbst perzipierten Leidensdruckes von sich aus eine therapeutische Situation aufsuchen. Wo diese Voraussetzungen typischerweise fehlen, z.B. bei strafgerichtlich angeordneter Therapie oder bei vielen Formen der Therapie von Drogensüchtigen, sind die Erfolgsaussichten gering.

Der Prozess einer iterativen Abstimmung und Annäherung divergierender Systembeschreibungen über Kommunikation nutzt die in menschliche Sprache eingebaute Differenz von Beziehungsebene und Inhaltsebene. Als Therapeut, Freund, Lehrer, Arzt, Systemanalytiker, Unternehmensberater, Entwicklungsexperte etc. kann ich auf der Inhaltsebene durch transjunktive Operationen einen Verweisungszusammenhang durchbrechen, den ich auf der Beziehungsebene dennoch erhalte – und dessen Erhaltung auch notwendig ist, um inhaltliche Diskrepanzen erträglich zu machen.

In analoger Weise ist auch auf dem Weg der Selbstbeobachtung und Selbstbeschreibung ein Prozessieren von Differenzen möglich. Hier ist die Ausgangsdifferenz diejenige von Selbstbeobachtung und Fremdbeobachtung, von Selbstbeschreibung und Fremdbeschreibung. Aus dieser Differenz lassen sich weitere Informationen dann gewinnen, wenn in »transferential operations« (Braten 1984) durch rekursiven Perspektivenwechsel die interne Referenz anhand der externen und die externe Referenz anhand der internen geprüft und relationiert wird.

Wiederum ist das Ziel von transferentiellen Operationen nicht die Einebnung der Unterschiede oder die Entscheidung für eine der beiden Seiten eines binären Schemas. Ziel ist vielmehr eine Erweiterung des Möglichkeitsfeldes durch transjunktive

Operationen, die es erlauben, die Einheit einer Differenz auch noch im Lichte ihrer Differenz zu einer anderen Einheit von Differenzen zu sehen. In dieser Weise sollen Systembeschreibungen Möglichkeiten des Verstehens *erschließen* und nicht verschließen. Sie sollen Vorentscheidungen treffen, die Möglichkeit erweitern, weiter zu entscheiden.

In dieser Weise können Systembeobachtung und Systemdiagnose dem »ethischen Imperativ« von Heinz v. Foerster (1984: 3) entsprechen: »Act always so as to increase the number of choices.« Es wird sich herausstellen, dass dies nicht das schlechteste Leitmotiv für Interventionen in komplexe, selbstreferentielle Systeme ist (siehe Kapitel 6.3).

5.2. Das System als Akteur

Für die meisten Menschen ist unerschütterlich klar, dass nur Menschen handeln können. Danach ist Schluss. Zwar spricht man wie selbstverständlich davon, dass der Staat etwas getan, die Regierung gehandelt, das Weiße Haus oder der Kreml etwas bekannt gibt, das Unternehmen X eine Strategie realisiert, der Verband Y eine Position bekräftigt und eine Lobby Z die Regierung kritisiert habe etc. Doch auf die Frage, wer genau denn da gehandelt oder kommuniziert habe, bekommt man in der Regel die Antwort, »letztlich« sei dies Person gewesen. Die Antwort ist aufschlussreicher Unfug. Sie ist Unfug insofern, als die Rede in den oben genannten Beispielen eben nicht war von dem Kanzler A, dem Präsidenten B, dem Unternehmer C, dem Vorsitzenden D oder dem Interessenvertreter E, sondern von anderen »Einheiten«. Sie ist aufschlussreich insofern, als es offensichtlich schwer fällt, anderen »Einheiten« als Personen die Qualität der Handlungsfähigkeit zuzugestehen.

Eine erste Bresche in den Schutzwall der vermeintlich einzigartigen Handlungsfähigkeit von Personen wurde mit der Idee des *kollektiven* Handelns geschlagen (knapp zum geschichtlichen Hintergrund Luhmann 1984: 272ff.). Kollektives Handeln erfordert, dass das betroffene soziale System bestimmte Voraussetzungen erfüllt, die sich daran ablesen lassen, dass zwar jedes soziale System aus Handlungen besteht, nicht aber jedes soziale System kollektiv handlungsfähig ist. Talcott Parsons hatte für kollektive Handlungsfähigkeit im Sinne von »collectivity« Organisation und eine besondere Werteordnung gefordert. James Coleman verlangt zusätzlich bestimmte Machtstrukturen und Entscheidungsmöglichkeiten etwa in der Form von Hierarchisierung. Niklas Luhmann sieht dagegen die Funktion der Kollektivierung des Handelns in einer Verbesserung des Umweltverhältnisses eines Systems: »Es sind danach nicht Koordinationserfordernisse (wie eine politisch-gesellschaftliche Tradition gemeint hatte), sondern Positionsgewinne in Umweltbeziehungen, die zur Ausbildung von Einrichtungen kollektiven Handelns führen« (Luhmann 1984: 271).

Im Anschluss daran möchte ich kollektives Handeln definieren *als systemisch koordiniertes Handeln mit dem Ziel, das System insgesamt gegenüber seiner Umwelt in einer bestimmten Weise zur Geltung zu bringen.* Damit ist aber nur ein erster Schritt zur Erklärung der Möglichkeit systemischen Handelns gemacht. Kollektives Handeln ist zwar nach wie vor »Einzelhandeln«, wie Luhmann (1984: 273) missverständlich formuliert und dabei meint, dass es sich auch bei kollektivem Handeln um einzelne Elementarereignisse im System handele). Aber es ist keineswegs das Handeln von Einzelnen, sondern systemisch koordiniertes und sowohl intern wie extern systemisch zugerechnetes Handeln. Als solches gewinnt es eine spezifische *Unabhängigkeit* von individuellem Handeln und individuellen Handlungspräferenzen. Denn es lässt sich nicht mehr auf eine bloße Aggregation individuellen Handelns zurückführen und, was schon erstaunlicher ist, auch nicht auf einfache Kombinationen individuellen Handelns nach bewährten Schemata wie Mehrheit/Minderheit, Durchschnittswerte, Hierarchie oder Konsens (dazu Buchanan/Tullock 1987, bes. S. 201ff.; Buchanan 2004).

Der wesentliche Grund dafür ist darin zu sehen, dass sich in kollektivem Handeln individuelle Kosten und Nutzen einerseits und kollektive Kosten und Nutzen andererseits schnell in schwer durchschaubarer und kontra-intuitiver Weise mischen; und dass die Verteilung von Kosten und Nutzen in grundlegender Weise von den institutionalisierten *Entscheidungsregeln* abhängt, anhand derer kollektive Entscheidungen getroffen werden (zur Bedeutung solcher Regeln Brennan/Buchanan 1985).

Damit sind wir bei einem zweiten Schritt der Beschreibung systemischen Handelns angelangt. Nach Parsons hat Amitai Etzioni den Begriff der »collectivity« näher präzisiert als »a macroscopic unit that has a potential capacity to act by drawing on a set of macroscopic normative bonds which tie members of a stratification category« (Etzioni 1971: 98). Die Fähigkeit organisierter Systeme zu kollektivem Handeln, und zwar nicht im diffusen Sinne eines Massenphänomens, sondern im Sinne gerichteter strategischer Kommunikation auf der Basis der Verfügung über eigene Ressourcen, entfernt sich mit dieser Begriffsfassung noch weiter von der Form individuellen Handelns. Denn nun kommt in den Blick, dass es normative Bindungen und die

Existenz über-individueller, abstrakter normativer Symbole sind, welche die Besonderheiten des Handelns von Kollektiven oder – wie ich hier statt Kollektiven sagen werde – von korporativen Systemen ausmachen. Weil solche kollektiven normativen Bindungen und Symbole existieren, gibt es eine vom individuellen Handeln zu unterscheidende, eigenständige Ebene des kollektiven Handelns. Es bezieht sich nicht auf Individuen, sondern auf korporative Systeme (und kann natürlich dennoch individuelle Auswirkungen haben); und es wird nicht Individuen, sondern dem handelnden System insgesamt zugerechnet.

Das klingt schwieriger als es ist. Ein Grundmodell für einen korporativen Akteur finden wir in der juristischen Form des eingetragenen Vereins des Bürgerlichen Gesetzbuches (Paragraphen 20ff des BGB). Dort entsteht durch Eintragung des Vereins in das Vereinsregister eine »juristische Person« mit eigener Rechtsfähigkeit – und all das, was für die Existenz eines korporativen Systems und für kollektive Handlungsfähigkeit vorausgesetzt werden muss, ist damit gegeben: eine von den individuellen Akteuren abgehobene und von deren je aktuellen Willen unabhängige, von den Entscheidungsregeln (der »Verfassung« des Vereins) konstituierte korporative Einheit, die über ihre Vertreter oder Repräsentanten kollektiv handeln kann, und deren Handeln dem Verein als eigenständigem System, nicht aber den Mitgliedern als (natürlichen) Personen zugerechnet wird.

Es berührt schon seltsam, dass Sozialwissenschaftler nahezu ohne Ausnahme die größten Schwierigkeiten haben, die Brisanz und zugleich die Simplizität der in diesem Modell verwirklichten Konstituierung eines systemischen Akteurs zu erkennen. Sicherlich können sie sich auf Max Webers Verdikt berufen, nach dem Handeln »stets nur als Verhalten von einer oder mehreren einzelnen Personen« verstehbar sei (Weber 1972: 6) – aber hier irrte Max Weber, wie in einigen anderen Dingen auch. Oder sie können sich auf die juristische Diskussion um die »Fiktionalität« der juristischen Person oder der »Verbandspersönlichkeit« berufen, in der versucht wird, den Konsequenzen der normativ-symbolischen Konstituierung einer über-individuellen kollektiven Einheit für das traditionelle Bild der singulären Identität natürlicher Personen auszuweichen. Aber die sehr massive Realität der unterschiedlichsten Formen *korporativer* Identität schert sich darum nicht. Es ist an der Zeit, sich dieser Realität nicht mit alteuropäischen Bedenken zu entziehen, sondern ihr mit angemessenen konzeptuellen und theoretischen Mitteln zu begegnen.

Einen wichtigen Beitrag hierzu hat Etzioni geleistet, indem er auf grundlegende Veränderungen hinweist, die sich im Gefüge der Typen von Interaktionen in modernen Gesellschaften ergeben. Während die Modi der direkten und der symbolischen Interaktion zwischen korporativen Systemen an Gewicht verlieren, steigt die sozietale Bedeutung der »repräsentationalen« oder *systemischen* Interaktion: »representational interaction« nennt Etzioni eine über den institutionellen oder organisatorischen Apparat der korporativen Akteure geregelte Kommunikation, welche dem korporativen System insgesamt, nicht aber individuellen Akteuren zugerechnet wird (Etzioni 1971: 102f.). Systemische Kommunikation und Interaktion wird zwar auch von kommunizierenden und handelnden Individuen, etwa Vorsitzenden, Vertretern oder Bevollmächtigten mitgetragen, ihre Inhalte und Wirkungen beziehen sich aber nicht auf diese Personen als Individuen, sondern als *Repräsentanten* des Systems. Ihre gesellschaftlichen Wirkungen entfalten systemische Kommunikationen aufgrund dieser Repräsentativität und ihrer Zurechnung auf das jeweilige korporative Sozialsystem, nicht aber, weil dort bestimmte Individuen handeln.

Mit der Unterscheidung von direkter, symbolischer und systemischer Interaktion bietet Etzioni ein leicht nachvollziehbares Konzept für die Erklärung der nach wie vor höchst umstrittenen Frage, wie nicht-individuelles, kollektives oder systemisches Kommunizieren und Handeln vorstellbar sein soll. Er macht deutlich, dass das Handeln von Systemen über die Figur der Repräsentativität nicht nur möglich und normal, sondern eben für komplexe Gesellschaften und ihre Makro-Dynamik besonders bedeutsam ist.

Diese frühen Hypothesen Etzionis sind in der nachfolgenden langjährigen Diskussion um die Theorie des Neo-Korporatismus eindrucksvoll bestätigt worden (dazu Schmitter 1992; Willke 1983, Kap. 4). In korporatistischen Verhandlungssystemen, wie z.B. Konzertierten Aktionen, kommunizieren die Vertreter von korporativen Systemen mit Wirkung für ihre Systeme und mit sozietalen Wirkungen, eben weil sie nicht als individuelle Personen, sondern als Repräsentanten von Systemen agieren. An diesen Fällen lassen sich auch einige der Konsequenzen systemischer Kommunikation gut beobachten: Entgegen naiven Vorstellungen von Kommunikation und Handeln kommt es für die Inhalte der systemischen Interaktion nicht auf die Intentionen oder Interessen der beteiligten Individuen an, sondern auf die Regeln der Operationsweise der betroffenen Sozialsysteme.

Einen eindrucksvollen Anschauungsunterricht hierfür bieten die seit Herbst 1989 sich überstürzenden Veränderungsprozesse der mitteleuropäischen sozialistischen Gesellschaften bis in die Gegenwart und bis zu dem Punkt, an dem einige von ihnen Mitglieder der EU werden. Reform-Gruppierungen mit einem »naiven« Politikverständnis, die auf die Wirkung von Personen und individuellen Intentionen setzten, scheiterten in einer schon tragisch anmutenden Weise an der Realität organisierter Interessenvermittlung und systemischer Kommunikation (Pollack 1995).

Mit kollektiver Handlungsfähigkeit und (interner wie externer) Zurechnung von Kommunikationen oder Handlungen auf das System insgesamt sind zwei zentrale Bedingungen der Möglichkeit systemischen Handelns bezeichnet. Entgegen dem Dogma, dass nur Individuen handeln können, ist damit zumindest ein Anfang gemacht in der Arbeit, die Besonderheit der Operationsweise moderner Gesellschaften zur Kenntnis zu nehmen. Hochdifferenzierte Gesellschaften sind geprägt durch verdichtete, vernetzte und hochorganisierte Formen kollektiven Handelns, welches sich seinerseits zunehmend selbst auf anderes kollektive Handeln beziehen kann und so ein eigenständiges Verweisungs- und Beziehungsgefüge aufbaut. Dies heißt, dass Organisationen, Verbände, Unternehmen sich in Kommunikationen und Handlungen auf andere korporative Systeme *insgesamt* und als Einheiten beziehen und ganz bewusst und dezidiert darüber hinwegsehen, dass diese organisierten Systeme natürlich intern differenziert sind und unter anderem auch Mitgliedschaftsrollen für Personen umfassen. Sie tun dies, weil es für eine bestimmte Art und Ebene der Kommunikation nicht auf die jeweiligen Rolleninhaber oder sonstige interne Differenzierungen ankommt, sondern auf das System als Ganzes: auf das *System* als Akteur.

Hier sind wir an einer kritischen Weichenstellung für das Verständnis der Möglichkeit systemischen Handelns angelangt. Denn wenn nun die Frage gestellt wird, woran genau sich eine Kommunikation oder eine Handlung orientiert, wenn sie sich auf »ein System insgesamt« bezieht, dann scheint die Antwort nahe zu liegen: Sie beziehe sich »letztlich« doch auf bestimmte Personen, die zwar in irgendeiner Weise für das System repräsentativ oder stellvertretend sein mögen – aber der Anknüpfungspunkt sei eben doch kein System, sondern eine Person. Um diese Antwort aus den Angeln zu heben ist es nötig, den im vorigen Abschnitt (5.1) behandelten allgemeinen Zusammenhang von Beobachten, Beschreiben und Verstehen an einem besonders schwierigen Schlüsselbegriff systemtheoretischen Denkens zu spezifizieren: dem Begriff der Identität. Die Identität eines Dings, einer Person oder einer Organisation ist nicht einfach da, sondern sie existiert nur für einen Beobachter, der diese Identität als solche beobachtet.

So wurde die Kategorie des Individuums und der Individualität im Kontext sich modernisierender Gesellschaften erst spät »entdeckt«, d.h. überhaupt beobachtbar, beschreibbar und verstehbar. Noch später erst ließen sich verschiedene Identitäten desselben Individuums beobachten und begreifen, etwa die Identität als Kind mit der »Entdeckung der Kindheit« (Ariès) oder die Identität als Mann vs. Frau mit der gegenwärtig sich vollziehenden Emanzipation der Frau aus einer nachrangigen Position. Dies alles ist ziemlich unproblematisch.

Schwieriger wird es, wenn erklärt werden soll, was denn nun genau die Identität einer identischen Einheit ausmacht. Was macht die Identität eines Apfels, einer Person, eines Unternehmens aus? Wir betrachten eine Person in der Regel als individuelle Identität, obwohl sie sich von Tag zu Tag in vielen Hinsichten ändert und nur in manchen Hinsichten ähnlich bleibt. Was erlaubt es uns dann, von Identität zu sprechen? Diese Frage wird die Theologie anders beantworten als die Naturwissenschaft, die Biologie anders als die Soziologie. Wichtig ist festzuhalten, dass jede disziplinspezifische Perspektive eben nur eine unter vielen möglichen Beobachterperspektiven ist und dass für jede davon das gilt, was oben (5.1) grundsätzlich über Beobachten, Beschreiben und Verstehen gesagt worden ist.

In einer sozialwissenschaftlichen Perspektive hängt die Identität einer Person in erster Linie mit der *Konstanz* von Erwartungen zusammen, welche sich auf diese Person beziehen und welche diese Person auf sich zieht. Eine Person konstituiert sich danach als eine bestimmte Form oder Konfiguration von gebündelten Erwartungen, die in dieser Form das Spezifische und Einmalige der Person ausmachen. Dass es Erwartungen sind, und nicht etwa die Form der Ohren oder die Farbe der Haut, die personale Identität konstituieren, stimmt gut mit der (entwicklungspsychologischen ebenso wie soziologischen) Grundthese der sozialen Konstituierung personaler Identität überein. Dennoch ist die Unwahrscheinlichkeit dieser Konstruktion bemerkenswert. Kernpunkt personaler Identität ist nicht die physikalische Erscheinung oder die biologische Abstammung, sondern ein soziales Konstrukt. Dieses ist nicht mit Händen greifbar, und man kann es nicht auf eine Waage stellen oder abmessen. Dennoch hat es Realität als Ergebnis von Beobachtungen, die in Kategorien interpersonaler Kommunikation abfragen, welche Erwartungen sich sozial konstituieren und als konstant erwarten lassen.

Allerdings hilft eine weitere Komplikation, das Verständnis dieser unwahrscheinlichen Konstruktion zu vereinfachen. Die Komplikation liegt darin, dass (jedenfalls) in sozialen Beziehungen Beobachtungen immer nur eine Seite der Medaille sind. Die andere Seite ist *Selbstbeobachtung*. Eine Person wird nicht nur von anderen Personen beobachtet. Sie hat auf der Grundlage eines hochkomplexen psychischen Systems auch die Fähigkeit, sich selbst zu beobachten, sich ein Bild von sich selbst zu machen. Wir haben einige Aspekte und Folgen dieser Fähigkeit bereits am Beispiel der Entwicklungspsychologie von Jean Piaget gestreift. Und wir haben mit Dunphy und Mills soziologische Theorien der Gruppe kennen gelernt, die diese Fähigkeit der Selbstbeobachtung auf soziale Systeme ausdehnen und dadurch zu einer Erklärung der Ausbildung von Selbstbewusstheit, Selbstbeschreibung und Reflexion der eigenen Identität auf der Ebene sozialer Systeme gelangen. Hier taucht dasselbe Thema unter dem Aspekt der Bildung systemischer Identität auf.

Vermutlich war die Frage »Wer bin ich?« in früheren gesellschaftsgeschichtlichen Entwicklungsstadien leichter zu beantworten. Die familiäre (nicht unbedingt: biologische) Abstammung,

die religiöse Verankerung in einer übergreifenden Kosmologie,
die Einpassung in traditionale Welt- und Gesellschaftsbilder
bestimmten den Ort einer Person im sozialen Zusammenhang
und mithin deren Identität. Es genügte, die alten Mythen sich
anzuhören und sich umzuschauen, zu welcher Familie, Schicht
oder zu welcher sozialen Gemeinschaft man gehörte. Bevor ich
diese idyllische Schilderung zu weit treibe, zurück zur heutigen
Situation. Dort ist Selbstbeobachtung gewissermaßen zum funktionalen Äquivalent für die verloren gegangenen äußeren Gewiss-
heiten geworden und – nach langen Vorbereitungen in der
religiösen und literarischen Semantik – zum *modus vivendi* alltägli-
cher Selbstvergewisserung avanciert (reiches empirisches Material
zu unterschiedlichen historischen Phasen der Selbstthematisierung bei Hahn/Kapp 1987).

Selbstbeobachtung ist Selbstvergewisserung über die eigene
Identität. Wie soll das gehen? Es geht, wie jede Beobachtung, nur
über das Setzen einer Differenz, die Selbstthematisierung und
Selbstbeschreibung der eigenen Identität in mentalen oder kommunikativen Repräsentationen der Identität ermöglicht, indem
diese eigene Identität gegenüber etwas anderem abgegrenzt und
unterschieden wird. So beginnt die Ausbildung der Identität des
Kindes mit der Unterscheidung zwischen dem eigenen Ich und
dem Du der Mutter oder des Vaters. So lässt sich etwa eine
religiös motivierte Selbstbeobachtung und Selbstthematisierung
in der Einrichtung der Beichte an der Differenz zwischen realer
und vorgestellter (oder gewünschter) Identität sehr konkret und
mit konkreten Wirkungen durchführen. Oder eine literarisch
motivierte Selbstbeobachtung und Selbstthematisierung führt zu
einer Autobiographie am Maßstab der Differenz zwischen dem
mehr oder weniger übersichtlichen Chaos einer aktuell gelebten
Identität und der geordneten Form einer retrospektiv beurteilten
Bildung von Identität (dazu Hahn in Hahn/Kapp 1987).

In der Selbstbeobachtung richten sich die Operationen des
Systems auf das System selbst und vollziehen darin eine Meta-
Schleife der Selbstreferenz, in welcher sich Identität und Selbstreferenz wechselseitig stützen. Denn die Identität eines Systems
beginnt mit der Setzung einer Differenz zwischen systemspezifischen und insofern dem System zugehörigen Operationen einerseits und anderen, nicht-dazugehörigen Ereignissen andererseits.

Sie findet ihre entfaltete Form genau in der Selbstreferenz systemischer Operationen und schließlich in der operativen Geschlossenheit dieser Operationen: »Geht man von diesem Konzept (hier: dem Konzept psychisch-autopoietischer Systeme) aus, kann Individualität nichts anderes sein als die zirkuläre Geschlossenheit dieser selbstreferentiellen Reproduktion« (Luhmann 1984: 357).

Wenn sich demnach systemische Operationen, etwa Gedanken oder Reflexionen eines psychischen Systems, nicht nur auf andere Operationen des Systems beziehen, sondern auf das System selbst in seiner Gesamtheit, dann muss im System selbst ein Anknüpfungspunkt, eine repräsentative Stelle für die Gesamtheit des Systems geschaffen sein, worauf die Operationen des Systems sich beziehen können. Dies ist der Ort der *Selbstbeschreibung* des Systems.

Die Selbstbeschreibung einer Person ist ein mentales Konstrukt, die Selbstbeschreibung eines Sozialsystems eine semantische Figur, in welcher in reduzierter und simplifizierter Form die Spezifität des Systems ausgedrückt ist. Die Reduktion und Vereinfachung ist erforderlich, weil eine Operation des Systems sich nicht auf das reale System insgesamt beziehen kann; denn dann gehörte diese Operation ihrerseits zum System, müsste sich also zugleich selbst auf sich beziehen und so weiter in einem unendlichen Regress. Eine Selbstbeschreibung ist gewissermaßen der Kern einer Identität, ein inneres Modell oder Eigenmodell des Systems im System, welches nicht auf möglichst umfassende Abbildung gerichtet ist, sondern auf eine adäquate Fassung der operativen Grundstruktur. So kann das Genom einer Zelle als Selbstbeschreibung der Operationsweise der Zelle verstanden werden, weil in einer vollkommenen Komplementarität das Genom die Operationsweise der Zelle steuert und die Operationen sich auf das Genom beziehen. Auch eine perfekte »corporate identity« wäre eine Selbstbeschreibung in diesem Sinne, wenn sie die Operationsweise der Unternehmung leiten könnte und sich andererseits die Operationen des Unternehmens auf die Realisierung der »corporate identity« ausrichteten.

Am deutlichsten liegen die Verhältnisse aber wohl in dem Fall von Selbstbeschreibung und Identität, mit dem wir am besten vertraut zu sein scheinen, dem Fall personaler Identität. Die Frage nach der Identität, nach dem »Wer bin ich?«, verlangt eine Selbst-

beschreibung der Person in der Person, ein Bild der Person von
sich selbst, welches die »wesentlichen Merkmale« der Person auf
den Begriff bringt. Im Fall rekursiver Schließung steuert diese
Selbstbeschreibung als Identität der Person die Operationen der
Person, und die Operationen der Person verwirklichen deren
Identität im Sinne ihrer Selbstbeschreibung. Das funktioniert
erstaunlich gut; und bemerkenswert viele Fälle zeigen, dass dieses
mentale Konstrukt »Identität« mächtiger ist als der von
Reduktionisten so gepriesene Selbsterhaltungstrieb: von Personen, die ihren politischen, ethischen oder religiösen Prinzipien als
Merkmalen ihrer Identität auch angesichts physischer Bedrohung
treu bleiben, bis zu Western-Helden, Großstadtpolizisten oder
kolumbianischen Richtern, die in ihren Handlungen sich selbst
treu bleiben, auch wenn sie sich selbst damit zugrunde richten.
Immer geht es darum, dass jemand sich selbst am Maßstab seiner
Identität misst und sagt: »Hier stehe ich, ich kann nicht anders«.
Selbst noch der »Mann ohne Eigenschaften« (Musil) ist so beein-
druckend, weil sein Schatten fehlt, seine Identität, die seinen
Handlungen Sinn und Richtung geben könnte.

Aus dem Gesagten lässt sich folgern, dass für komplexe Systeme Selbstbeobachtung, Selbstthematisierung und Selbstbeschreibung notwendig sind, weil sie den Prozess der Selbstreproduktion
in Erinnerung halten (zu der hier relevanten Idee der »differential
memories« siehe Campbell 1969: 74) und einen Kontroll-Maßstab
für die Ordnung des Prozesses bereitstellen. Die interne Differenziertheit und Vielfältigkeit des Systems wird dort auf einen Nen-
ner gebracht, wo es auf Identität ankommt: zum einen bei der
identischen Reproduktion des Systems selbst, also der Erhaltung
seiner operativen Autonomie und Geschlossenheit, zum anderen
bei der Erwartbarkeit der Operationen des Systems in System-
Umwelt-Beziehungen, die auf der Identität von Systemen aufbauen.

Damit ist der Bogen zurückgeschlagen zum kollektiven Handeln als systemisch koordiniertem Handeln, mit dem das System
sich gegenüber seiner Umwelt in einer erwartbaren und damit
zurechenbaren Weise zur Geltung bringt. Denn Erwartbarkeit
und Zurechenbarkeit des kollektiven Handelns des Systems setzt
voraus, dass dieses Handeln auch für externe Systeme – seien dies
Personen oder Sozialsysteme – nicht nur als schlichtes Handeln

beobachtbar ist, sondern eben als systemisches Handeln, als
Handeln des Systems. Das System muss also auch in der Sicht
von außen als kollektiver Akteur erkennbar sein und sich von
einer bloßen Aggregation von Einzelhandlungen unterscheiden.
Nicht sonderlich überraschend gelingt dies unter genau den
gleichen Voraussetzungen, unter denen das System selbst sich als
System sehen kann: durch die Bildung eines (vereinfachenden)
Modells, in welchem die Identität des Systems kompakt adressierbar wird.

    Dies lässt sich empirisch besonders deutlich im Prozess der
Bildung und Organisierung von sozialen Bewegungen oder am
Übergang von Protestbewegungen zu politischen Parteien, wie
etwa im Fall der Grünen, beobachten. Ein an Dramatik kaum zu
überbietender historischer Anschauungsunterricht lieferte im
Zuge der politischen Auflösung der DDR die manchmal gewissermaßen über Nacht forcierte Bildung neuer kollektiver Akteure.
Nicht immer gelang dieser Prozess; und die folgenreiche Differenz zwischen Gelingen und Misslingen lässt sich präzise daran
festmachen, ob der Organisierungsprozess dergestalt war, dass
einerseits (im Innenverhältnis) eine Selbstbeschreibung des
Systems als eigenständige Identität möglich war und dass andererseits die systemische Identität von außen erkennbar und
adressierbar war, weil sie sich von dem Handeln der einzelnen
Mitglieder deutlich genug unterscheiden ließ.

    In diesem Sinne spielen Selbstbeobachtung und Fremdbeob-
achtung, Eigenmodell und Fremdmodell des Systems komple-
mentär zusammen, um die spezifische Form, die Identität des
Systems als eigenständige, interaktiv konstituierte Realität zu
erzeugen. Dies ist uns, wie gesagt, für den Fall der Ausbildung der
Identität einer Person als sozial konstituierter so geläufig, dass es
dann doch erstaunlich ist, warum der analoge Prozess im Fall der
Identität sozialer Systeme so umstritten ist. Nicht selten müssen
Systemtheoretiker feststellen, dass hier gerade bei Sozialwissenschaftlern ein Affekt gegen »Systeme« insgesamt eine Rolle spielt,
obwohl Konzeptionen von kollektivem Handeln, »public choice«,
kollektiven Gütern und inzwischen auch kollektiven Rechten in
anderen Disziplinen durchaus geläufig sind. Vielleicht ist es
möglich, mit einer präziseren Beschreibung der Voraussetzungen
für systemisches Handeln (in Begriffen von Selbstbeobachtung,

Selbstthematisierung, Selbstbeschreibung, Modellbildung und
Identität) der Idee des Systems als Akteur etwas von ihrem
Schrecken zu nehmen.

Immerhin lässt sich feststellen, dass mit der Akzeptanz der
Möglichkeit kollektiven Handelns – jedenfalls in klar geschnitten
Fällen wie Gruppen (im oben ausgeführten Sinne von Dunphy
und Mills), sozialen Bewegungen, Organisationen und Netzwerken (zu letzteren Teubner 1999) – die Hemmschwelle für die
Denkmöglichkeit, dass auch soziale Systeme als Systeme handeln
können, deutlich gesunken ist. Bedenken gegen die Vorstellung
eines systemischen Akteurs konzentrieren sich gegenwärtig auf
zwei Aspekte, die sich mit den Stichworten »Akteurbezug« und
»Steuerung« bezeichnen lassen.

Einige reflektierte und ernstzunehmende Autoren haben den
»mangelnden Akteursbezug« systemtheoretischen Denkens
kritisiert (Scharpf 1989; Schimank 1988; Mayntz 1995). Damit ist
gemeint, dass Personen als Akteure mit ihren eigenen Präferenzen, Strategien und Absichten nicht ausreichend Beachtung
fänden gegenüber der anonymen Dynamik des Systems und der
Logik seiner Operationsweise. Richtig an diesem Argument ist,
dass systemtheoretisches Denken sehr schnell dazu verleitet, den
Schwerpunkt einseitig auf die Probleme der internen Operationsweise eines Systems zu legen und Personen, da sie zur
Umwelt des Systems gehören, zu vernachlässigen. Allerdings lässt
sich der Kritik durch zwei Klarstellungen leicht entgegen kommen.

Zum einen haben systemtheoretische Analysen immer wieder
betont, dass die theoriearchitektonische Entscheidung, nach
welcher soziale Systeme aus Kommunikationen bestehen und
Menschen zur Umwelt gehören – und, wie ich hier betont habe,
als Innenwelt besondere Bedeutung haben – den Stellenwert von
Menschen gerade nicht verringert, sondern unterstreicht. Menschen sind von Sozialsystemen eben nicht »mit Haut und Haaren«
vereinnahmt wie im Falle »totaler Institutionen«; sondern sie
erfreuen sich gegenüber allen nicht-totalen und nicht-totalitären
Systemen einer spezifischen Autonomie, die auf der eigenständigen operativen Geschlossenheit psychischer Systeme beruht und
ihnen Handlungsspielraum und operative Freiheitsgrade ermöglicht. Zum anderen lassen sich Eigendynamik und operative

Logik sozialer Systeme in ihren Besonderheiten erst dann erkenn,
wenn ein weiterer Schritt gemacht worden ist: Wenn soziale
Systeme als systemisch konstituierte soziale Tatsachen analysiert
und begriffen werden, die zwar nach wie vor mit Menschen etwas
zu tun haben, aber mit homologisierenden Denkmustern nicht
adäquat verstanden werden können.

Dies ist nicht gerade ein neuer Gedanke, aber er macht immer
noch Schwierigkeiten. So hat etwa Adam Smith die Regeln des
Funktionierens des Marktes in damals revolutionärer und heute
im Prinzip noch gültiger Weise beschreiben können, weil er sie
nicht auf das Handeln von Personen reduzierte, sondern im
Gegenteil die Kühnheit besaß, das über-persönlich, »anonyme«
Wirken einer eigenständigen operativen Logik des Marktes, das
Wirken der »unsichtbaren Hand« herauszuarbeiten. Und so hat
Karl Marx die spezifische Wirkungsweise einer kapital-basierten
Ökonomie von der bis dahin vorherrschenden Perspektive
personalen Reichtums und personaler Armut gelöst und die
unerhörte intellektuelle Leistung vollbracht, eine völlig neue
Sprache der Analyse spezifisch ökonomischer Prozesse zu schaffen. Konsequenterweise heißt sein Hauptwerk, das muss man
heute ausdrücklich sagen, nicht »Die Kapitalisten«, sondern »Das
Kapital«. Denn es geht ihm nicht um die Aktionen von Personen,
sondern um die Operationsweise eines sich (zu seiner Zeit)
dramatisch zu operativer Autonomie entwickelnden gesellschafli-
chen Teilsystems.

Ähnliches ließe sich z.B. über Max Webers Analyse der
Operationsweise bürokratischer Verwaltungssysteme sagen, die
Gültigkeit bis heute genau darin hat, dass sie sich nicht auf das
Handeln von Personen beschränkt, sondern die innere Dynamik
eines funktional spezialisierten und ausdifferenzierten Sozialsy-
stems offen legt und insofern Webers eigenen apodiktischen
Aussagen in den oben zitierten »Grundbegriffen« widerspricht.
Aber das kann ich hier nicht ausführen (siehe aber Luhmann
1971b, 90ff., bes. 104ff.).

Der Kritik eines mangelnden Akteursbezuges möchte ich also
auf halbem Wege entgegenkommen, indem ich auf der einen Seite
darauf bestehe, dass systemtheoretisches Denken unabdingbar
ist für eine angemessene Analyse der Eigendynamik und der
spezifischen operativen Logik hochkomplexer Sozialsysteme. Auf

der anderen Seite möchte ich keinen Zweifel daran lassen, dass
für ein angemessenes Gesamtbild sozialer, organisatorischer oder
gesellschaftlicher Prozesse immer beide Seiten dazugehören: die
spezifische Operationsweise sozialer Systeme *und* die Möglichkeiten und Restriktionen ihrer Umweltbeziehungen. Zu diesen
Umweltbeziehungen gehören mit besonderem Gewicht diejenigen zu Menschen (ob als Leistungsabnehmer, Mitglieder oder
Gegenspieler). Für dieses Gesamtbild bieten systemtheoretische
Analysen optimale Voraussetzungen, weil sie von ihren theoretischen Grundlagen her von vornherein und primär System-
Umwelt-Relationen im Auge haben.

Dass dies kein die Positionen verwischender Kompromiss ist,
sondern durchaus Raum für Kritik und Gegenkritik lässt, möchte
ich an einem aufschlussreichen Streitpunkt demonstrieren: der
Frage der Handlungsfähigkeit von Gesellschaften und ihren
Teilsystemen. Selbst Autoren, die keine Schwierigkeiten mit
systemtheoretischen Grundaussagen haben und etwa die kollektive Handlungsfähigkeit von Gruppen, Organisationen und
korporativen Verbänden oder Netzwerken anerkennen, formulieren dezidiert, wenn es um die Handlungsfähigkeit von sozietalen
Funktionssystemen geht. So sagt Uwe Schimank (1985: 428f.), die
Gesellschaft und ihre primären Teilsysteme seien »eindeutig«
keine handlungsfähigen Sozialsysteme. Dies zeige sich darin,
»dass es keinerlei Instanz gibt, die befugt wäre, im Namen eines
dieser Teilsysteme oder gar der Gesellschaft zu handeln«.

Diese Aussage ist empirisch falsch und, was wichtiger ist,
theoretisch unreflektiert. Sie ist empirisch falsch, weil etwa das
politische Teilsystem moderner Gesellschaft seit langem aus
guten Gründen präzise die Instanz ausgebildet hat, die Schimank
vermisst. Der Gesetzgeber, bei uns also das Parlament, ist nichts
anderes als die Instanz, die für das politische System insgesamt
spricht und für das politische System kollektiv verbindlich geltende Regeln definiert. Hat der Gesetzgeber gesprochen, so hat »die«
Politik, das politische Funktionssystem insgesamt gesprochen,
und in der Tat werden die produzierten Entscheidungen von
anderen Akteuren auch der Politik insgesamt zugerechnet. Für
die Exekutive als Teilsystem der Politik gilt nichts anderes. Das
brauche ich nicht auszuführen, da es uns tagtäglich und im
Wortsinne vor Augen geführt wird: der Kanzler entscheidet als

diejenige Instanz der Exekutive, die im Namen der Exekutive verbindlich und zurechenbar für diese spricht. Inzwischen lassen sich viele weitere gesellschaftlichen Teilsysteme nennen, die eine sie insgesamt repräsentierende und verbindlich für sie sprechende Instanz ausgebildet, mithin systemische Handlungsfähigkeit entwickelt haben – und dies aus dem Grund, der oben theoretisch als leitend herausgearbeitet worden ist: weil sie sich als Systeme insgesamt in ihrer Umwelt in einer bestimmten Weise zur Geltung bringen wollen.

Für die Wirtschaft war dies für einige Zeit (in der BRD) die Konzertierte Aktion, in der die Repräsentanten der Unternehmerverbände insgesamt und der Gewerkschaften insgesamt in einem Gremium versammelt waren, welches für die Wirtschaft insgesamt sprechen konnte. Für die Wissenschaft ist dies der Wissenschaftsrat, möglicherweise im Zusammenspiel mit anderen repräsentativen Instanzen wie der Hochschul-Rektorenkonferenz, der in wichtigen Fragen für die Wissenschaft insgesamt sprechen kann. Für das Rechtssystem ist dies die Einrichtung einer verbindlichen obersten Entscheidungsinstanz, wie etwa der Supreme Court oder das Bundesverfassungsgericht, die für die jeweilige gesamte Rechtsordnung verbindliche Entscheidungen fällen. Auch der Sport hat inzwischen formal organisierte repräsentative Instanzen geschaffen, die allzu massiv und »erfolgreich« für den (deutschen) Sport insgesamt sprechen und entscheiden. Für das Religionssystem und seine Kirchen gilt dies schon sehr lange, und weitere Beispiele ließen sich mühelos ausmalen. Treffend hat deshalb Fritz Scharpf (1987: 116) gefolgert: »Mit zunehmender Organisiertheit gewinnen Gesellschaften an kollektiver Handlungsfähigkeit.«

Noch interessanter könnte aber eine Entwicklung sein, die seit einiger Zeit zu lateralen, transnationalen kollektiven Akteuren führt, und die damit zeigt, dass Handlungsfähigkeit nicht einmal auf gesellschaftliche Teilsysteme und ganze Gesellschaften beschränkt ist. Ich spreche von Instanzen wie Greenpeace, Amnesty International, der OECD, der UNO, dem World Wild Life Fund, der Weltbank, der WTO, das IOC im Zusammenspiel mit den Nationalen Olympischen Komitees, die Nobelpreiskomitees oder – mit besonders spürbaren Wirkungen – der Kommission der Europäischen Union. Die theoretische Relevanz dieser Beispiele

erweist sich in der Veränderlichkeit der Grenzen für Handlungsfähigkeit: *systemische Handlungsfähigkeit ist eine Variable*. Sind bestimmte, genau bezeichenbare Bedingungen gegeben, dann
müssen auch gesellschaftliche Funktionssysteme, Gesellschaften,
internationale oder transnationale Instanzen und – im Prinzip
jedenfalls – sogar die Völkergemeinschaft insgesamt als kollektive
Akteure angesehen werden, die für ihren Bereich verbindlich und
zurechenbar sprechen können. Entscheidend sind mithin spezifische Kriterien der Operationsweise eines Sozialsystems, die
theoretisch plausibel definiert werden müssen und die den Maßstab dafür abgeben, ob ein in Frage stehendes System Handlungsfähigkeit ausgebildet hat oder nicht.

Mit dem Stichwort »Steuerung« ist ein zweiter Streitpunkt
bezeichnet, an dem sich Bedenken gegen die Vorstellung eines
systemischen Akteurs entzünden. Besonders klar hat sich Renate
Mayntz dafür ausgesprochen, den Steuerungsbegriff eher hand-
lungstheoretisch als systemtheoretisch und mithin »wieder enger
zu fassen und ihn durch eine Koppelung an die Akteursper-
spektive und damit einen handlungstheoretischen Ansatz gleichzeitig zu präzisieren« (1987: 92). Steuerung setze Steuerungssubjekte voraus, die in einem sozialwissenschaftlichen Zusammenhang »entweder Personen oder handlungsfähige soziale Kollektive« seien (1987: 93).

Soweit keinerlei Einwendungen; im Gegenteil: Da sie handlungsfähige Sozialsysteme ausdrücklich als Steuerungssubjekte
anerkennt, ist bereits ein Schritt über die oben skizzierte
Argumentation zum kollektiven Handeln hinaus getan und klar,
dass systemisches Handeln auch Steuerungshandeln sein kann.
Alles hängt deshalb davon ab, wo und wie die Grenzen gezogen
werden, die korporative Systeme im Sinne »handlungsfähiger
sozialer Kollektive« von anderen Formen organisierter sozialer
Zusammenhänge unterscheiden. So postuliert Renate Mayntz:
»›Der Markt‹ oder ›die Solidarität‹ ist kein Steuerungsakteur«
(1987: 93); beide seien allenfalls Steuerungsinstrumente.

Diese Grenzziehung scheint mir nicht begründet zu sein. Wie
bereits oben erwähnt, hat schon Adam Smith gerade den Markt
sehr dezidiert und kühn als Steuerungssubjekt konzipiert, wenngleich als eines mit »unsichtbaren Händen«. Und in analoger
Weise hat Marx dem Kapital eine zwar anonyme, aber doch

subjekthafte Steuerungsfunktion von kaum zu überbietender Wirksamkeit zugeschrieben. Das sollte nachdenklich machen. In systemtheoretischer Sicht steht hier der Kern eines von homologisierenden Reduktionen gereinigten soziologischen Denkens zur Debatte. Die Frage ist, ob das, was die Entdeckung kollektiver Akteure seit längerem angedeutet hat, heute nicht verallgemeinert werden muss zu der Vorstellung einer eigenständigen Subjekthaftigkeit selbstreferentiell geschlossener sozialer Zusammenhänge. Das Kriterium für Subjekthaftigkeit ist dasselbe wie für personale Identität, nämlich die operative Geschlossenheit einer selbstreferentiellen Reproduktion. Erinnern wir uns, dass in Übereinstimmung mit entwicklungspsychologischen Argumenten von Jean Piaget anders auch personale Identität nicht begriffen werden kann, insbesondere sie nicht einfach naturgegeben »da« ist, nur weil es sich um einen Menschen handelt. Wenn dies aber das Kriterium für Subjekthaftigkeit ist, dann gerät die Einzigartigkeit personaler Identität ins Wanken.

Dann gibt es keine vernünftigen Gründe mehr, in strenger Analogie zu personaler Subjekthaftigkeit und Identität nicht auch überpersönlichen und in diesem Sinne anonymen kommunikativen Zusammenhängen Steuerungsfähigkeit – und insbesondere auch die Fähigkeit zur Selbststeuerung – zuzuerkennen, wenn es sich um selbstreferentielle, operativ geschlossene Verweisungszusammenhänge handelt. Einen guten Prüfstein für die Frage, ob ein solcher Zusammenhang gegeben ist oder nicht, gibt das Maß der *Konstanz* von Erwartungen ab, welches die fragliche Einrichtung kennzeichnet. Bei kollektiven Akteuren wie Gruppen, Bewegungen oder Netzwerken leuchtet dies unmittelbar ein. Mit operativer Autonomie und der Ausbildung einer erkennbaren Identität ist es möglich, sowohl intern wie extern verlässliche Erwartungen über das Verhalten der Einheit insgesamt zu bilden und sich in seinen Erwartungen auf die Identität der Einheit zu beziehen. (Auch hier fällt wieder auf, dass interne und externe Zuschreibungen sich wechselseitig bedingen. Eine »corporate« oder »systemic identity« muss sowohl intern abgesichert wie extern zugeschrieben sein, um Realität zu werden.).

Spannend wird es dort, wo aufgrund der hier vorgenommenen theoretischen Verankerung von Identität und Subjekthaftigkeit auch andere kommunikative Zusammenhänge als Kandidaten für

Steuerungsfähigkeit sich empfehlen. In erster Linie – und darauf möchte ich mich hier beschränken (ausführlicher zu Medientheorie siehe Kap. 6.1) – gilt dies für die Organisationsformen derjenigen Kommunikationsmedien, welche (in systemtheoretischer Lesart) die gesellschafts-geschichtliche Transformation zu einer selbst-referentiellen, operativ geschlossenen Verweisungsstruktur abgeschlossen haben: der *Markt* für Geld, *politische Bürokratie* für Macht und *Wissenschaft* für Wissen. Ich möchte den Markt beispielhaft herausgreifen und zeigen, dass er ein Steuerungssubjekt par excellence ist.

Gerade im Falle des Marktes hat Renate Mayntz allerdings in einer bestimmten Hinsicht recht, wenn sie sagt, dass der Markt kein Steuerungsakteur sei. In systemtheoretischer Sicht ist der Markt ein operativ geschlossener Kommunikationszusammenhang und insofern ein identifikationsfähiges und identifizierbares Subjekt. Aber der Markt handelt nicht und ist mithin kein Akteur, weil er keine Instanzen ausgebildet hat, denen sich Kommunikationen als Handlungen zurechnen lassen. Der Grund ist in einer den Markt kennzeichnenden Besonderheit zu suchen: Zurechenbarkeit von Kommunikationen in einer vereinfachten Form als Handlungen setzt voraus, dass der in Frage stehende, gewissermaßen ganzheitlich pulsierende Kommunikationszusammenhang durch *Organisation* in einzelne kompakt adressierbare Elemente gegliedert wird, welche sich als Handlungen isolieren lassen.

Dies gelingt im Falle des Kommunikationsmediums Macht durch die Organisation des Mediums in politischer Bürokratie – und deshalb ist es gar keine Frage, dass das politische Funktionssystem einer modernen Gesellschaft sowohl handlungs- wie auch steuerungsfähig ist. Dies gelingt auch im Falle des Kommunikationsmediums Wissen (oder, wenn man diesen Begriff vorzieht: wissenschaftliche Wahrheit), wenn und insoweit als der Kommunikationsprozess der Wissenschaft in sozialen Strukturen wie Instituten, Universitäten, Forschungsabteilungen, wissenschaftliche Gesellschaften und Verbänden und möglicherweise sogar in ein das gesamte Wissenschaftssystem repräsentierendes Organ wie etwa einen Wissenschaftsrat organisiert ist.

Aber es gilt eben nicht für den Markt, weil der Markt in wesentlichen Merkmalen als Gegenprinzip zu Organisation gebaut ist und sich deshalb nicht ohne innere Paradoxie organisieren kann. In einer schönen Formulierung spricht Dirk Baecker (1988: 198) davon, dass Märkte in modernen Gesellschaften als »Strukturvorgaben des Strukturverzichts« fungieren. So ist der Markt als der Sonderfall eines operativ geschlossenen Kommunikationszusammenhanges zu begreifen, der zwar Identität, Subjekthaftigkeit und Steuerungsfähigkeit besitzt, nicht aber Handlungsfähigkeit im strengen systemtheoretischen Sinne. (Ausführlich zum Verhältnis von Kommunikation und Handlung Luhmann 1984: 191ff.).

Nicht nur Ökonomen sprechen ohne mit der Wimper zu zucken davon, dass der Markt die Preise bestimmt, Innovationen verlangt, Firmen verschwinden lässt oder von Laien wie Experten beobachtet werden kann. Aufschlussreicher ist schon, dass der Markt offensichtlich eine Dynamik und Eigenlogik aufweist, die selbst versierte professionelle Beobachter immer wieder überraschen, und die sich nicht auf die Rationalität und Logik ökonomisch handelnder Individuen reduzieren lassen. Auf der anderen Seite gibt es eine ganze Reihe sehr stabiler Erwartungen im Bereich ökonomischer Prozesse, welche sich auf die Operationsweise des Marktes beziehen. Schon dadurch gewinnt der Markt für externe Beobachter eine handlungsleitende und steuernde Funktion, die sich sehr konkret daran ablesen lässt, dass niemand (ökonomisch) ungestraft gegen die Eigenlogik des Marktes verstößt und alle ökonomisch rationalen Akteure sich nach Kräften bemühen, sich nach den autonomen Gesetzen des Marktes zu richten.

Entscheidend ist nun, dass diese externe Beobachtbarkeit des Marktes als autonomer und eigendynamischer Kommunikationszusammenhang sich auf die Identität des Marktes im Sinn der Gesamtheit der voraussetzungsvollen internen Operationsprinzipien richtet, die in der Ökonomik unter dem Stichwort der Marktgesetze oder der Marktlogik behandelt werden. Es ist diese eigensinnige Logik, die – wenn sie sich einmal zu einer selbstreproduzierenden operativen Autonomie verdichtet hat – zum einen sich selbst steuert und sich selbst als identische reproduziert, die zum anderen aber durch ihre bloße Existenz als Operationsform massive Steuerungswirkungen entfaltet.

Die eigentliche Schwierigkeit gerade für Sozialwissenschaftler, dieses Postulat zu verstehen und zu akzeptieren, hängt damit zusammen, dass der Markt als Kommunikationszusammenhang begriffen werden muss, dass aber »Kommunikation nicht direkt beobachtet, sondern nur erschlossen werden kann« (Luhmann 1984: 226). Das Funktionieren des Marktes zeigt nun sehr anschaulich das scheinbare Paradox, dass der Markt beobachtbar ist, obwohl er nicht gesehen werden kann. Er lässt sich von Marktteilnehmern beobachten im Spiegel der Beobachtungen anderer Marktteilnehmer. Und umgekehrt: Marktteilnehmer beobachten den Markt, indem sie sich selbst im Kontext mit anderen Marktteilnehmern, z.B. Konkurrenten oder Produzenten, beobachtet sehen (dazu Luhmann 1988: 108 im Anschluss an Harrison White; ausführlich Baecker 1988: 198ff.). Die vom Markt produzierten Preise sind das Kontrastmittel, das diese Beobachtungen zum einen ermöglicht, zum anderen dynamisiert und an die fundamentale ökonomische Operation der Zahlung anknüpft. Ein über Geld, Preise und Zahlungen vermittelter Zusammenhang ökonomischer Kommunikationen vernetzt sich in dem Maße zu einer Ordnung wechselseitig aufeinander bezogener Kommunikationen, wie der Zusammenhang nicht zufällig sich bildet, sondern als regelgeleiteter, operativ geschlossener Prozess abläuft, dessen spezifische Identität in der Besonderheit der Architektur des Zusammenhangs zu sehen ist.

Dennoch fällt es vielen schwer, mit der so beschriebenen Identität des Marktes Steuerungsfähigkeit zu verbinden. Denn es scheint das zu fehlen, was Menschen als Steuerungssubjekte auszeichnen soll: Motive und, darauf gründend, ein voluntaristisches Moment. Das Problem ist, dass niemand so recht sagen kann, was genau Motive und »Willen« sein könnten. Noch fragwürdiger werden beide Begriffe bei der Beschreibung der Steuerungsfähigkeit kollektiver Akteure. Welche Motive hat eine Organisation als Organisation? Lässt sich der Willen eines handlungsfähigen Sozialsystems in seinen Zwecken ablesen? Ist der Zweckbegriff für komplexe soziale Systeme nicht längst als unbrauchbar und irreführend aufgedeckt worden? Noch verwirrender wird die Situation, wenn wir auf die Ebene selbstreferentieller symbolischer Systeme wechseln, wie vor allem Sprachen und Spielregelsysteme. Beides sind Systeme mit eigenständiger

Identität und Subjekthaftigkeit, die in besonders massiver Weise
Steuerungsfähigkeit haben und Steuerungswirkungen entfalten.

Aber hat eine Sprache Motive? Wohl kaum. Ihre Steuerungs-
potenz liegt in der Regelstrukur der von ihr ermöglichten und
ausgeschlossenen kommunikativen Operationen. Analoges gilt
für die Spezialsprachen in Form spezialisierter, symbolisch
generalisierter Kommunikationsmedien wie Geld, Macht, Wissen,
Liebe oder Glaube (ausführlich dazu sogleich in Kap. 6.1). Es ist
die Spezialsprache des Kommunikationsmediums Geld, die dem
Markt ihre Syntax und Semantik aufprägt und bewirkt, dass der
Markt als gesonderter Kommunikationszusammenhang bestimmte – und nicht andere – Steuerungswirkungen entfaltet
gegenüber all den Operationen, welche in den Bannkreis seines
(re-)konstruktiven Netzwerkes geraten.

Die Kommunikationsmedien brauchen, um Steuerungswirkungen zu entfalten, keine eigenen Motive oder Zwecke. Sie
steuern durch die hochorganisierte Selektivität der durch sie
stabilisierten Erwartungsmuster. Spielregeln oder eine Sprache
oder ein Markt steuern Operationen wie Kommunikationen oder
Handlungen, indem sie ihnen ihren Stempel aufdrücken, ihnen
ein bestimmtes, selektives Netz möglicher Bahnen und Verknüpfungen in Form lokaler Operationsregeln und lateraler
Verknüpfungsregeln vorgeben, sie also in eine bestimmte Ordnung zwingen: Steuerung par excellence.

Gegenüber der Fähigkeit von Systemen zu kollektivem Handeln gewinnt gegenwärtig eine darauf aufbauende systemische
Kompetenz an Bedeutung: *kollektive Intelligenz*. Die durchaus
pragmatisch gedachte Managementidee der »intelligenten Firma«
(Hamel und Prahalad 1994; Quinn 1992) und des organisationalen Wissensmanagements (Willke 1998) postulieren eine kollektive Intelligenz von Organisationen, die genau darin ihre Bedeutung findet, dass sie sich von der bloßen Aggregation der individuellen Intelligenzen unterscheidet, also eine systemische Qualität
bezeichnet. Die organisationale Form kollektiver Intelligenz zielt
auf einen offenbar uralten menschlichen Traum der Überwindung
der Grenzen des individuellen Wissens. Wie Rituale, Mythen,
Bücher oder Bibliotheken auch, erweitert jede Form sozial gespeicherter Intelligenz den Möglichkeitsraum fokussierten und in
Grenzen kumulativen individuellen Wissens. Personale Intelligenz

findet so eine mehr oder weniger elaborierte Architektur sozial gespeicherter Intelligenz vor, ein Labyrinth möglicher Aufmerksamkeits- und Betätigungsfelder. Aber erst die Erfindung der formalen Organisation transponiert diese flache, an die individuelle Sozialisation gebundene Grundarchitektur in eine dritte Dimension. Indem formale Organisationen auf der Basis transpersonaler Regeln und Routinen mit sanktioniertem Geltungsanspruch die Kommunikation mit Abwesenden erlauben und über diesen Kunstgriff sich zwar nicht von Personen, aber doch von jedweder einzelnen konkreten Person unabhängig machen, schaffen sie einen Humus an sozial etablierter und konfirmierter Kommunikationsformen, die, wie Bücher, ihr eigenes Schicksal haben, weil nicht mehr kalkulierbar ist, wer mit diesen Formen wie kommuniziert.

Das Problem, dem sich Soziologie verdankt und das sie legitimieren könnte, ist darin zu sehen, dass die meisten Menschen diese Option als Kränkung verstehen und deshalb alles daran setzen, die Fortschritte kollektiver Intelligenz auf individuelle Handlungen herunter zu rechnen. So bieten »rational choice« und »ökonomische Analysen« des Sozialen nach wie vor die Möglichkeit, sich wissenschaftlich fundiert der Einsicht zu entziehen, dass Menschen als Individuen – gemessen an den Ansprüchen moderner Gesellschaften – weder besonders rational noch besonders intelligent handeln. Vermutlich ändert sich dies erst dann, wenn die Einsicht in diese Einsicht Rendite abwirft. Genau dies zeichnet sich mit der Idee der intelligenten Organisation ab.

Wenn der Kern von Intelligenz Lernfähigkeit ist, dann setzt organisationale Intelligenz voraus, dass Organisationen als Organisationen, als soziale Systeme, lernen, während es nicht genügt, dass nur Personen als Mitglieder der Organisation lernen. Beispielsweise sind, um einen aktuellen Fall anzureißen, die studierenden und forschenden Mitglieder der deutschen Universitäten eher lernfähige und in diesem Sinne intelligente Menschen, während die Universitäten als Systeme seit den Humboldtschen Reformen wenig dazugelernt haben und in diesem Sinne bemerkenswert dumm sind (ausführlich dazu Willke 1997). Es ist schwer vorstellbar, dass eine Steuerung komplexer sozialer Systeme gelingen könnte, wenn deren eigene systemische Intelligenz

weder wahrgenommen noch ihren internen und externen Herausforderungen entsprechend aufgebaut und entwickelt wird.

Dass kollektive Intelligenz gelingen kann, haben die Nieder-
lande gezeigt, in dem dort das »Poldermodell« von 1982, das ganz
analog zur Konzertierten Aktion angelegt war, trotz oder gerade
wegen einer Wirtschaftskrise im Herbst 2003 wieder aktiviert
worden ist. Es wurden weit reichende Einigungen zwischen
Gewerkschaften und Arbeitgebern erreicht, z. B. ein Verzicht auf
Tariferhöhungen für das Jahr 2004, um die Voraussetzungen für
einen Wirtschaftsaufschwung zu schaffen.

Ohne Zweifel ist mit der Möglichkeit kollektiver Intelligenz
immer auch die andere Seite der Möglichkeit institutioneller
Borniertheit und Rigidität gegeben. Auch institutionelle Lern-
prozesse können, wie individuelle, pathologisch werden, wenn sie
vom schmalen Grat »adäquaten Lernens« abstürzen und statt
dessen aus einer glorifizierten Vergangenheit oder aus einer
verklärten Zukunft lernen. Für den Fall politischer Systeme haben
dies Karl W. Deutsch (1969) und Amitai Etzioni (1971) eindringlich dargestellt. Für den Fall des Lernens von Organisationen
haben vor allem Chris Argyris und Donald Schön beharrlich
sowohl die Chancen kollektiver Intelligenz wie auch die Risiken
eines pathologischen kollektiven Lernens erforscht:

> »To the distinguished social scientists who were repelled by the idea when
> we first broached it in the early 1970s, ›organizational learning‹ seemed to
> smell of some quasi-mystical, Hegelian personification of the collectivity.
> Surely, they felt, it is *individuals* who may be said to learn, just as to think,
> reason, or hold opinions. To them, it seemed paradoxical, if not perverse,
> to attribute learning to *organizations*« (Argyris und Schön 1996: 4).

Im Folgenden soll das Problem der Steuerung hochkomplexer
Systeme am Beispiel der Wirkungsweise symbolisch generalisierter Steuerungsmedien ausführlicher behandelt werden. Dabei geht
es – entsprechend der Zielsetzung dieses Buches – nicht so sehr
um Einzelheiten, als um die Grundzüge. Generalisierte Medien
wie Macht, Geld oder Wissen sind evolutionär unwahrscheinliche
soziale Erfindungen, die in besonderer Weise geeignet sind, hohe
Komplexität und Kontingenz bearbeitbar und steuerbar zu machen. Es liegt demnach auf der Hand, dass sie mit wachsender
Komplexität sozialer Systeme zunehmende Bedeutung erlangen.

6 Steuerungsprobleme hochkomplexer Sozialsysteme

Hochkomplexe Gesellschaften sehen sich heute mit Steuerungsproblemen konfrontiert, zu deren Bewältigung die herkömmlichen Mittel nicht ausreichen. Dies gilt für die entwickeltsten Länder der OECD, die sich bereits in der Transformation zu Wissensgesellschaften befinden, zwar besonders deutlich. Aber niemand wird behaupten wollen, dass die Länder der Zweiten und der Dritten Welt keine Steuerungsprobleme hätten.

Idealtypisch vereinfacht lassen sich die westlichen Industrieländer als soziale Systeme sehen, deren funktional ausdifferenzierte Teilsysteme wie Politik, Wirtschaft, Wissenschaft, Bildung, Kunst, Religion etc. einen relativ hohen Grad von Autonomie besitzen. Das Auseinanderfallen der Gesellschaft in funktional spezialisierte Teilbereiche – die »gesellschaftliche Arbeitsteilung« – führt einerseits zu wachsenden Interdependenzen zwischen den Teilen, andererseits zur zunehmenden Ausbildung von Teilrationalitäten, widersprüchlichen Subsystemzielen, unterschiedlichen Binnenmoralen, spezifischer Innendifferenzen und unterschiedlicher Steuerungsmedien. Für die Gesamtgesellschaft stellt diese Entwicklung in immer drängender Weise das Problem des Zusammenhangs des Ganzen, *die Frage der Integration hochdifferenzierter Gesellschaftssysteme*: Wie etwa lassen sich das Wissenschaftssystem und das politische System der Gesellschaft abstimmen, wenn diese Teilsysteme nach ganz unterschiedlichen Rationalitäten und Entscheidungskriterien gesteuert werden – nämlich Macht einerseits, Wissen andererseits. Wie lassen sich Politik und Ökonomie integrieren, wenn sie mit völlig unterschiedlichen Medien der internen Steuerung – Macht bzw. Geld – »arbeiten«?

Für die ehemaligen sozialistischen Länder dagegen stellte sich das Komplexitätsproblem – wiederum idealtypisch vereinfacht – umgekehrt dar: Eine alle gesellschaftlichen Lebensbereiche durchdringende Ideologie und Parteilichkeit (bis hin zu Familie und Justiz) bewirkt einen relativ hohen Grad an Integration der

Gesamtgesellschaft. Andererseits bewirken Industrialisierung, Technisierung, Verwissenschaftlichung etc. ein so hohes Maß an gesellschaftlicher Komplexität, dass Fragen des »Wertberücksichtigungspotentials« (Naschold) und der »Zentralisierbarkeit von Entscheidungsleistungen« (Luhmann) unabweisbar wurden. Sozialistische Staaten standen daher zunehmend vor *dem Problem der funktionalen Differenzierung hochintegrierter Gesellschaftssysteme.* Das heißt, sie standen vor dem Problem, die generelle und undifferenzierte Gültigkeit ideologisch begründeter Macht als Steuerungsmedium für bestimmte Teilbereiche – insbesondere Wirtschaft (»ökonomische Hebel«), Wissenschaft, Familie – einzuschränken und die relative Eigenständigkeit der Teilsystemprobleme und -rationalitäten anzuerkennen.

Welche Schwierigkeiten dies bereitet, zeigt sich beispielhaft am Prozess der Transformation der UdSSR zur GUS. Der Ruf nach »Durchsichtigkeit« und »Umbau« (»glasnost« und »perestroika«), nach mehr Autonomie, mehr Rechten und Alternativen beinhaltete die Forderung, gegenüber der überintegrierten, einheitlichen und einseitigen Rationalität der Partei auch andere, differenzierte Rationalitäten und Ausrichtungen zur Geltung bringen zu können. Eigenständige Ideen in Kultur, Presse, Wissenschaft oder Ökonomie bedeuten zwar auf kurze Sicht eine Machteinbuße der Partei – und gerade dies schien den Funktionären unvorstellbar zu sein. Doch hat auf längere Sicht eine funktionale Differenzierung entwickelter Sozialsysteme so erhebliche Vorteile hinsichtlich der Steuerbarkeit und Steuerungseffektivität, dass mit steigendem Entwicklungsniveau der sozialistischen Gesellschaften eine Steuerung durch die Partei allein immer unwahrscheinlicher und problematischer werden musste – und inzwischen sich auch als unhaltbar erwiesen hat.

Auch in entwickelten sozialistischen Gesellschaften hatten – trotz erheblicher Anlaufschwierigkeiten – systemtheoretische Vorstellungen und Konzeptionen sowohl wissenschaftliches wie auch praktisches Interesse gefunden. Dies überrascht nicht. Die Planung großer und komplexer Systeme ist ein Charakteristikum entwickelter sozialistischer Gesellschaften – es war dies, längst bevor »westliche« Systeme die Notwendigkeit gesellschaftlicher Planung für sich entdeckten. Dennoch beeinträchtigte das kurze Gängelband ideologisch orientierter Parteirationalität die wissen-

schaftlichen Entwicklungschancen, gerade auch im Hinblick auf
die Weiterentwicklung von Steuerungstheorien. So war die
wissenschaftliche Diskussion allzu häufig nur ein Abklatsch
dessen, was Jahre zuvor in »westlichen« Gesellschaften entwickelt
und diskutiert worden ist. So gab es z.B. in der DDR eine um-
fangreiche und häufig ausgezeichnete Literatur zu traditionellen
Fragestellungen der Systemtheorie, dagegen nur dürftiges zu
neueren Entwicklungen etwa in der Theorie lebender Systeme,
der Steuerungstheorie hochkomplexer Systeme oder der Anwen-
dung systemtheoretischen Denkens auf soziologische Fragestellungen (vgl. dazu Willke 1979).

Die hier skizzierte Sicht der unterschiedlichen dominanten
Systemprobleme geht zwar davon aus, dass allen Industriegesellschaften das Problem der Bewältigung hoher Komplexität
gemeinsam ist. Diese Sicht hat aber mit Vermutungen über
mögliche Konvergenzen der beiden unterschiedlichen Gesellschaftstypen nicht das geringste zu tun. Heute ist ganz offen, ob
eine entwickelte sozialistische Gesellschaft eine viable (über-
lebensfähige) Möglichkeit sein kann. Und die brisantere Frage ist,
wohin sich eine entwickelte kapitalistische Gesellschaft bewegen
könnte und sollte.

Bezogen auf das Problem der gesellschaftlichen Handlungs-
und Steuerungsfähigkeit hat Amitai Etzioni eine Unterscheidung
zwischen entwickelten kapitalistischen und sozialistischen Systemen vorgeschlagen, die besonders auf die unterschiedlichen
Steuerungsmechanismen abhebt. Er unterscheidet die Dimensionen Konsensus und Kontrolle und charakterisiert entwickelte
sozialistische Gesellschaften als »*over-managed societies*«, weil ihre
Kontrollkapazität weniger defizient ist als ihr Vermögen, Konsens
zu bilden. Umgekehrt ist bei kapitalistischen Systemen die Fähigkeit, Konsens zu bilden, weniger defizient als ihre Kontrollkapazität. Sie werden als »*drifting societies*« gekennzeichnet (Etzioni
1975, Kap. 13). »Übersteuerte« Gesellschaften leiden an einer zu
engen Bindung der Teile an das Ganze. Die funktionale Autonomie der Teilsysteme ist gering, so dass die politische Führungs-
spitze gezwungen ist, Entscheidungen eher auf Kontrolle als auf
dezentralisierten Konsens zu stützen. Darüber hinaus verhindert
der hohe Zentralisierungsgrad der Entscheidungsfindung eine

optimale Variabilität der Teilsysteme, mithin deren Erneuerungs-
und Anpassungsvermögen.

Der dramatische Zusammenbruch der entwickelteren sozialistischen Gesellschaften Mittel- und Osteuropas kann auch als
eindrucksvolle Bestätigung system- und differenzierungstheoreti-
scher Annahmen verstanden werden. Neben vielen individuellen,
organisatorischen (dazu aufschlussreich Pollack 1990) und
politisch-systemischen Gründen war die *Unterdrückung der Dynamik funktionaler Differenzierung* das Kernstück einer ideologisch
verblendeten Strategie, systemische, organisationale und
individuelle Autonomie zu verhindern, um eine zentrale, hierarchische Kontrolle der Gesamtgesellschaft zu verwirklichen. Der
Möglichkeitsreichtum der Teile wurde künstlich unterdrückt und
so vor allem die interne Dynamik und Innovationsfähigkeit der
Subsysteme Wissenschaft und Wirtschaft bis zum Punkt des
ökonomischen Kollaps unter politischem Verschluss gehalten.

Besonders spannend ist unter diesem Gesichtspunkt die gegenwärtige Entwicklung Chinas. Es scheint einen gemischten Kurs
der Steigerung seiner Fähigkeit zur Selbststeuerung (Gouvernanz)
zu steuern, wonach zwar vor allem der Ökonomie, aber auch
anderen Subsystemen wie der Wissenschaft, eine bemerkenswerte
Autonomie und Eigendynamik zugestanden wird, dennoch aber
die Partei und mir ihr das politische System eine eiserne Rahmen-
ordnung durchzuhalten versucht, um »Auswüchse« und nicht
»erwünschte« Verselbständigungen zu verhindern (Werz 2004).

»Dahintreibenden« Gesellschaften (im Sinne Etzionis) mangelt
es dagegen an der Fähigkeit, den Möglichkeitsreichtum der Teile
zu bündeln, abzustimmen und einer kontinuierlichen, zukunfts-
orientierten Zielmatrix unterzuordnen. Die Schwierigkeiten vieler
Mitglieder der EU, den Maastricht-Kriterien der Staatsverschul-
dung zu genügen, geben davon beredtes Zeugnis ab. Etwas
salopp könnte man formulieren, dass entwickelte kapitalistische
Gesellschaften mangels verbindlicher gesamtgesellschaftlicher
Zielvorstellungen nicht wissen, was sie mit ihrer Potenz anfangen
sollen. Damit ist auch gesagt, dass der Zusammenbruch sozialistischer Gesellschaften in keiner Weise belegt oder so verstanden
werden sollte, dass entwickelte kapitalistische Gesellschaften ohne
gravierende Probleme seien.

Die Orientierung der Politik am formalen Prinzip des Wahl-
erfolges lässt weiten Raum für kurzfristig wechselnde, opportu-
nistische, je nach Bedarf innovative oder stabilisierende Programme und Sachziele. Diese grundsätzliche Strukturentscheidung für
konkurrierende politische Programme lässt den gesellschaftlichen
Teilsystemen Raum für eigene Ziele und Entwicklungen. Und
gerade dies schafft wiederum das Problem der Abstimmung der
vielen divergierenden Ziele, der Rückbindung der Teilsysteme auf
gesamtgesellschaftlich verbindliche Rationalitätskriterien. Die
Politik scheint nicht in der Lage zu sein, die Dynamik der Gesellschaft zu bändigen. Sie »wartet hier gleichsam auf Krisen, die eine
sich selbst entwickelnde Gesellschaft erzeugt, und ist kaum in der
Lage, aus der Konzeption einer langfristigen Gesellschaftsentwic-
klung heraus die Probleme selbst zu stellen, über die sie entscheidet« (Luhmann 1971b: 43).

Allerdings sind in den letzten Jahren Bewegungen festzustellen,
die dieser bloß reaktiven Rolle der Politik entgegenzuwirken
versuchen. Der manifeste Bedarf an gesellschaftsumfassender
Steuerungskapazität bewirkte im Zusammenspiel mit nun deutlicher spürbaren internationalen Abhängigkeiten und Verwundbar-
keiten der westlichen Industriegesellschaften (z.B. Entwicklung
der Energiekosten, Umweltprobleme, hartnäckige Arbeitslosigkeit, »Standortproblematik«; globaler Terror, Migrationsströme
etc.) einen Druck auf das Wissenschaftssystem, Konzeptionen
und Modelle, Mechanismen und Instrumente der Steuerung
komplexer Systeme zu entwickeln. Wichtige Denkanstöße kamen
dabei von den Berichten des »Club of Rome«, welche anhand
globaler Systemmodelle hochkomplexe Zusammenhänge zwischen nur wenigen Variablen herausstellten und aufgrund von
Computersimulationen eine Reihe höchst alarmierender Krisens-
zenarios plausibel machen konnten. Die wichtigsten Variablen
waren: die voraussichtlichen Entwicklungstrends von Weltbevöl-
kerung, Industrieproduktion, Nahrungsproduktion, Energiever-
brauch, Umweltverschmutzung und Kapitalbedarf. Die Untersuchungen machten deutlich, dass selbst bei konservativen Annahmen ein »Weiterwursteln« nach bisherigen Wachstumskurven
zwingend in weltweite Katastrophen führen müsste (vgl. Meadows u.a. 1975).

Natürlich ist an diesen Studien zum Teil heftige Kritik geübt worden (vgl. Forrester 1982; Meadows u.a. 1982). Wichtiger als die Frage, ob Modell oder Kritik im Detail »richtig« sind, scheint mir allerdings der Anstoß- und Aktivierungseffekt dieser Studien zu sein. Sie machten deutlich, dass es unumgänglich ist, die Dynamik und das häufig »konterintuitive Verhalten« hochkomplexer Systeme (dazu Dörner1989) eingehender zu untersuchen, wenn man ein angemessenes Verständnis moderner Gesellschaften, Organisationen, großer Städte, Unternehmen oder Verbände erreichen will.

Dabei ist gerade ein *systemtheoretisches* Denken vor allem aus folgenden Gründen hilfreich:

(1) Systemdenken bedeutet Denken in Zusammenhängen. Nur dies verhindert, dass ein Teil für das Ganze genommen, von der Veränderung eines Aspekts linear auf die Veränderung des Ganzen geschlossen wird. Insbesondere der sehr häufige Trugschluss, dass die Steigerung der Effizienz eines bestimmten Teiles oder einer bestimmten Funktion des Systems auch die Effizienz des Systems steigere, kann hier beispielhaft angeführt werden (vgl. dazu die praktischen Fälle bei Churchmann 1979: 23-27 und S. 49ff.; Senge 1990 und 1996; Senge u.a. 1999).

(2) Die Berücksichtigung von Zusammenhängen bringt die Systemwissenschaftlerin in ein fruchtbares Dilemma: einerseits muss sie erkennen, dass alles mit allem »irgendwie« zusammenhängt, dass jedes System jeweils in einen größeren Systemzusammenhang eingebettet ist. Andererseits zwingt sie die Unmöglichkeit, alle nur denkbaren Zusammenhänge zu berücksichtigen dazu, besonders eingehend der Frage nachzugehen, *wie* denn unterschiedliche Systemebenen zusammenhängen und wie denn genau die Teile eines Systemzusammenhanges zusammenspielen. Hier stellt sich heraus, dass in komplexen lebenden Systemen der Zusammenhang von Teilen und Ganzen und mithin – da jedes Ganze wiederum Teil eines weiteren Ganzen sein kann – der Zusammenhang zwischen Systemen unter-schiedlicher Ebenen gerade nicht einfach, linear und kausal ist, sondern diskontinuierlich, nonlinear, konterintuitiv und irreversibel.

Hinzu kommt bei sozialen Systemen, dass es negative und positive Rückkoppelungen gibt; es gibt Verkoppelungen im Sinne der selbsterfüllenden und selbstzerstörenden Voraussagen; es gibt

enge und lose Verknüpfungen, Reaktivitäten und Kontextbrüche
durch unterschiedliche Systemebenen; es gibt bestimmte Schwellenwerte für Indifferenzen und »Anstoßkausalitäten«, für Ver-
stärkungsprozesse (»trigger functions«, vgl. dazu von Bertalanffy
1979: 71); es gibt konterintuitive Kombinationswirkungen und
andererseits Entwicklungsbeschränkungen durch interne
Bedingungen der Koordination und Anschließbarkeit (»coordinative conditions«, vgl. dazu Whyte 1965: 22ff.); und vor allem
gibt es das, worauf die »modernen« naturwissenschaftlich
orientierten Wissenschaften aufbauen, so gut wie gar nicht: klare
und isolierbare Ursache-Wirkungs-Beziehungen.

(3) Der Systemwissenschaftler ist daher darauf angewiesen, die
ungeheure Komplexität der für ein System möglicherweise ein-
schlägigen Beziehungen in einer bestimmten Weise zu reduzieren:
gerade nicht in der Weise der traditionellen Naturwissenschaften,
die diejenigen Variablen herauspickten, welche sich gut messen
ließen; sondern in der Weise einer systemadäquaten Analyse der
»kritischen« Variablen. Dies bedeutet, dass eine Systemanalyse
überhaupt erst beginnt mit der Frage nach den Variablen, Faktoren, Komponenten, Funktionen oder Sinngehalten, welche für
ein bestimmtes System insofern relevant oder repräsentativ sind,
als Erkenntnisse und Aussagen über sie tatsächlich auch Aussagen und Erkenntnisse über das System insgesamt erlauben.
Herbert Simon hat dieses Erfordernis in den sehr passenden
Begriff der »*sensitivity analysis*« gefasst, mithin der Systemwissenschaftlerin die Aufgabe zugewiesen, diejenigen Momente oder
Beziehungen herauszufinden, auf welche ein System »anspricht«,
welche mithin von kritischer Bedeutung für das System sind (vgl.
Simon 1978a: 120f).

(4) Besonders im Hinblick auf die Steuerung komplexer Systeme ist die Einsicht zentral, dass Teile oder Prozesse sich in der
Analyse unterschiedlich darstellen, unterschiedliche »Realitäten«
haben, je nachdem ob sie isoliert für sich oder aber im Kontext
und in der dynamischen Interaktion des Systemzusammenhanges
untersucht werden (vgl. dazu von Bertalanffy 1979: 31). Diese
Einsicht scheint eher trivial zu sein. Doch lassen sich ganze For-
schungsrichtungen der Medizin, Biologie, Psychologie, Soziologie,
Staatstheorie etc. nennen, die diesen Grundsatz missachten.

Trotz eklatanter Misserfolge etwa in der Krebsforschung, in der Analyse psychosomatischer Störungen oder der Erforschung von Geisteskrankheiten herrscht in vielen Zweigen der Medizin noch eine »Teilchentheorie des Ganzen« vor, wird das komplexe System Mensch-in-Umwelt auf biochemische Prozesse reduziert. Trotz eklatanter Misserfolge staatlicher Gesellschaftssteuerung und juristischer Regelung von Problembereichen ist den Rechts- und Staatswissenschaften jedes Systemdenken weitestgehend fremd geblieben. So ist auch heute noch nahezu jeder Gesetzgebungsakt ein »Schuss ins Dunkle«, weil z.B. der qualitative Unterschied zwischen individuellen Interaktionen (und deren Beeinflussung) einerseits und den kombinatorischen Effekten von nicht-linear, reaktiv und diskontinuierlich vermittelten ebenübergreifenden Interaktionen andererseits nicht berücksichtigt wird (vgl. die aufschlussreichen Beispiele bei Dörner 1989). Und so fehlen einem Verteidigungsminister mal eben ein paar Milliarden in der Kasse, weil er und seine Beamten übersehen haben, dass die Steuerung eines komplexen Großprojektes nicht nur quantitativ, sondern auch qualitativ andere Abstimmungs- und Koordinierungsinstrumente erfordert, als die Beschaffung von Uniformknöpfen oder langen Unterhosen für den Winterkampf.

(5) Den besonderen Reiz und die besondere Schwierigkeit systemtheoretischen Arbeitens macht das aus, was Warren Weaver schon vor über 40 Jahren als das Phänomen der *organisierten Komplexität* lebender Systeme bezeichnet hat (vgl. Weaver 1978). Während sich die Sozialwissenschaften von vornherein mit diesem Problem organisierter Komplexität herumschlagen mussten, sofern sie brauchbare und weitsichtige Analyse betrieben -- was gerade ihren besten Untersuchungen gänzlich unberechtigterweise den Vorwurf eines vorwissenschaftlichen Entwicklungsstandes einbrachte – entdecken die Naturwissenschaften erst allmählich diesen schwierigen Bereich organisierter Komplexität. Sie stehen damit vor genau den gleichen erkenntnistheoretischen und methodologischen Problemen, die bislang die Domäne der Sozialwissenschaften zu sein schienen.

Der methodische Minderwertigkeitskomplex der Sozialwissenschaften ist völlig verfehlt. Das besinnungslose Nacheifern naturwissenschaftlicher Exaktheit durch künstliche Reduktion

von Zusammenhängen auf wenige Variable schlichter Anachro-
nismus. Denn heute geht es für *beide* Wissenschaftsbereiche
darum, ein neues Instrumentarium für die Analyse hochkomplexer organisierter Systeme zu entwickeln, seien dies Biopolyme-
re, Zellen, Organismen, Gruppen oder Gesellschaften. Und
gerade dies ermöglicht und erfordert neue Formen der
transdisziplinären Zusammenarbeit, wie sie beispielhaft der
Entstehung und Weiterentwicklung der Allgemeinen Systemtheorie zugrundeliegt.

(6) Die Analyse von Phänomenen organisierter Komplexität
setzt den Bruch mit dem wissenschaftstheoretischen Ideal einfacher Kausalitäten und Gesetze voraus; und sie setzt voraus, dass
die methodologisch verbrämte Reduktion komplexer Zusammenhänge auf einzelne, gerade messbare Variablen überwunden wird.
Erforderlich ist die Einsicht, dass »eine einfache Theorie über
Phänomene, die ihrer Natur nach komplex sind (oder – sofern
man diesen Ausdruck vorzieht – die mit höher organisierten
Phänomenen zu tun hat), wahrscheinlich notwendigerweise falsch
(ist)« (von Hayek 1972: 16). Was Theorien über Systeme organisierter Komplexität leisten sollen, ist denn auch vorsichtiger
anzusetzen. Nicht die Voraussage zukünftigen Verhaltens im
Detail ist das Ziel, sondern die Voraussage von Verhaltens-
mustern (*pattern prediction*), Funktionszusammenhängen, Pro-
blemfigurationen und Entwicklungslinien, deren Kenntnis nur die
Wahrscheinlichkeit erhöht, bestimmte Ereignisse und Ergebnisse
herbeiführen oder verhindern zu können. Nicht methodisch
perfekte Modellbauerei und Algorithmisierung, die immer ex-
aktere Erfassung von Irrelevantem, ist das Gebot der Gegenwart,
sondern der transdisziplinäre Aufbau einer Theorie und Analy-
semethodik komplexer organisierter Systeme. Grundlage einer
solchen Theorie und Methodik kann dann nicht mehr nur die
Logik von Ursache-Wirkungs-Kausalitäten sein, sondern darüber
hinaus zusätzlich die Logik komplexer Systeme (treffend dazu
Dörner 1989).

Auf der Ebene ganzer Gesellschaften führen alle diese Ge-
sichtspunkte zusammengenommen dazu, zunächst einmal diejenigen strategisch wichtigen und »sensitiven« Zusammenhänge,
Prozesse und Charakteristika herauszuarbeiten und analytisch zu
rekonstruieren, welche das spezifische Emergenzniveau und die

besondere Steuerungsproblematik von Gesellschaften ausmachen, die sich gegenwärtig auf den Weg in die Wissensgesellschaft aufmachen. Dazu ist ein angemessenes Verständnis der Relationen zwischen Teilen und Ganzem, also etwa zwischen Teilsystemen wie Wirtschaft, Staat, Politik, Wissenschaft, Erziehungssystem, Gesundheitssystem etc., und der Gesamtgesellschaft erforderlich.

Bezüglich der Desaggregation der Gesamtgesellschaft in einzelne Teilbereiche mit je spezifischen Teilrationalitäten, Selektions- und Relationierungskriterien gibt es in Form der Differenzierungstheorie ein traditionreiches und gut ausgebautes Theorieangebot (Übersicht bei Willke 1989, Kap. 1 u. 3). Problematisch ist dagegen die Frage, wie denn die in sich vielfältig (segmentär, schichtungsmäßig, funktional, regional etc.) differenzierte Gesamtgesellschaft wieder zu einem einheitlichen, handlungsfähigen und entwicklungsfähigen Ganzen integriert werden könne. Der alltägliche, lebensweltliche Eindruck, dass moderne Gesellschaften keinen zusammenhängenden Sinn mehr ergeben, dass sie in isolierte Aspekte und Komponenten zerfallen, die einander kaum zur Kenntnis nehmen, wird vom Zustand der Theoriebildung bezüglich des Integrationsproblems hoch-komplexer Systeme bestätigt: es gibt keine überzeugenden Vorschläge.

Immerhin gibt es einen Anfang in Form der von Parsons entwickelten und von Luhmann und anderen weitergeführten Theorie symbolisch generalisierter Steuerungsmedien. Diese Theorie bezieht sich nicht auf Medien wie Zeitung, Rundfunk oder Fernsehen (Verbreitungsmedien; siehe ausführlich dazu Luhmann 1997: 202ff.), sondern auf Symbolsysteme wie Macht, Geld, Wahrheit, Glaube oder Vertrauen, welche über die Kapazität von menschlicher Sprache hinaus kommunikationserleichternde Funktionen erfüllen (deshalb: Kommunikationsmedien). Diese Theorie ist deshalb besonders interessant, weil sie von vornherein den Aspekt der Differenzierung moderner Gesellschaften in spezialisierte, hochrationalisierte und eigenen Steuerungsregeln gehorchende Teilbereiche berücksichtigt, ihn aber zugleich mit der Frage verknüpft, wie die in den jeweiligen Bereichen ausgebildeten unterschiedlichen Logiken und Steuerungsmedien denn untereinander verträglich sein können. Wie sich herausstellen wird, weisen sowohl Parsons wie Luhmanns Antworten auf diese

Frage Unzulänglichkeiten auf. Aber es bleibt festzuhalten, dass sie einen wesentlichen Schritt dadurch machen, dass sie die richtigen Fragen stellen.

Ausgangspunkt der Medientheorie – im Sinne der Theorie symbolisch generalisierter Steuerungsmedien – ist die Beobachtung, dass bereits auf relativ einfacher Stufe der Entwicklung von Gesellschaften die menschliche Sprache allein nicht mehr ausreicht für die Steuerung der Vielfalt sozialer Interaktionen. Sehr früh schon entwickelt sich etwa für den Spezialaspekt des wirtschaftlichen Handelns das Geld (oder geldähnliche Wert- und Symbolsysteme) als ein Medium zur Vereinfachung *und Steuerung* des wirtschaftlichen Handelns.

Die Besonderheit der verschiedenen Steuerungsmedien liegt nun darin, dass sie sich als Symbolsysteme nach und nach von der Ebene realer, handgreiflicher Objekte lösen und eine je spezifische Eigendynamik entwickeln. Diese Eigendynamik wird steuerungsrelevant, verändert also die Qualität menschlicher Beziehungen in den betroffenen Teilbereichen durch Abstraktion, Generalisierung, Symbolisierung und die Ausbildung neuer Systemzusammenhänge. Wenn nicht mehr personengebundenes wirtschaftliches Handeln, sondern Geld und schließlich Kapital die Steuerungsform ökonomischer Prozesse ist, dann entfernen sich auch die Entscheidungs- und Relevanzkriterien von der Ebene konkreter Personen und gehorchen anderen Gesetzen. Dies gilt ebenso für rangordnungsbezogenes Handeln, wenn daraus Macht und institutionalisierte Herrschaft wird; für erzieherisches Handeln, wenn es zu Sozialisation und Schule spezialisiert wird; für religiöses Handeln, wenn es zu Glauben und Amtskirche gerinnt etc.

Steuerungsmedien sind systemtheoretisch besonders bedeutungsvoll, weil sich (entgegen naiven und intuitiven Vorstellungen von der Prävalenz personaler Interaktion) in den symbolischen Medien die eigentliche Rationalität und Realität bestimmter Teilsysteme der Gesellschaft zeigt und durchsetzt.

6.1. Zur Funktionsweise symbolisch generalisierter Steuerungsmedien

Schon die einfachsten Lebewesen arbeiten mit hochkomplizierten Steuerungsmechanismen, etwa um Erbinformationen zu übertragen oder um Zellprozesse über Enzyme zu steuern. Auf dem Emergenzniveau des Menschen liegt das qualitativ neue Problem in der Produktion und Übertragung von sinnvermittelten Informationen in intrapsychischen (Denken, inneres Sprechen) oder interpersonalen (kommunikative Interaktion) Prozessen. Relativ einfache Mechanismen sind hier non-verbale (z.B. Körpersprache, Ausdrucksverhalten, Zeichensprache) und verbale Kommunikation. Die menschliche Sprache ist eine einzigartige Erfindung zur Behandlung hoher Komplexität. Sie kann als Grundmodell aller höher generalisierten Steuerungsmedien betrachtet werden, weil sie die wesentlichen Funktionsprinzipien eines Steuerungsmediums aufweist:

- *Symbolisierung* der objektiven Realität (Begriffe statt Dinge)
- *Mehrstufigkeit* der Symbolisierung (Schrift, Meta-Sprachen)
- *Differenzierung* von Struktur und Prozess (Code und Programme der Syntax und Semantik)
- *Entlastung* elementarerer Handlungsvollzüge durch die Verdichtung von Sinn. Das Regelsystem des Mediums, der Code und seine Programme, setzt das meiste – nämlich den Kontext – als selbstverständlich voraus. Relevant ist dann nur noch die spezifische Verknüpfung von Elementen im Rahmen des vorgegebenen Kontextes.
- *Reduktion* von Komplexität der Objektebene durch die Generalisierungsleistung der Code-Symbole. Ein Wort wie Mensch, Haus oder Baum umfasst Klassen je für sich ganz unterschiedlicher Objekte: jeder Mensch, jedes Haus oder jeder Baum sind verschieden. Sprachliche Symbole fassen diese Vielfalt unter bestimmten relevanten Merkmalen zusammen.
- *Produktion* von Komplexität auf der Symbolebene durch neue Freiheitsgrade in den Verknüpfungsmöglichkeiten der Code-Elemente (ich kann die Symbole Mensch, Haus und Baum in einen Satz-Zusammenhang bringen ohne Rück-

sicht darauf, ob auch auf der Objektebene dieser Zusammenhang real oder möglich ist).

Diese Liste ist keineswegs vollständig. Sie gibt aber bereits
einen Eindruck von der ungeheuren Leistungsfähigkeit der
Sprache als Kommunikations- und Steuerungsmedium. Richten
wir unser Augenmerk noch kurz auf die mit jedem Medium
gegebene Unterscheidung von Objektebene und Symbolebene
(wobei die Objektebene ihrerseits aus Symbolen bestehen kann!).
Objektebene und darauf gerichtetes symbolisches Steuerungsmedium sind zwar aufeinander bezogen, aber sie variieren in
einem wählbaren Grade unabhängig voneinander. Die Tatsache
allein, *dass* sie unabhängig voneinander variieren können, hat
weitreichende Konsequenzen. Denn nun können in den
Beziehungen zwischen beiden Ebenen Diskontinuitäten und
Nichtlinearitäten eintreten, die zum einen *Zeitlichkeit* produzieren,
indem vergangene oder zukünftige Zustände auf der Objektebene
gegenwärtig symbolisiert werden können; und die zum anderen
Teleologie produzieren, indem auf der Symbolebene Sollzustände
von Seinsformen der Objektebene denkbar werden. Ohne die
Intervention von Sinn gibt es keine Differenz von Sein und
Sollen. Genau diese beiden Konsequenzen machen symbolisch
generalisierte Medien immer auch zu Steuerungsmedien. Sprache
steuert das Denken, und das Denken steuert (meistens) das
Handeln (vgl. Whorf 1969).

Obwohl die menschliche Sprache die Kommunikationskapazi-
tät psychischer und sozialer Systeme in gewaltigem Ausmaße
steigert, reicht sie bald nicht mehr aus. Bereits in relativ gering
entwickelten Systemen steigt die Komplexität rascher als wir
denken und sprechen können. Sprache allein würde bei zunehmender Dichte und Vielschichtigkeit der Sozialbeziehungen zu
einer Babylonischen Sprachverwirrung führen. Wenn wir alle
Interaktionen, Transaktionen und Probleme ausreden müssten,
würden wir – leicht übertrieben – als Greise auf dem Sterbebett
noch über die Frage unseres Eintritts in den Kindergarten reden.
Schon bei einem relativ geringen Grad an funktionaler Differenzierung sozialer Systeme werden deshalb Zusatzeinrichtungen zur
Sprache erforderlich, weil die Kommunikation über Sprache zu
umständlich und zu zeitraubend würde. Für ausgrenzbare Pro-
blemfelder wie z.B. das Wirtschaften, das Herrschen, das Glauben

oder die Erziehung entwickeln sich spezialisierte Steuerungssprachen als symbolisch generalisierte Medien, z.B. in Form von
Geld, Macht, Wahrheit oder Einfluss. Es konkurrieren vor allem
zwei Modelle der analytischen Rekonstruktion differenzierter
Steuerungsmedien: dasjenige von Parsons und dasjenige von Luhmann.

Parsons entwickelt das Medienkonzept in Analogie zum
Geldmechanismus. Geld als Symbol des ökonomischen Tausch-
wertes von Gütern und Dienstleistungen befreit das wirtschaftliche Handeln von der Umständlichkeit der Einzelabstimmung und
der Beschränktheit des tauschbaren Güterangebotes. Ohne Geld
kann ich nur das zum Tausch anbieten, was ich besitze; und ich
muss mir mühsam die Tauschpartner zusammensuchen, die
gerade das besitzen, was ich benötige – und die das benötigen,
was ich besitze. Habe ich aber Geld, so bin ich als Tauschpartner
generell interessant, und ich kann dieses Geld für jede beliebige
Ware oder Dienstleistung eintauschen. Dies ist der Generali-
sierungseffekt des Geldmechanismus (vgl. Baecker 1990). Die
Symbolisierung bewirkt, dass das Geld nur noch einen Tausch-
wert, aber keinen Gebrauchswert hat; dass Geld als Wertmesser
fungieren kann, an dem gemessen die unterschiedlichsten Güter
und Dienstleistungen vergleichbar werden; und sie bewirkt, dass
Geld relativ unabhängig von den Gegebenheiten der Objektebene
manipuliert, angehäuft (Sparen) und auch überzogen werden kann
(Kreditschöpfung).

Diese Grundeigenschaften des symbolisch generalisierten
Austauschmediums »Geld« findet Parsons nun auch in anderen
Austauschverhältnissen, vor allem im politischen Teilsystem der
Gesellschaft in Form des Mediums »Macht«. Er verallgemeinert
diese Entdeckung zu der Vorstellung, dass nach der Ausdifferenzierung gesellschaftlicher Teilsysteme sich jeweils spezialisierte Austauschmedien entwickeln, welche die Interaktionsprozesse zwischen den Teilsystemen regulieren und dadurch das
Gesamtsystem integrieren (vgl. Parsons 1969: 398). Nach dem
bereits vorgestellten AGIL-Schema ergeben sich für Parsons
hauptsächlich folgende Teilsysteme und zugeordnete Medien (vgl.
Parsons 1969: 398-403; Parsons 1975: 50-53 und siehe als Zu-
sammenfassung Tabelle 5).

Tabelle 5: Teilsysteme und Medien nach Parsons

	Teilsystem	Medium	Medium (engl.)
A	Wirtschaft	Geld	(money)
G	Politik	Macht	(power)
I	Gesell. Gemeinschaft	Einfluss	(influence)
L	Kultur	Wertbeziehung	(commitments)

Wesentlich für das Verständnis von Parsons Medientheorie sind drei Punkte:

1. Auf der Ebene *individueller* Akteure fungieren Medien als Spezialsprachen, die eine bestimmte, spezialisierte Art von Kommunikation oder Transaktion durch spezifische symbolische Generalisierung modellieren und steuern: etwa wirtschaftliche Transaktionen zwischen Handelspartnern, politisches Handeln von Entscheidungsträgern, erzieherisches Handeln von Eltern gegenüber Kindern oder das bestimmte Grundwerte legitimierende Handeln hoher Richter gegenüber Entscheidungsbetroffenen. Immer geht es hier darum, in ausdifferenzierten Teilsystemen interaktive Prozesse so weit zu entlasten, dass sie auch angesichts überhoher Komplexität noch auf entscheidungsfähige Optionen hin kanalisiert werden.

2. Dieses sprachanaloge Verständnis von Medien wird aber überlagert und zum Teil ersetzt (vgl. Parsons 1975; Künzler 1986) durch ein geldanaloges Verständnis. Systemreferenz ist nicht die Ebene individueller Akteure, sondern die Ebene ausdifferenzierter Teilsysteme. Hier besteht die Funktion der Medien darin, Austauschprozesse *zwischen* den Teilsystemen zu ermöglichen und zu steuern. Nach dieser Funktionsbestimmung kreisen die Medien nicht so sehr innerhalb der spezialisierten Teilsysteme als deren

Interaktionsmodus, sondern sie zirkulieren zwischen den Teilsystemen als Mechanismus der Integration des Ganzen.

3. Das Problem der Vermittlung dieser beiden Ebenen des psychischen Systems und des Sozialsystems (und darüber hinaus auch die hier nicht interessierende Vermittlung von Verhaltensorganismus und biologischem System) behandelt Parsons unter dem Stichwort *Interpenetration*. Er versteht darunter eine selektive Austauschbeziehung zwischen diesen Ebenen, durch welche in Lernprozessen in Form von Internalisierungen und Institutionalisierungen kulturelle Muster der Handlungssteuerung verbindlich gemacht werden. Für unseren Zusammenhang ist von besonderer Bedeutung, dass Parsons ausdrücklich einen Zusammenhang zwischen den »vertikal« wirkenden Interpenetrationen und den »horizontal« wirkenden Interaktionsmedien postuliert. Dieser wird zwar nicht im einzelnen ausgearbeitet, doch es liegt auf der Hand, dass Parsons hier einen Kernpunkt des Integrationsproblems hochdifferenzierter Gesellschaften getroffen hat (vgl. Parsons 1968 und die differenzierte Diskussion bei Jensen 1978). Insofern ist es bedauerlich, dass Parsons sich bei der weiteren Ausarbeitung der Medientheorie weitgehend auf die Ebene gesellschaftlicher Teilsysteme beschränkt und dort eine quasi automatische Integration der Gesamtgesellschaft über Austauschmedien postuliert.

Diese Konstruktion wird etwas verständlicher, wenn man berücksichtigt, dass Parsons die nach dem AGIL-Schema unterschiedenen Teilsysteme der Gesellschaft ihrerseits intern in vier Sektoren aufgeteilt denkt, so dass sich auf zwei verschiedenen Ebenen eine parallele Differenzierung ergibt: die Differenzierung der Teilsysteme in Sektoren. Wesentlich ist nun, dass der Austausch zwischen den Teilsystemen nur zwischen jeweils sich entsprechenden (»*cognate*«) Sektoren der Subsysteme stattfindet.

Schematisch ergibt sich folgendes Bild (vgl. Parsons 1969: 398ff.; Parsons 1970: 62ff.; Gould 1976; siehe auch die folgende Abbildung 2).

Abbildung 2: Beziehungen der Austauschmedien nach Parsons

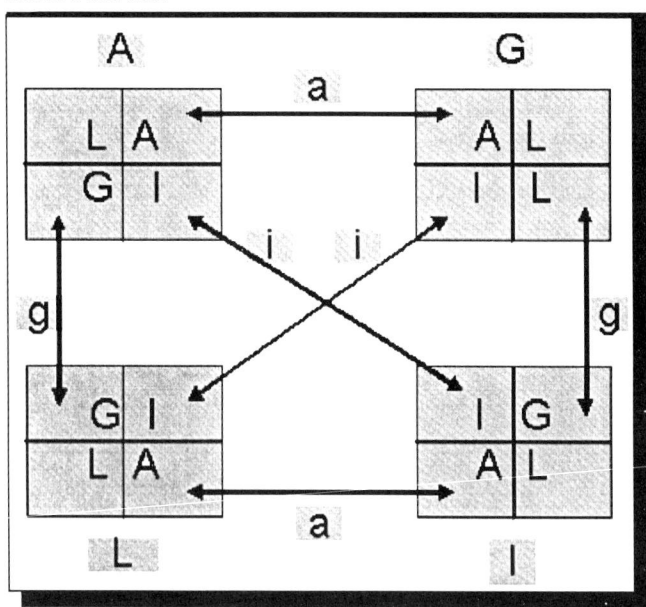

Durch die spezifische Anordnung der Sektoren der Subsysteme wird erreicht, dass die Austauschmedien scheinbar problemlos den »Übergang« von einem Teilsystem zum anderen schaffen, weil sie ja auf jeweils entsprechende (also z.B: A-A oder G-G oder I-I) Sektoren treffen. Man muss klar sehen, dass dies eine rein analytisch-definitorische Lösung des entscheidenden Problems der Theorie generalisierter Steuerungsmedien ist, nämlich des Problems der Übersetzung von einer Mediensprache in die andere, der Konversion von Medien. Parsons baut die integrative Funktion von Medien bereits in ihre Konzeptualisierung ein, so dass das Konversionsproblem faktisch unter den Tisch fällt. Er sieht in erster Linie die regulatorische und integrative Funktion der Medien insgesamt, während die Frage des Zusammenpassens unterschiedlicher Medien eher im Dunkeln bleibt:

»The broadest formula is that, in sufficiently highly differentiated systems of interchange, the principal processes, whether they be those of equilibration or of structural change, are mediated by the interchange of media for intrinsic outputs and factors and conversely of intrinsically significant outputs and factors for media. In this process, the media provide or perform regulatory and integrative functions in that the rules governing their use define certain areas of legitimacy and the limits of such areas within which extension of systems of transaction can develop and proliferate« (Parsons 1975a: 98).

Das eigentliche Konversionsproblem entsteht danach *innerhalb* der Teilsysteme, zwischen deren Sektoren. Darüber ist bei Parsons aber nur Dunkles zu erfahren, nämlich die Vorstellung eines »Aufbereitungsprozesses«, in dem die arbeitsteilige Spezialisierung funktional differenzierter Teilsysteme durch die spezifische Funktionsweise der Medien aufgehoben wird (*adaptive, normative and value-upgrading*; vgl. Parsons 1972: 20ff.). Das Problem ist aber gerade, dass die Differenzierung der Medien zur Differenzierung der Teilsysteme parallel läuft und dadurch die Regulierung der Interdependenzen in *beiden* Hinsichten zu sich verstärkenden Schwierigkeiten führt, anstatt – wie Parsons anzunehmen scheint – sich in Wohlgefallen aufzulösen: nämlich in eine klare hierarchische Gliederung der Medien nach ihrer Kontrollkapazität (vgl. Parsons 1961: 66ff.).

Es besteht kein Zweifel darüber, dass die Entwicklung des Medienkonzepts durch Parsons eine analytische Leistung ersten Ranges ist. Insbesondere die Herausarbeitung der funktionalen Symmetrien zwischen Geld und Macht hat die Machttheorie auf eine neue, angemessenere Grundlage gestellt und interessante Versuche über Prozesse der Machtinflation und Machtdeflation angeregt (vgl. zusammenfassend Münch 1976a; Baum 1976a).

Luhmann setzt seine Medientheorie in mehreren Punkten anders an, wenngleich auch dieser Aspekt seiner Arbeit nur auf dem Hintergrund der Parsonsschen Argumentation plastisch und plausibel wird (zum Folgenden vgl. Luhmann 1997: 190ff.).

1. Ausgangspunkt ist für ihn das Problem der doppelten Kontingenz einer Interaktion zwischen alter und ego oder zwischen differenzierten Systemen, welche die Selektion eigener Zustände darauf einstellen können, dass andere Systeme kontingent handeln können. Er hebt damit die Parsonssche Begrenzung der Medienfunktionen auf Tauschbeziehungen oder wechselseitige Bedürfnisbefriedigung auf und erweitert das Bezugsproblem

der Medientheorie auf kommunikative Interaktionen jeder Art.
Die allgemeine Funktion generalisierter Kommunikationsmedien
ist es dann nach Luhmann, reduzierte Komplexität übertragbar
zu machen und für Anschlussselektivität auch in unübersicht-
lichen Situationen zu sorgen.

Anders formuliert: Medien übermitteln hochkomprimierte
Informationen, die aufgrund ihrer symbolischen Form weiterver-
wendet und zu langen Kommunikationsketten verknüpft werden
können, ohne dass die in ihrer Verwendung implizierten Vorverständnisse jeweils neu behandelt oder beschlossen werden müssen. Obwohl also jeder Teilnehmer an einer Kommunikations-
kette für sich die Möglichkeit hätte, seine eigenen kontingenten
Handlungsoptionen als unreduzierte Komplexität einzubringen,
bindet er bei der Verwendung von Medien seine Kontingenzen
und leitet nur eine schon reduzierte Komplexität weiter. Der ent-
scheidungs-, zeit- und kostensparende Automatismus von Medien
liegt genau darin, dass ich mich dann, wenn ich mich seiner bedie-
ne, auf ein hochspezialisiertes, aber auch hochselektives Sprachspiel einlasse, dessen Regelstruktur vom jeweils verwendeten
Medium definiert wird.

Die Verwendung von spezialisierten Medien als Zusatzeinrichtungen zur Sprache hat vor allem zwei evolutionäre Vorteile:
Zum einen kann jeder Kommunikationsteilnehmer auf einen
mehr oder weniger umfassenden Bestand an festgeschriebenen
Selektionen zurückgreifen und muss nicht jede Frage und jedes
Problem *ab ovo* durchspielen. Wenn ich heute in einem Super-
markt für hundert Euro einen großen Korb Waren einkaufe, so
dauert das vielleicht zwanzig Minuten. Selbst auf einem
mittelalterlichen Markt oder einem orientalischen Basar, welche
das Medium Geld bereits kennen, aber erheblich weniger
Randbedingungen normiert – d.h. vorgefertigte Selektionen
gespeichert – haben, würde dieses Einkaufen vermutlich einen
ganzen Tag und sehr viel Reden kosten. Oder ein Beispiel zum
Medium Macht. Wenn ein Polizist auf einer belebten Kreuzung
den Arm hebt, so halten (meistens) ohne weitere Diskussion und
Abstimmung Dutzende von Autos an. Noch krasser zeigt sich der
Verdichtungseffekt des Mediums Macht etwa bei militärischen
Befehlen. Jeder kann leicht selbst Beispiele dafür finden.

Sehr deutlich zeigt sich diese Funktion von Medien auch im Wissenschaftssystem: das Medium Wissen ermöglicht es uns, auf dem Wissen sehr vieler anderer aufzubauen, ohne dass wir die jeweilige Frage selbst überprüft hätten. Wollte jeder jede Frage selbst beantworten, jedes Problem selbst lösen, so gäbe es keinen kumulativen Effekt und mithin keinen Fortschritt der Wissenschaft. Jeder Forscher ist gezwungen, auf die Selektionen anderer Forscher zurückzugreifen und sie – sobald sie als wahres Wissen gelten – zu übernehmen (amüsant und lehrreich hierzu Merton 1989).

Ein weiterer evolutionärer Vorteil bei der Verwendung von generalisierten Medien liegt darin, dass die Einheitlichkeit der Lebensverhältnisse der Menschen aufgebrochen wird in differenzierte, autonome und strukturell gekoppelte (dazu Luhmann 2002: 118ff.) Teilbereiche, in denen nun ganz unterschiedliche evolutionäre Prozesse einsetzen können. An die Stelle der Einheitlichkeit und Synchronität von religiösem Wissen, Macht, Reichtum und Einfluss bei einer Person oder einer Oberschicht tritt nun eine Differenzierung von Spezialisten. Der politisch Mächtige muss nicht notwendig auch klug und/oder reich sein, der Priester nicht notwendigerweise auch mächtig etc. Dies bedeutet auch, dass Teilbereiche der Gesellschaft sich unterschiedlich und in Grenzen auch unabhängig voneinander entwickeln können; und es bedeutet vor allem, dass sich für die Gesellschaft als Ganze das Integrationsproblem stellt. Dies führt uns zu dem zweiten wichtigen Punkt, in dem Luhmanns Medienkonzept von Parsons abweicht

2. Je komplexer soziale Systeme werden, desto drückender wird für die Akteure die Last der Entscheidung zwischen kontingenten Optionen. Luhmann nimmt nun an, dass die Differenzierung der Medien durch *Folgeprobleme* solcher Kontingenzsteigerungen ausgelöst wird. Nach seiner Ansicht entwickeln sich zunächst Spezialsprachen; um diese generalisierten Medien der Kommunikation entwickeln sich dann entsprechende Rollen; und schließlich funktional differenzierte gesellschaftliche Subsysteme. Während Parsons die Hauptfunktion der Medien in der *Integration* bereits ausdifferenzierter Subsysteme sieht (deshalb Austausch-Medien), geht Luhmann in erster Linie von der Funktion der *Differenzierung* aus. Die Medien regeln also spezialisierte Kom-

munikation (deshalb Kommunikations-Medien) innerhalb der ausdifferenzierten Teilsysteme, in denen sie zentral lokalisiert sind. Erst danach ergibt sich das (von Luhmann kaum behandelte) Folgeproblem der Integration der Teilsysteme, also die Frage nach Möglichkeiten und Mechanismen der Konversion der Medien.

3. Ich hatte im vierten Kapitel schon erwähnt, dass Parsons – getreu seiner AGIL-Schematisierung der Welt – auch die Austauschmedien diesem Schema zuordnet und mithin zu vier verschiedenen Medien kommt. Luhmann kritisiert diese analytische Reduktion ausdrücklich und verfällt dann in denselben Fehler. Sein Vierfelder-Schema ergibt sich aus der Gegenüberstellung von alter-ego (dies entspricht Parsons außen-innen) und Erleben-Handeln. Dieses zweite Kriterienpaar kann mit Parsons Unterscheidung von instrumental und konsumatorisch nicht gleichgesetzt werden. Vielmehr will Luhmann damit unterschiedliche Weisen der Zurechnung von Selektionsleistungen kennzeichnen. Um Kurzbezeichnungen verfügbar zu haben, möchte er Selektionsprozesse, die in diesem Sinne auf Systeme zugerechnet werden, *Handeln* nennen und Selektionsprozesse, die auf Umwelten zugerechnet werden, *Erleben*.

Diese Unterscheidung ist problematisch, wie wir bereits in Kapitel 4 gesehen haben. Luhmann begründet die seiner Vorstellung nach zentrale Bedeutung der Arten der *Zurechnung* auch keineswegs, sondern postuliert sie nur: »Das zentrale Folgeproblem von Kontingenzsteigerungen besteht aber in der Notwendigkeit der *Zurechnung* von Selektionsleistungen.« Die Frage bleibt: Warum soll gerade dies das zentrale Folgeproblem sein? Das zentrale Folgeproblem von Kontingenzsteigerungen besteht angesichts beschränkter Verarbeitungskapazität des Menschen logisch und grundsätzlich in der Erfindung und Institutionalisierung von Mechanismen der Kontingenzkontrolle. Solche Mechanismen können aber – das ist der entscheidende Einwand gegen Luhmann – über nur zwei Zurechnungsmodi weit hinaus die unterschiedlichsten Formen annehmen. Ein besonders erfolgreicher Mechanismus der Kontingenzkontrolle besteht in der nichtkontingenten Relationierung kontingenter Relationen (wie Luhmann selber mehrfach festgestellt hat), etwa durch höher generalisierte Codes oder andere Formen mehrstufiger Symbolisierung.

Luhmanns Entscheidung, die Medien nach dem Zurechnungs-
modus zu kategorisieren, fixiert die Medien qua Kreuztabellierung
so sehr auf ihre differenzierte Spezialfunktion, dass die Frage
ihres Zusammenspiels (Konvertibilität und Konversionsprozesse)
zur zentralen Leerstelle wird. Die ausdifferenzierten gesellschaftlichen Subsysteme und ihre Medien sind durch rechtlich legitimierte Indifferenzen voneinander getrennt; ihr Zusammenhang wird
nicht weiter problematisiert (vgl. Luhmann 1965 einerseits, Willke
1975 andererseits).

Schematisch lässt sich Luhmanns Medienkonzept in folgender
Weise darstellen (siehe Abb. 3).

Abbildung 3: Luhmanns Medienkonzeption

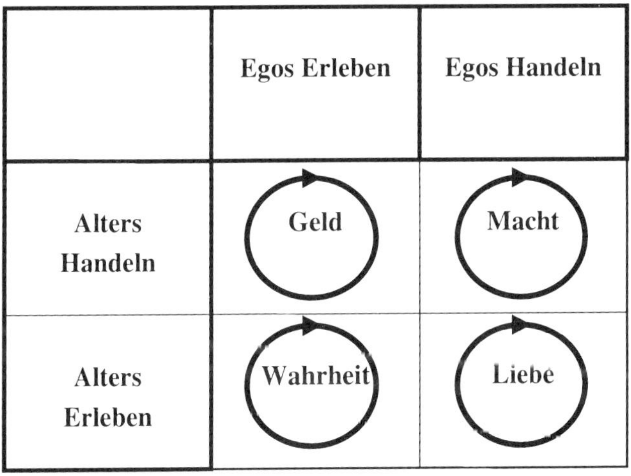

	Egos Erleben	Egos Handeln
Alters Handeln	Geld	Macht
Alters Erleben	Wahrheit	Liebe

Die frühe Anregung Turners (Turner 1968), generalisierte
Medien als Feedback-Systeme zu sehen, die die Ebene individueller Transaktionen und die Ebene des Gesamtsystems verbinden
(und die in der Konstruktion als »*interlinking structures*«sowohl eine
Voreingenommenheit für problemlose Integration wie auch für
folgenlose Differenzierung vermeiden), ist nicht fruchtbar gewor-

den. Das Medienkonzept aber ist der Prüfstein für das Problem der Integration hochdifferenzierter Systeme, weil sich hier erweist, ob der Bezugsrahmen der Komplexität in der Konzeptualisierung durchgehalten oder in einer vorschnellen Kreuztabellierung negiert wird.

Immerhin gibt es zu einigen Aspekten der Medientheorie inzwischen den Anfang einer notwendigen Diskussion. So hat etwa Marc Gould (1976) eine wichtige Klärung und Vereinfachung des hochkomplizierten Austauschmodells von Parsons vorgeschlagen; und er hat darüber hinaus versucht, eine Brücke zwischen der einseitigen Betonung der Integrationsfunktion einerseits und der Differenzierungsfunktion der Medien andererseits zu schlagen. Er geht davon aus, dass die spezialisierten Medien zwar in den sozietalen Subsystemen zentral lokalisiert sind, dass sie aber zugleich über die Grenzen der Teilsysteme hinaus in andere Teile der Gesellschaft im Parsonsschen Sinne hineinwirken können, indem sie zwischen den »passenden« Sektoren der Subsysteme hin- und herfließen. Er kommt zu dem Schluss, dass diese Sichtweite das eigentliche Problem in aller Deutlichkeit hervortreten lasse: nämlich die wechselseitige Abstimmung der Teilsysteme als Einheiten der gleichen Ebene.

> »It is my contention that Parsons has misplaced the import of the external-internal axis and that to understand its theoretical relevance one must focus not upon the interaction between subsectors within an integrated system, but rather upon the process of integration between two systems at the same system level« (Gould 1976: 475).

Während Parsons das Problem der Integration der ausdifferenzierten Teilsysteme der Gesellschaft nur definitorisch löst und Luhmann das Integrationsproblem als unbearbeiteten Restposten der Differenzierungstheorie belässt, stellt Gould zumindest klar, dass funktional differenzierte Medien der Kommunikation neben ihrem Entlastungs- und Spezialisierungseffekt auch das grundlegende Problem der Verständigung zwischen verschiedenen Sprachen, ihrer Übersetzbarkeit und Konvertibilität aufwerfen. Der Bedarf für solche »intermediären« Abstimmungsprozesse ergibt sich nicht nur daraus, dass funktional ausdifferenzierte Teilsysteme in ihren Leistungen und Ressourcen voneinander abhängen und aufeinander aufbauen (dies entspricht dem amerikanischen Gebrauch des Wortes »*mutual contingency*« im Sinne von Abhängigkeit). Er ergibt sich in hochentwickelten Systemen auch daraus, dass die Teilsysteme in so hohem Maße Umweltkomplexität intern reproduzieren, dass sie – allerdings unter der Bedingung, dass sie ihre internen Koordinationsprobleme lösen können (vgl. Baum 1976: 539) – hohe Kontingenz entwickeln (Kontingenz jetzt in unserem Sinne verstanden als interner Freiheitsgrad der Optionenwahl).

Auch auf der aggregierten Ebene sozialer Systeme, d.h. auf der Ebene kollektiver Akteure, kann demnach auf der Grundlage funktionaler Differenzierung, hoher Komplexität und relativer Autonomie der interagierenden Teile mehrfache Kontingenz entstehen. Kontingenz heißt hier: ein Übermaß an Handlungsoptionen, an teilsystem-spezifischen Möglichkeiten, deren Selektion und Realisierung für die anderen Subsysteme überraschend oder gar bedrohlich sein kann. Denn ganz parallel zur personalen Ebene konstituiert auch auf der Ebene von Sozialsystemen die Kontingenz von Alter Komplexität für Ego und stellt somit ein Verarbeitungsproblem. Auch hier müssen also Mechanismen aufgebaut werden, die Mehrfach-Kontingenzen relationieren und somit steuern: sinnhafte Symbolsysteme, die aus der Notwendigkeit des Austausches und der Abstimmung die Handlungsmöglichkeiten der Spezialisten wechselseitig begrenzen.

Das kann über dritte Strukturen, über gemeinsame Oberwerte, über Vermittler, über eingebaute Grenzstellen oder andere Formen des intermedialen Ausgleichs geschehen. Es kann sein, dass sich der Primat eines bereits vorhandenen Mediums durchsetzt oder dass die Entwicklung zur Ausbildung eines »Supermediums« drängt. Die Kontrolle der Kontingenzen der gesellschaftlichen Teilsysteme erfordert jedenfalls Konversionsprozesse zwischen den Medien im Sinne der Herstellung von Austauschbarkeit und Vergleichbarkeit, damit Ressourcen und Leistungen, Knappheiten und Probleme austauschbar und mitteilbar werden. Insgesamt handelt es sich hier um transformationelle Einrichtungen, um Übersetzungsinstanzen, die zwischen unterschiedlichen Medien vermitteln können und deren Probleme und Potenzen begrenzen.

So lassen sich auf gesamtgesellschaftlicher Ebene etwa die Konzertierte Aktion im Gesundheitssystem (Gesundheitssystem-Ökonomie-Politik), der Wissenschaftsrat (Wissenschaft-Politik-Wirtschaft), Wissenschaftliche Beiräte (Politik-Wissenschaft), der Stifterverband (Wirtschaft-Wissenschaft) oder die Bundesbank

(Politik-Ökonomie) als Institutionen verstehen, die die Konversion unterschiedlicher Steuerungsmedien mit ihren unterschiedlichen Rationalitätskalkülen zu leisten versuchen. Im Hinblick auf eine mögliche integrative Funktion der Wissenschaft betont etwa Friedrich Tenbruck, dass in hochdifferenzierten Gesellschaften spezielle koordinierende Mechanismen nötig werden, »welche die Vielfalt der Forderungen kommensurabel machen und für Lösungen sorgten, welche gleichzeitig realistisch und akzeptabel wären« (Tenbruck 1969: 76).

Dieses »Kommensurabel-machen« ist so schwierig, weil die primäre Funktion der spezialisierten Medien der Handlungssteuerung gerade im gegenteiligen Effekt liegt: in der Entlastung der Teilsysteme von bereichsunspezifischen Rücksichten im Interesse erhöhter Kapazität der Komplexitätsverarbeitung. Aber ganz ohne Rücksichtnahme auf die Interessen und Funktionsbedingungen der anderen Teile kann kein interdependentes System bestehen. Der Ausgleich dieser widersprüchlichen Forderungen kann dadurch geschehen, dass in hochselektiver Weise ein Minimum an strategischen Rücksichten in die Entscheidungskalküle der jeweiligen Teilsysteme aufgenommen wird. So lässt sich eine lockere Verknüpfung (*loose coupling*) der aufeinander angewiesenen Teile erreichen, ohne dass die Abstimmung auch die Einzelheiten umfasst:

> »The loose horizontal coupling of the components of hierarchic systems permits each to operate dynamically in independence of the detail of the others; only the inputs it requires and the outputs it produces are relevant for the larger aspects of system behavior« (Simon 1977: 254).

Luhmann verdeutlicht den Zusammenhang von Folgeproblemen der Spezialisierung und notwendiger Korrektur am Beispiel des Verhältnisses Wirtschaft und Politik, von Geld und Macht:

> »Über Geld erreicht die Gesellschaft mithin *sehr hohe Indifferenz gegenüber Effekten der Akkumulation und der Organisation von Gütern und Leistungen* – was als Korrektiv die *Möglichkeit* der Politisierung solcher Effekte, das heißt des Übergangs in den Bereich eines anderen Mechanismus auf der Ebene der Systemsteuerung erfordert« (Luhmann 1972: 199);

Parsons dagegen zeigt die Abschottung unterschiedlicher Steuerungsmedien auf, die ein und dieselbe Organisation vornimmt, je nachdem, ob es sich um Innen- oder Außenrelationen handelt:

> »In the free-market situation ... money takes precedence over power, particularly because of an institutionalized insulation between the internal and the

external contexts. The private organization – and some that are public – is
forbidden to preempt resources from outside, either by compulsion or by
coercive threats. Internally, however, power takes precedence over money.
Budgetary resources are allocated rather than bargained for – in the ideal
type, of course – and disposition of personnel at the higher levels is by
assignment through executive decision, rather than by contract« (Parsons
1967: 280).

Den besonders interessanten Punkt aber, wie die Innenrelatio-
nen und die Außenrelationen – oder die Geld- und die Macht-
ströme – untereinander abgestimmt werden, diesen Punkt lassen
beide Autoren offen. Auch hier kann dieses Problem nicht hinrei-
chend behandelt werden; dazu ist es zu schwierig und zu wenig
geklärt (siehe aber Systemtheorie III: Steuerungstheorie). Immerhin soll abschließend der Aspekt thematisiert werden, unter dem
die Frage der Konvertibilität generalisierter Steuerungsmedien
von besonderem praktischem und theoretischem Interesse ist: der
Problemaspekt der Integration hochkomplexer Sozialsysteme.

6.2 Das Problem der Integration

Integrationskonzepte haben einen schlechten Ruf, weil bei der Erwähnung des Wortes »Integration« bei vielen Sozialwissenschaftlern das Denkschema Integration gleich Harmonie gleich Konfliktlosigkeit gleich Stabilisierungsinteresse einrastet. Das ist nicht schlimm, es ist die Folge normalisierter Ignoranz. Schlimmer ist, dass es tatsächlich sehr wenige brauchbare Untersuchungen zum Problem der Integration hochkomplexer Systeme gibt. Dabei ist dies nicht nur ein wichtiges theoretisches Problem – bis hin zur Frage, ob die gesellschaftliche Komplexität mangels Integrationskonzepte inzwischen die Denkfähigkeiten des Menschen übersteigt (vgl. Dörner 1989).

Integration ist auch ein eminent praktisches Problem. In hochentwickelten modernen Gesellschaften gibt es kein Teilsystem, das nicht nach seinen beschränkten Rationalitätskriterien wildwüchsig drauflos produzierte: Waren, Entscheidungen, Wissen, Ideologien, Höchstleistungen, Absolventen etc. Mit einem unglaublichen Aufwand an Personal und Ressourcen werden noch mehr Elementarteilchen entdeckt, Genstrukturen verändert, Menschen auf den Mond geschossen, Neutronenbomben gebaut, Verordnungen erlassen, Weltrekorde im Gewichtheben aufgestellt, Sozialarbeiter ausgebildet – und im Grunde weiß kein Mensch, warum. Die hochgezüchteten Technologien, Fertigkeiten, Spezialisierungen und Wissensbestände der Teilsysteme summieren sich zu einer beispiellosen kollektiven Ignoranz (siehe Systemtheorie III: Steuerungstheorie, Kap. 7). Die ungesteuerten Rationalitäten der Teile zementieren die Irrationalität des Ganzen.

Einige Bedingungen der Zusammenhangslosigkeit des Ganzen hat Amitai Etzioni unter dem Titel der mangelhaften Synthese gesellschaftlich relevanten Wissens behandelt. Er kennzeichnet damit die Tatsache, dass in modernen Gesellschaften die Untereinheiten eine Fülle an Informationen und Fertigkeiten produzieren, mit denen das Gesamtsystem nicht mehr fertig wird, weil dessen Fähigkeit zur sinnvollen Synthese der angebotenen Möglichkeiten unterentwickelt ist. Richtigerweise stellt er heraus, dass das Problem nicht bei den Subsystemen liegt, sondern bei der ungenügenden Integrationskapazität des Ganzen:»Die tieferen Gründe einer ›Überflutung‹ – hoher Wissensinput gekoppelt mit geringer Fähigkeit zur Synthese – sind nicht in der Strategie der Subeinheiten, sondern eher in der Organisationsstruktur selbst zu finden. Wir können mit einiger Wahrscheinlichkeit mit Überflutung rechnen, wenn höher rangierende Einheiten, die mit Kontrollfunktionen betraut sind, über weniger kybernetische Ressourcen verfügen als die niedriger rangierenden Einheiten unter ihrer ›Kontrolle‹« (Etzioni 1975: 171; veränderte Übersetzung H.W.; ausführlicher Etzioni 1991: 553ff.).

Damit ist das Problem zwar klarer formuliert, aber noch kein Lösungssatz in Sicht. Denn Etzioni präzisiert zwar, dass er unter »kybernetischen Fähigkeiten« die Mobilisierung und Verteilung von Wissen und Macht versteht, und er behandelt auch kursorisch einige Mechanismen der Verbindung von wissensgesteuertem Konsens und machtgesteuerter Kontrolle (vgl. Etzioni 1991: 557ff.). Aber er beschränkt sich bewusst auf diese Grundlagen: bestimmte Formen der integrierten Rahmenplanung; Veränderungen des Eigentumbegriffs, die öffentliches Eigentum und »anticipatory societal management« ermöglichen; und schließlich die Entwicklung neuer normativer Kriterien zur Überbrückung der Dichotomie von Konsens und Kontrolle, von Wissen und Macht, von Freiheit und Gleichheit.

Die drängende Frage ist, wie solche neuen normativen Kriterien – wie etwa »*societal usefulness*«, Sozialität, Reflexion – implementiert und in normativ komplexe Zielsysteme transformiert werden können. Einen bemerkenswerten Vorschlag, wie diese Frage anzugehen sei, hat Etzioni (im Zusammenhang des Problems der Entwicklung eines globalen Steuerungssystems) vorgetragen. Er schlägt ein »Optionen-Sequenz-Modell« mit drei Stadien vor. Ausgangspunkt ist eine *undifferenzierte* Gesellschaft, charakterisiert durch die Einheitlichkeit der Lebensverhältnisse und ungesteuerten, reaktiven Wandel – also kleine, primitive Gesellschaften ohne Schriftsprache, wie sie etwa R. Firth auf Tikopia vorgefunden und beschrieben hat. Das nächste Stadium ist eine *differenzierte* Gesellschaft, »in der jede wichtige Funktion und Subfunktion ein Subsystem, eine eigene Struktur, ein Machtzentrum und eine Organisation besitzt sowie spezialisierte normative Prinzipien, welche die ersteren legitimieren« (Etzioni 1975: 581). Diesem Modell entsprechen nicht nur frühkapitalistische Gesellschaften des 19. Jahrhunderts, sondern auch weitgehend

schon die klassische griechische Polis und das römische Imperi-
um, in denen etwa die Medien, Glaube, Geld und Macht hoch
differenziert und spezialisiert waren.

Diese beiden Phasen spiegeln nur die uns inzwischen gut
bekannte Entwicklung von segmentärer zu immer weitergehender
funktionaler Differenzierung von Gesellschaftssystemen wider.
Spannend wird es bei der dritten Phase. Etzioni beschreibt sie als
den Prozess, in dem eine vorher differenzierte Gesellschaft *reinte-
griert* wird, »indem – ohne dass die differenzierte Struktur entdiffe-
renziert wurde – eine große Zahl und Vielfalt potenter Mechanismen zwischen den Einheiten sowie zwischen Einheiten und
Supraeinheit entwickelt werden, die größtenteils expressiven oder
politischen Charakter haben und die differenzierten Einheiten in
ein komplexes, aber integriertes Ganzes binden« (Etzioni 1975:
582). Wichtig ist, dass dieses dritte, reintegrierte Stadium für
entwickelte, differenzierte Gesellschaften nur eine Option ist, die
keineswegs zwangsläufig auch verwirklicht wird.

Bis heute sieht es eher so aus, als beherrschten zwei gänzlich
andere Optionen das Feld gesellschaftlicher Evolution. Zum
einen Reintegration auf Kosten einer *Entdifferenzierung* der Gesellschaft – dies war der Weg entwickelter sozialistischer Gesellschaften. Und zum anderen weitere funktionale Differenzierung
auf Kosten gesamtgesellschaftlicher Integration – dies ist bisher
der Weg entwickelter kapitalistischer Gesellschaften, wie am
Anfang des Kapitels kurz ausgeführt wurde. Reintegration bei
Erhaltung hoher Komplexität und Differenzierung aber ist bisher
weitgehend Desiderat.

Neben Amitai Etzioni hat vor allem Niklas Luhmann
Vorstellungen entwickelt, wie in hochkomplexen Sozialsystemen
die wechselseitige Abstimmung der differenzierten Teile geleistet
werden könnte. Luhmann greift die traditionelle Unterscheidung
zwischen segmentärer und funktionaler Differenzierung auf und
betrachtet sie unter dem Aspekt der jeweiligen Kapazität für
Komplexitätsverarbeitung. Segmentäre Differenzierung in ähnliche Einheiten ist die angemessene Struktur eines Systems, das
sich in einer übermächtigen, im wesentlichen nicht beeinfluss-
baren Umwelt behaupten muss. Es befindet sich gegenüber seiner
Umwelt in der Defensive, muss also mit Katastrophen rechnen
und seine Überlebensstrategie darauf einstellen. Segmentäre

Differenzierung eignet sich besonders gut zur Abwehr externer Störungen, da Teile des Systems überleben können, wenn andere Teile zerstört werden sollten.

Funktional differenzierte Systeme dagegen sind einerseits störempfindlicher, weil Störungen nicht absorbiert, sondern mit potenzierendem Effekt weitergeleitet werden; andererseits sind sie leistungsfähiger, weil sie die Vorteile der Spezialisierung ausnutzen. Solche Systeme setzen eine

> »domestizierte Umwelt voraus, die in spezifisch relevanten Aspekten für das System beeinflussbar ist, Leistungen abnehmen und Unterstützung gewähren kann. Beide Formen der Systemdifferenzierung stellen an sich ein ausgeglichenes Verhältnis von Systemkomplexität und Weltkomplexität her... . Bei funktionaler Differenzierung kann und muss jedoch das Niveau der Komplexität beträchtlich gesteigert werden, da nur in großräumigen Gesellschaften die dafür notwendigen Umweltvoraussetzungen geschaffen werden können. Auf dieser Möglichkeit, komplexere Systeme in einer komplexeren Welt zu stabilisieren, beruht letztlich der Vorteil dieser Differenzierungsform« (Luhmann 1971: 124).

Später führt Luhmann als dritten Differenzierungstyp die schichtungsmäßige Differenzierung ein, welche durch rangmäßige Gleichheit im System und Ungleichheit in bezug zur Umwelt charakterisiert ist. Er ordnet dann primäre Differenzierungstypen und Komplexitätspotential von Gesellschaftstypen zu:

> »Archäische Gesellschaften sind in ihrer Primärstruktur segmentär differenziert, Hochkulturen schichtungsmäßig differenziert, die moderne Gesellschaft dagegen funktional differenziert« (Luhmann 1975: 197f.).

Ein weiteres tragendes Element in Luhmanns Differenzierungskonzept ist die Unterscheidung von drei Systemreferenzen von Teilsystemen in differenzierten Systemen: »Die Beziehungen zum umfassenden Gesamtsystem, die Beziehung zu anderen Teilsystemen und die Beziehung zu sich selbst« (Luhmann 1975: 198). Mit dem letzteren Aspekt, den Luhmann in die Kategorie der Reflexion fasst, führt sein Differenzierungskonzept nun in der Tat über vorliegende Ansätze hinaus. Dass soziale Systeme ebenso wie personale Systeme deshalb in Beziehungen zu sich selbst treten können, weil beide Systemtypen sinnkonstituierende Systeme sind, ergibt neue Perspektiven für Differenzierungs- und Integrationsprobleme. Wie in Kap. 4.4.1 ausführlich dargestellt, heißt Reflexion vor allem Selbstbeschränkung der eigenen Möglichkeiten im Hinblick auf die notwendigen Möglichkeiten der anderen Systeme. Reflexion heißt Selbstbeschränkung mit dem Ziel, für andere Systeme eine mögliche Umwelt darzustellen.

Dann aber wird die Frage unabweislich, welche Vorteile Integration des Systems gegenüber der Selbständigkeit der Teile überhaupt erbringt. Eine interessante, wenngleich unzulängliche Antwort entwickelt Claus Offe am Beispiel von Integrationsstrategien hochentwickelter Staaten. Offe versteht unter »Integration« einen allgemeinen Typus staatlicher Reorganisationsstrategien, durch den das Spektrum der zur Option stehenden Alternativen systematisch erweitert, die »Zahl und Art der möglichen Folgen eines gegebenen Zustands erhöht werden« (Offe 1975: 32f.). Integration zielt nach Offe darauf ab, durch die planmäßige Zusammenlegung von Entscheidungskompetenzen und Eingriffsmöglichkeiten der Politik die Starrheit ihrer Handlungsmöglichkeiten zu überwinden. Dadurch trete eine *Erweiterung* des Options- und Aktionsradius der Politik ein, die es erlaube, die zentrifugalen Tendenzen pluralistischer Interessen-Konkurrenz unter Kontrolle zu halten und die abstrakte Variabilität politischer Strategien zu *steigern.* »Integration« sei mithin die *Erweiterung* von Optionen durch die Beseitigung von partikularen Besonderheiten der integrierten Teile oder Bereiche.

Diese Fassung des Konzepts der »Integration« verknüpft Offe mit dem von Luhmann behandelten Problem der Stabilisierung hoher Komplexität durch revidierbare Entscheidungen (Luhmanns Formel lautet: »Erhaltung von Unsicherheit«), etwa durch die Mechanismen der Positivierung des Rechts oder der opportunistischen Wertewahl.

Diese Anknüpfung verpasst indessen die Pointe. Luhmann spricht im genannten Kontext gar nicht von Integration, sondern gerade von einer evolutionär prekären Übergangslage, die der integrativen Stabilisierung erst noch bedarf. »Erhaltung von Unsicherheit« läuft erst einmal auf eine Entstabilisierung der vorgegebenen Strukturen hinaus, und Luhmann lässt zunächst ausdrücklich offen, ob sich Positivität des Rechts, Opportunismus, Planung etc. überhaupt zu einer dauerhaften Einstellung auf hohe Variabilität verschmelzen lassen. Sicher sei hingegen, dass zur Stabilisierung hoher Variabilität das System sich auf einer abstrakteren Ebene konstituiere und dort »reziproke und zirkuläre Interdependenzen« nach innen und nach außen erfordere (Luh-

mann 1971: 170). Schon hier deutet sich an, dass das – in der
Regel durch Umweltbedingungen hervorgerufene – Erfordernis
der Stabilisierung hoher Veränderlichkeit und Anpassungsfähig-
keit nicht zwingend auf eine *Erweiterung* des Optionenraums
hinausläuft, sondern auf eine Verdichtung der Restriktionen
durch wachsende Interdependenzen.

Luhmanns eigenes Integrationskonzept entwickelt sich denn
auch genau in diese Richtung: Ausgangspunkt ist die Beobachtung, dass sich mit der Auflösung religiöser, traditioneller, natur-
rechtlicher oder sonstiger stabilisierender Strukturen die einfache
Kontingenz wechselnder Weltläufe zur doppelten Kontingenz
variabler Umweltereignisse und variabler Antworten darauf
kompliziert hat. Die Antwort auf Umweltkontingenzen steht
nicht mehr fest. Sie ist wählbar, planbar und änderbar geworden.
Das Problem ist nun nicht so sehr die Tatsache dieser drastisch
erhöhten Variabilität, sondern die Frage nach den Mechanismen,
die diese Variabilität steuern – und dabei nicht vernichten, sondern virtuell erhalten. Diese Koordination doppelseitig variabler
Verhältnisse lässt sich z.B. über eine »dritte« Instanz lösen: so
kann im paradigmatischen Fall des positivierten Rechts die
Dogmatik als Relationierung der doppelt kontingenten Relationen
zwischen Rechtssystem und Gesellschaft aufgefasst werden. Dies
geschah und geschieht noch über die Formel *»Gerechtigkeit«*,
verstanden als »adäquate Komplexität des Rechtssystems«. Voraussetzung für eine solche Koordinierungsleistung ist nach
Luhmann die Entwicklung »gesellschaftsadäquater Rechtsbegrif-
fe«, mit denen sich das Rechtssystem an Komplexitätsgrad und
Entscheidungsbedarf der Gesellschaft orientiert (vgl. Luhmann
1993; Teubner 1989 bes. S. 81ff; Willke 1992, Kap. 2).

Die Koordination doppelseitig variabler Verhältnisse lässt sich
aber auch über »eingebaute« Mechanismen lösen. Schon in der
Konstituierung der jeweiligen Teile selbst müssen Kriterien der
Verträglichkeit und Umweltgeeignetheit als Entscheidungsprämis-
sen eingearbeitet sein, damit eine Koordination des Ganzen noch
möglich ist. Der von Luhmann am Beispiel des Rechtssystems
konstatierte Umbau von *Gerechtigkeit* auf *Reflexion* bezeichnet
diesen Prozess. Reflexion meint, dass funktional ausdifferenzierte
Teile einerseits ihre Identität in ihrer spezifischen Funktion
finden und insoweit unabhängig variieren; dass sie andererseits

sich selbst zugleich als adäquate Umwelt anderer Teilsysteme
begreifen lernen und die daraus folgenden Restriktionen und
Abstimmungszwänge in das eigene Entscheidungskalkül einbauen
und dabei »das selektive Akkordieren ihrer Eigenselektivität unter
Einbeziehung derjenigen des jeweils anderen Systems *lernen*«
(Luhmann 1977: 74).

Diese *selektive* Abstimmung und Koordination wird erforderlich, weil funktional spezialisierte und differenzierte Teile – seien
dies Recht, Rechtssystem, politisches System, Gewerkschaften,
Unternehmerverbände oder Staat – immer mehr Möglichkeiten
und Optionen erzeugen, als die anderen Teile und das Gesamtsystem verkraften können – wenn diese ihre Eigenständigkeit
erhalten wollen. Jedes Teilsystem hat die Möglichkeit zur Über-
produktion von Optionen, sobald es nur seine eigenen Kriterien,
Ziele und seine eigene Teilsystemrationalität maximiert. Gleichzeitig aber läuft jedes Subsystem bei einer Maximierungsstrategie
der anderen Teile Gefahr, seine partielle Autonomie und funktionale Eigenständigkeit zu verlieren. Daher ist Koexistenz,
Kompatibilität und Koordination nur möglich, wenn die jeweiligen Teile sich selbst *beschränken* und ihre Optionsvielfalt *reduzie-*
ren, indem sie sie schon mit Rücksicht auf die Möglichkeiten der
anderen Teile und des Ganzen formulieren (vgl. Willke 1983,
Kap. 5; Offe 1984).

Verschärft stellt sich wieder die Frage: Warum dann überhaupt
Integration? Diese Frage führt zu dem Aspekt, den Offe völlig
vernachlässigt: Integration ist eine Reaktion auf bestimmte Umweltbedingungen. Wer dies nicht berücksichtigt, kann Integration
nicht erklären. Integration erhöht die Fähigkeit eines Systems, in
einer komplexen und risikoreichen Umwelt sich seine Identität
und Handlungsfähigkeit zu erhalten. Dies geschieht durch einen
widersprüchlichen Prozess. Einerseits erzeugt das System höhere
Eigenkomplexität – dies und nur dies berücksichtigt Offe –
andererseits muss diese erhöhte Eigenkomplexität durch effekti-
vere Kontrollmechanismen gesteuert werden – und diese
Notwendigkeit reduziert Optionen unter Steuerungsgesichts-
punkten.

Rainer Baum, der ausdrücklich die Umwelt-Bedingtheit
integrativer Prozesse notiert, bringt das Phänomen der

Komplexitätsproduktion, der »Erhaltung von Unsicherheit« dadurch in den richtigen Zusammenhang:

> »Hence, the only lifesaving strategy (hier: gegenüber einer überkomplexen Umwelt, H.W.) is to increase complexity inside to subject disorganized parts to greater control (!). Now, as the level of fit among parts inside is the primary aim, one might denote this complexity-productive response as integrative functioning. Somewhat contrary to commonsense expectation, integrative functioning operates through complexity production« (Baum 1976: 542).

Und – das bleibt festzuhalten – diese Erhöhung interner Komplexität durch Integration entspringt nicht einer Laune des Systems, sondern sie wird erzwungen durch veränderte, »schwierigere« Umweltbedingungen, durch die Notwendigkeit verbesserter Anpassungs- und Reaktionsfähigkeit, letztlich durch die evolutionäre Konkurrenz der Systeme. Integration ist mithin zu verstehen als ein Prozess, in dem autonome Einheiten bestimmte Handlungsmöglichkeiten und Optionen aufgeben, um als funktional differenzierte Teilsysteme dem neu gebildeten Gesamtsystem gegenüber neuen Umweltkonstellationen verbesserte evolutionäre Chancen zu verschaffen. Nur mit dieser Chance sind die Kosten der Integration zu rechtfertigen. Die Kombination von funktionaler Differenzierung und reflexiver Abstimmung erhöht die Komplexitätsverarbeitungskapazität und mithin die Problemlösungsfähigkeit gegenüber der Umwelt – *selbst bei einem erhöhten Bedarf interner Abstimmung und wechselseitiger Rücksichtnahme der Teile aufeinander.*

Die europäische Integration, die Integration der Einzelgewerkschaften im DGB, die Integrationsfunktion der Konzertierten Aktion, die Integration unterschiedlicher Hochschulen in einer Gesamthochschule, die Integration von Unternehmen zu multinationalen Konzernen: Dass diese Prozesse trotz der hohen internen Kosten und Widerstände sich durchsetzen, ist nur durch die prekären Umweltbedingungen der jeweiligen Systeme zu erklären. (Ja, es ist nicht mehr gänzlich von der Hand zu weisen, dass die unendlich schwierige Integration der Welt zu einer Weltgesellschaft durch die – im Wortsinne – überwältigenden Umweltprobleme erzwungen werden könnte.)

Überblicken wir die immensen Schwierigkeiten, die sich einer Reintegration hochkomplexer Sozialsysteme – bei Erhaltung ihrer Komplexität und Differenzierung! – entgegenstellen, so wird die

Vermutung plausibel, dass die herkömmlichen Integrationsmechanismen inzwischen überfordert sind. Dies gilt insbesondere für Staat und Recht, wie Staatstheorie, Rechtssoziologie und allmählich auch die Rechtstheorie begreifen (vgl. Teubner
1989; Willke 1992 und Willke 2003, Kap. 2).

Die Entwicklung des Nationalstaates und seines rechtlich
gesteuerten Zwangsmonopoles war diejenige Erfindung, die dem
Übergang von der Stufe der undifferenzierten zur Stufe der
funktional differenzierten Gesellschaft den verbindlichen Rahmen gab und ihn mithin ermöglichte. Aber inzwischen haben die
innerhalb des Nationalstaates freigewordenen gesellschaftlichen
Kräfte diesen trotz seiner eigenen gewaltigen Entwicklung zunehmend in einen Rollenwechsel hineingedrängt: vom Befehlenden
zum Bittsteller. Mächtige Gewerkschaften und Verbände,
multinationale Konzerne und Großbanken, *brain trusts* und
Sachverständigenräte, militärisch-industrielle und industriell-
wohlfahrtsstaatliche Komplexe, dies sind Beispiele für gesellschaftliche Subsysteme, die sich so weitgehend vom Staat emanzipiert haben, dass die Frage nach ihrer sozialen Steuerung unabweisbar wird (vgl. Jasanoff 1990; Beck 1988; Willke 1989, Kap.
4).

So wie Claude Levi-Strauss sagt, dass die Stufe der undifferenzierten Gesellschaft vom »Wilden Denken« charakterisiert ist, so
könnte man sagen, dass die entwickelten differenzierten Gesellschaften vom »Wilden Handeln« bestimmt werden. Aber während
die beginnende Arbeitsteilung das wilde Denken domestizierte
und dem Sachzwang und der Rationalität begrenzter Teilbereiche
unterwarf, fehlen bislang Mechanismen, die das inzwischen
lebensdrohende wilde Handeln wirksam steuern könnten (z.B.
Überbevölkerung, Wettrüsten, Umweltzerstörung).

Ein besonders hartnäckiges Hindernis auf dem Weg zur
Entwicklung wirksamer Steuerungsmechanismen ist die Begrenzung der Vorstellungswelt auf die Dichotomie von liberalistischen
und sozialistischen Gesellschaftsmodellen. Dabei dürfte keines
von beiden zur Lösung der sich abzeichnenden Probleme der
Reintegration hochkomplexer Gesellschaften ausreichen. Das
sozialistische Modell hat wirksame Integration bisher nur auf
Kosten funktionaler Differenzierung – und das heißt im Klartext:
auf Kosten freiheitlicher Lebensbedingungen und produktiver

Effizienz – erreicht. Es hat entgegen der theoretischen Absicht die Rolle des Staates nicht abgebaut, sondern ausgeweitet und dadurch die Entwicklung besserer Integrationsmechanismen verbaut. Das liberalistische Modell hat es nicht geschafft, den zerstörerischen Kräften der kapitalistischen Überfremdung anderer Lebensbereiche wirksam gegenzusteuern, das heißt: die *Freiheit* des ökonomisch Starken mit einer elementaren Chance*gleichheit* des Schwachen im Sinne der Sozialität des Ganzen zu verbinden (dazu Willke 1975: 224ff.).

Insbesondere ist es noch nicht gelungen, über die Floskel der »systemkonformen« Steuerung sozialer Systeme hinaus manifeste Fehlentwicklungen mit insoweit systemüberwindenden Maßnahmen zu korrigieren (aufschlussreich hierzu Blum 1977; Forrester 1982; Dörner 1989). Die Schwierigkeit scheint also darin zu liegen, über das hinaus, was im Moment gerade absehbar und wählbar ist, sich Vorstellungen über Steuerungsmechanismen zu bilden, die ganz neue Möglichkeiten eröffnen:

> »Typically, more attention is given in planning research and development to the ›optimization of decisions‹ with respect to existing options rather than to the optimization of those processes, both conceptual and sociological, needed to discover or to develop new options, particularly options which would resolve conflicts in evaluation and decision-making« (Baumgartner et al. 1975: 179; s. auch Zeleny 1982, Kap. 4).

Unter den gegebenen Bedingungen neue Sichtweisen zu entwickeln und daraufhin neue Vorstellungen und Optionen zu formulieren, ist auch deshalb so schwierig, weil dazu kognitive Strukturen verändert werden müssen. Dies bedeutet, dass Veränderungen in den Problemen und in den Problemlösungsmechanismen nicht nur ökonomische, politische und soziale Kosten nach sich ziehen, sondern dass dabei auch Identitätsformeln auf dem Spiele stehen – für einzelne Individuen ebenso wie für soziale Systeme. Bei so umfassenden Veränderungen wie dem Übergang von undifferenzierten zu differenzierten Gesellschaftsformen ist dies offensichtlich und relativ einfach nachkonstruierbar. Schwieriger ist es schon, analoge Veränderungen für den möglichen Übergang der gegenwärtigen Gesellschaft zur postindustriellen Wissensgesellschft vorauszudenken.

Einfache, undifferenzierte Gesellschaften finden ihre Identität in der mystisch-religiös definierten Einheit der Natur. Der Mensch ist den magisch gesteuerten Naturereignissen unterwor-

fen und nimmt diese hin (vgl. Schimank 1996: 26ff.). Unerwartete
Ereignisse und Überraschungen passieren in der Außenwelt als
unbeherrschbare Handlungen der Natur und der Götter. Mit der
Ablösung der Instinktsteuerung durch sprachlich vermittelte
soziale Interaktion und einfache Technik eröffnet sich ein Bereich
von Variabilität und Komplexität, der rituell »bearbeitet« wird.
Der Kontingenz der Außenwelt, d.h. den zufälligen Handlungsmöglichkeiten der Natur und der Götter, steht infolge der Ablösung der starren Instinktsteuerung eine sich entwickelnde Kontingenz der Handlungsmöglichkeiten auch der Menschen gegenüber.
Die einheitliche Formel, die sowohl diese doppelte Kontingenz
wie auch die Mehrfachkontingenzen sozialer Interaktionen
steuert, heißt Religion. Und die Religion kann beide Bereiche in
einheitlicher Weise steuern, weil diese Bereiche nur Aspekte einer
als Einheit begriffenen Natur darstellen.

Gehen wir davon aus, dass für soziale (und psychische) Systeme das allgemeinste Bestands- und Steuerungsproblem in
unbewältigter Komplexität besteht, dann kann man danach
fragen, wo dieses Problem liegt, d.h. wo für ein bestimmtes
System die primäre, funktionsgefährdende Komplexität konstituiert ist. Für undifferenzierte Gesellschaften scheint das
Problem unbewältigter Komplexität in erster Linie in den
unbeherrschbaren Zufällen der äußeren Natur zu liegen: dem
Auftauchen von Nahrung, Regen, Wärme, Feinden etc. Religiöse
Magie leistet hier die Umsetzung unbestimmter in bestimmbare
Komplexität durch die symbolische Bearbeitung von Ungewissheit (Luhmann 1977: 26; grundlegend Cassirer 2001). Schematisch könnte man die Situation für undifferenzierte Gesellschaften
wie folgt darstellen (siehe Abb. 4).

Auf der Stufe differenzierter Gesellschaften ändert sich diese
Konstellation grundlegend. Wir haben schon gesehen, dass die
Entwicklung des Staates und seines rechtlich gesteuerten Zwangs-
monopols den Übergang von der undifferenzierten zur differenzierten Gesellschaft ermöglichte. Es soll uns hier nicht kümmern,
wie der Staat in Wirklichkeit entstanden ist, ob durch die
Entwicklung der Produktivkräfte, durch Überlagerung, durch die
Notwendigkeit großer Bewässerungssysteme, durch den Umbau
religiöser in rechtliche Regelsysteme oder sonst wie (Überblick
bei Hess 1977). Unter dem Aspekt des Integrations- und Steue-

rungsproblems ist die Frage wichtiger, wie sich Komplexitäts-
schwerpunkt, Identitäts- und Kontingenzformel verändert haben,
nachdem Gesellschaften durch die Herausbildung staatlicher Herrschaftsinstanzen den entscheidenden Schritt zu einer bis heute
sich fortsetzenden internen funktionalen Differenzierung gemacht haben. Natürlich war das Problem einer unberechenbaren
äußeren Natur nicht einfach verschwunden. Aber seine relative
Bedeutung nahm ab, weil die sich nun organisierenden Gesellschaften Teile ihrer Umwelt domestizierten (im wörtlichen und
im übertragenen Sinne).

Die Restproblematik übernahm das sich ausdifferenzierende
Religionssystem, welches für das außerweltliche Jenseits zuständig
wurde. Die Möglichkeit der Trennung von profanem Diesseits

Abb. 4: System/Umwelt als äußere/innere Natur

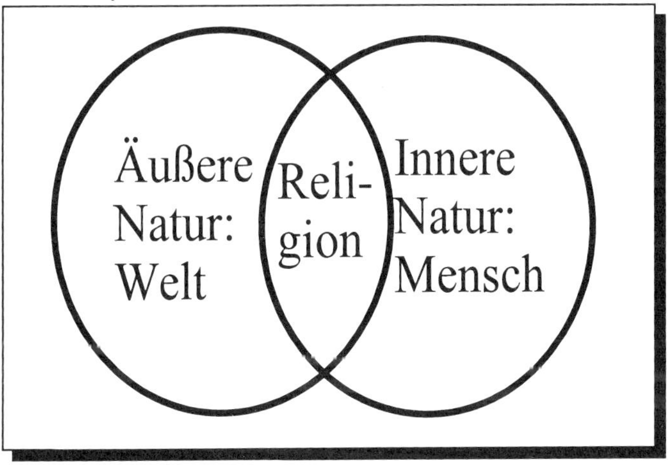

und sakralem Jenseits zeigt an, dass die Einheit der Natur zerbrochen war. Dieser Bruch befreit zunehmend das weltliche Handeln von religiösen Bindungen und schafft einerseits Freiräume,
andererseits einen säkularen Steuerungsbedarf.

Dieser Steuerungsbedarf bezieht sich einerseits auf die Abstimmung der sich nach der Zerstörung der undifferenzierten,
egalitären Gentilgesellschaft immer weiter unterscheidenden Teile

der differenzierten Gesellschaft. Staatliche Herrschaftsmechanismen stabilisieren die gesellschaftlichen Ungleichheiten und koordinieren die wachsenden Interdependenzen zwischen den Teilen. Andererseits bezieht sich dieser Steuerungsbedarf auch auf die Abgrenzung des Territorialstaates gegenüber anderen Staaten. Mit der territorialen Organisation des Staates erhält die Systemgrenze eine ebenso konkrete wie prekäre Bedeutung.

Zusammen gefasst lässt sich sagen, dass dem Staat die Aufgabe zufällt, nach innen und nach außen die Identität einer bestimmten, von ihrer sozialen Umwelt klar abgegrenzten Gesellschaft zu stabilisieren. Die eine differenzierte Gesellschaft primär bedrohende Komplexität erwächst nicht mehr aus den Zufällen der Natur, sondern aus dem Potential sozialer Konflikte, welches mit der Unterscheidung territorial organisierter Gesellschaften und mit ihrer internen funktionalen Differenzierung wächst. In dieser Situation leistet der Staat die auf Gewalt und Macht beruhende Stabilisierung nach innen und nach außen. Er steuert die kontingenten Möglichkeiten der sich entwickelnden kollektiven Akteure. (Siehe Abbildung 5 als schematisierte Darstellung).

Das Erstaunliche scheint nun zu sein, dass sich diese hier grob schematisierte Lage bis heute nicht grundlegend geändert hat. Die nationalstaatliche Organisation von Gesellschaften ist heute »normaler« und verbreiteter denn je, wie die relative Bedeutungslosigkeit von internationalen und supranationalen Organisationen zeigt. Die gesellschaftliche Führungsrolle des Staates ist zwar keineswegs unangefochten, aber sie ist bislang ohne praktische Alternative. Insbesondere hat auch die Ökonomie diese Rolle nicht übernommen, weil sie keine legitimen, gesellschaftlich verbindlichen Entscheidungen produzieren kann und ihre Rolle als dominanter Problemlieferant sie noch lange nicht zum Koordinations- und Steuerungsmechanismus macht (siehe Weiss 1998 einerseits und Held/McGrew 1998 andererseits).

Dennoch ist die Steuerungsleistung des Staates durch die Folgen seiner eigenen Leistung zunehmend unterminiert worden. Die gesellschaftlichen Teilsysteme, die sich teils gegen seinen Zwang, teils unter seinem Schutz weiter ausdifferenzieren und entwickeln konnten, sind zu ernsthaften Konkurrenten um die Macht in der Gesellschaft herangewachsen. Das ist wichtig. Als wichtiger aber könnte sich eine weitere Folge dieses Differenzierungsprozesses erweisen: die Herausbildung der Person als individueller Akteur (grundlegend zu diesem Prozess Simmel 1890: 45ff.; Simmel 1958: 403ff.; Simmel 1958a: 297ff.).

Abbildung 5: System/Umwelt als Verhältnis verschiedener Gesellschaften

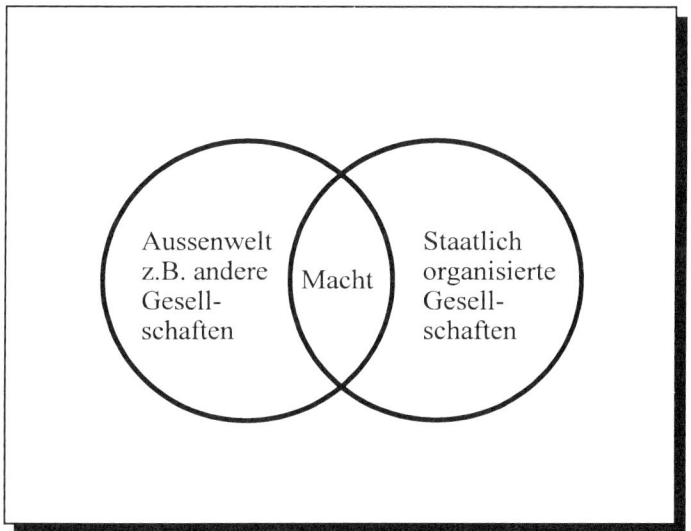

Die Entwicklung des Individuums spiegelt ein gesellschaftliches Problem. Individuelle Identität ist die Formel gegen die Zersplitterung des Menschen in disparate Rollenbezüge. Seine Einheit findet der Mensch nicht mehr im Familienverband, im Staat, auch nicht mehr in der Zunft, dem Stand oder der Klasse. Wie Simmel sehr feinsinnig beobachtet hat, ändert sich mit wachsender gesellschaftlicher Arbeitsteilung die Organisation individueller Leben: »Die Differenzierung hat sich aus dem *Nebeneinander* (unterschiedlicher Stände, H. W.) innerhalb der Gesamtheit auf das Nacheinander der Lebensperioden des Individuums übertragen« (Simmel 1890: 131-144). Sie hat zugleich zum Nebeneinander der unterschiedlichsten Rollen innerhalb ein und desselben Individuums geführt, mit all den psychischen und

sozialen Kosten, die heute mit Begriffen wie Rollenstress, Rollen-
konflikt, Rollenüberlastung etc. gefasst werden.

Was folgt daraus? Der Mensch selbst wird zu einem hochkomplexen psychischen System, welches von sozialen Systemen nicht
mehr als Ganzes, sondern nur noch in spezifischen und spezialisierten Rollenbezügen erfasst wird. Wie wir bereits gesehen
haben, zwingt dies dazu, den konkreten einheitlichen Menschen
als *Umwelt* sozialer Systeme zu begreifen. Soziale Systeme bestehen nur und ausschließlich aus Kommunikationen.

Im Hinblick auf das Integrationsproblem lassen sich weitere
Folgen ausmachen. Zunächst erwächst jedem sozialen System
eine ganz besondere Form von Umweltkomplexität in Gestalt der
dem System zugehörigen Menschen. Um die Besonderheit und
Bedeutung dieser Umwelt herauszuheben, habe ich in Kap. 2.1
dafür den Begriff Innenwelt oder innere Umwelt eingeführt.
Nach der Ausbildung dieses besonderen Umweltbereichs steht
jedes soziale System prinzipiell vor dem Problem, sich mit mindestens zwei unterschiedlichen Umwelten wechselseitig abzustimmen: Mit der inneren Umwelt, die aus den außersystemischen
Interessen, Aktivitäten und Loyalitäten der Mitglieder besteht;
und mit der Außenwelt, die vor allem aus anderen Sozialsystemen
besteht. Und erst über eine reflexive wechselseitige Abstimmung
mit allen relevanten Umweltbereichen kann ein soziales System
seine Identität als integriertes Ganzes herstellen.

Auf das soziale System bezogen, lässt sich dies wiederum
schematisch darstellen (siehe Abb. 6).

Die Frage ist, ob die bis zur Individualität vorangetriebene
gesellschaftliche Arbeitsteilung trotz der Persistenz des Staates
für die Stufe der differenzierten Gesellschaft nicht doch grundlegend veränderte Bedingungen geschaffen hat – insbesondere
hinsichtlich der Möglichkeit, die dritte Stufe der reintegrierten
Gesellschaft zu erreichen. Moderne komplexe Gesellschaften sind
trotz der formalen Umhüllung durch den Staat hochgradig dissi-
pative und konfliktträchtige Systeme. Die hohe Eigenkomplexität
der gesellschaftlichen Teilsysteme (vor allem Ökonomie und
Wissenschaft, aber auch Militär, Gesundheitssystem, Bildungs-
system, Systeme sozialer Sicherheit) macht ihre interne und
externe Steuerung schwierig. Abzulesen ist dies auch an der
Konjunktur von Schlagworten wie Unregierbarkeit, Krisenmana-

gement, Ohnmacht des Staates etc. In diesen Unkenrufen steckt
ein Körnchen Wahrheit. Die Politik gerät an die Grenzen ihrer
gesellschaftlichen Integrationskapazität und die Steuerung der
Gesellschaft durch Recht wird zunehmend problematisch und
ineffektiv. Ein Ausweg scheint mir hier in der Erhöhung der
Reflexionsleistung der gesellschaftlichen Subsysteme zu liegen
(Willke 1997a).

Abbildung 6: Außenwelt, Innenwelt, fokales System

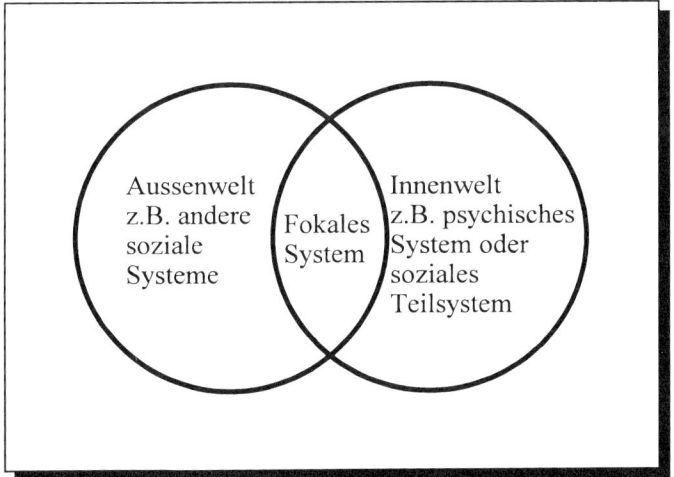

Von der Einheit über die gegebenen Interdependenzen und die
wachsende Notwendigkeit einer übergreifenden Abstimmung
müssen die Teile zu einer Selbstbegrenzung ihrer spezialisierten
Möglichkeiten kommen. Dies ist nicht nur fromme Formel. Es
gibt schon seit einiger Zeit eine Reihe neuer integrativer Mechanismen auf freiwilliger oder quasi-normativer Basis, die genau
diese Selbstbegrenzung unter dem Aspekt wechselseitiger Abstimmung leisten; Sozialpakte, Sozialpartnerschaften, Konzertierte
Aktionen, der Wissenschaftsrat, Sachverständigenräte, interministerielle Arbeitsgruppen, Bund-Länder-Kommissionen, runde
Tische, gemischte Arbeitsgruppen aller Art – und aller Art heißt

hier: vom interdisziplinären Forschungsprojekt bis hin zur
weltumspannenden »Tri-lateralen Kommission«.

Wenn auf gesamtgesellschaftlicher Ebene unter Anleitung und
Mitwirkung der Politik ein Geflecht von interorganisatorischen
und intersystemischer Integrationsmechanismen geschaffen
würde, dann ließe sich die Belastung der Integrationskapazität des
Staates mit einiger Wahrscheinlichkeit deutlich reduzieren. Ob
eine solche Entwicklung dann dahin gehen könnte, die Politik als
Integrationsinstanz überhaupt zu ersetzen, ist eine gänzlich offene
Frage.

Auf diese komplizierte Situation treffen nun in verwickelter
Weise auch noch die Folgewirkungen der Emanzipation des
Individuums (Beck 1986). Als Bürger stellt das Individuum
Ansprüche auf Partizipation, Mitsprache, Mitbestimmung und
Mitgestaltung, die sich nicht nur – wie allzu lange angenommen
wurde – gegen den Staat richten, sondern immer deutlicher auch
gegen gesellschaftliche Organisationen, Verbände, Institutionen
und Subsysteme. Insbesondere Gunther Teubner hat herausgestellt, dass diese Bewegung bei entsprechend gesteuerter Um-
strukturierung der gesellschaftlich relevanten Verbände zu verbesserter interner Kontrolle, zu größerer Responsivität und
Responsabilität führen kann (vgl. Teubner 1980). Gerade diese
Merkmale sind die Voraussetzung für die Institutionalisierung
von Reflexion.

Ob diese Institutionalisierung gesellschaftlicher Verantwortung
in den mächtigen sozietalen Teilsystemen gelingt, ist sehr fraglich.
Aber es ist eine konkrete Option, die vorausgedacht werden
muss, bevor sie praktisch angegangen werden kann. Vielleicht
liegt hier eine der wichtigsten Zukunftsaufgaben der Theorie
sozialer Systeme.

6.3. Das Problem der Steuerung

Ganz allgemein zunächst lassen sich drei Prozesse analytisch bezeichnen, die dazu geführt haben, dass in hochentwickelten Gesellschaften einerseits der Steuerungsbedarf erheblich zunimmt, andererseits aber die Steuerungskapazitäten der traditionellen Instrumente – insbesondere von Markt und Staat – nicht wesentlich gesteigert werden können und somit ein wachsendes Steuerungsproblem entsteht.

1. Zum einen ist zu nennen die *Steigerung der Eigenkomplexität* und internen Differenziertheit, Autonomie und operativen Geschlossenheit der gesellschaftlichen Teilsysteme. Das Zerbrechen feudaler Gesellschaftsstrukturen in Mitteleuropa öffnete den Städten, dem Markt und der naturwissenschaftlich-technologischen Entwicklung Freiräume, die mit zunehmender gesellschaftlicher Arbeitsteilung zur funktionalen Differenzierung gesellschaftlicher Teilbereiche führte. Eine der Folgen war eine immer prekäre Balance zwischen partieller Autonomie und hoher Interdependenz dieser Teile. Diese »große Transformation« (Polanyi) und der ihr zugrundeliegende Prozess der »Rationalisierung« (Weber) führte zu einem Grad an interner Komplexität moderner Gesellschaften, welcher die Bedingungen und Folgen sozietaler Entwicklung und Steuerung grundlegend veränderte.

Das liberalistische Konzept gesellschaftlicher Selbstorganisation reicht nicht mehr aus, weil Funktionen und Leistungen der spezialisierten Teile der Gesellschaft Prozess- und Handlungsketten in Gang setzen, die von den jeweiligen Bereichen selbst nicht mehr kontrolliert werden können (ausführlicher zum Aspekt des Risikos Luhmann 1991). Zugleich steht inzwischen außer Frage, dass eine zentralisierte gesamtgesellschaftliche Steuerung im Sinne einer umfassenden Planung gesellschaftlicher Prozesse faktisch nicht möglich ist, weil weder das politische System noch irgendein anderes Teilsystem der Gesellschaft in der Lage ist, die steuerungsrelevanten Variablen und Faktoren als Aktionsparameter selbst zu gestalten.

2. Weiter verschärft sich das Steuerungsproblem entwickelter Gesellschaften durch die Steigerung der Weltkomplexität und die *Herausbildung lateraler Weltsysteme* (ausführlich dazu Willke 2001:

Kapitel 3.3). Heute ist erkennbar, dass dieser Prozess der Steigerung der Eigenkomplexität von Gesellschaften begleitet war von
einer Koevolution der Weltkomplexität und heute von einer
entsprechenden Komplexität globaler Kontexte. Die Verflechtung wechselseitiger Abhängigkeiten und das Potential sowohl an
Konflikt wie an kombinatorischem Gewinn zwischen Gesellschaften nehmen zu. Der Nationalstaat beginnt antiquiert zu
werden und den Anschluss an die gesellschaftliche Evolution zu
verlieren. Er gerät zwischen zwei Fronten: den Aufstieg mächtiger
innergesellschaftlicher Teilsysteme auf der einen Seite und der
Emergenz funktional spezialisierter, »lateraler« Suprasysteme,
Weltsysteme, im Bereich der Ökonomie, Wissenschaft, Religion,
Arbeiterbewegung, Kunst und Kultur, und heute auch der Friedensbewegung, des Sports und alternativer Lebensstile.

In allen diesen Bereichen spielen nationalstaatliche Grenzen
eine immer geringere Rolle. Hier spielen zum Teil im Weltmaßstab, zum Teil im Bereich der entwickelten (»ersten« und »zweiten«) Welt eigendynamische Prozesse eine Rolle, die in kaum
vorausschaubare Weise auf nationalstaatliche Bereiche zurückschlagen. Auch diesbezüglich sind die betroffenen politisch-
administrativen Systeme – darauf ausgerichtet, national organisierte Gesellschaften zu kontrollieren und zu steuern – mit einer
qualitativ neuen Situation konfrontiert. Ihre Macht (im Sinne ihrer
Fähigkeit, gesellschaftlich verbindliche Entscheidungen zu fällen)
und ihre Steuerungskapazität können von entwickelten Subsystemen in Frage gestellt und zusätzlich dadurch umgangen werden,
dass gesellschaftliche Akteure auf die internationale Ebene
ausweichen (Thiemann 1983: 116; Cerny 1994).

Nicht nur nach außen, sondern auch nach innen werden der
Staat und die national organisierten politischen Systeme aufgrund
der internationalen Verflechtungsbeziehungen der neuen lateralen
Weltsysteme zum *semisouveränen* Akteur (vgl. Willke 2001).

3. Als weiterer wichtiger Faktor, welcher den Steuerungsbedarf
entwickelter Gesellschaften steigert, ist die *Verlagerung des Zeithorizontes* und der operativen Perspektive in die Zukunft zu nennen.
Mit der Positivierung des Rechts wurde der Zeithorizont, sowie
spätestens seit der Weltwirtschaftskrise und der Keynesianischen
Revolution mit der Legitimierung des Interventionsstaates auch
die operative Perspektive der Steuerung von Gesellschaften in

eine prinzipiell offene und machbare Zukunft verlegt. Funktion und Folgen dieser Verlagerung werden nicht nur in Rechtswissenschaft und Staatstheorie in frappierendem Maße vernachlässigt. Auch in Soziologie oder Politologie sind die Fortschritte im Verständnis, in der Modellierung und in der Durchführung zielgerichteter Steuerung komplexer sozialer Systeme nicht gerade überwältigend, obwohl die Folgen von Steuerungsfehlern ein immer größeres Risiko bedeuten: »Weiterhin müssen wir es lernen, in *Systemen* zu denken. Wir müssen es lernen, dass man in komplexen Systemen nicht nur *eine* Sache machen kann, sondern, ob man will oder nicht, immer *mehrere* macht. Wir müssen es lernen, mit Nebenwirkungen umzugehen. Wir müssen es lernen, einzusehen, dass die Nebeneffekte unsere Entscheidungen und Entschlüsse an Orten zum Vorschein kommen, an denen wir überhaupt nicht mit ihnen rechneten« (Dörner 1989: 307).

Der Gesetzgebungsprozess, zum Beispiel, wird immer noch von kurzfristigen Rücksichten und Zwängen bestimmt, und die Formen und Verfahren des Rechts sind jene von gestern. Es ist daher nicht überraschend, dass moderne Gesellschaften ihre Probleme nicht lösen, sondern sie in die Zukunft abschieben. Aber dies bedeutet, dass selbst noch die Zukunft verbaut und blockiert wird und dass der Problemdruck künftiger Gegenwarten steigt. Schon in der Gegenwart ist das politische System in der Defensive, weil im Verhältnis von Staat und Gesellschaft sich die Gesellschaft so grundlegend geändert hat, dass der Staat trotz eigener Veränderung nur noch einen oberflächlichen Zusammenhang zwischen den emanzipierten gesellschaftlichen Subsystemen leisten kann. Er fordert dadurch geradezu Abwehrreaktionen dieser selbstbewussten und handlungsfähigen gesellschaftlichen Akteure heraus, welche durchaus Möglichkeiten haben, sich politischer Steuerung zu entziehen oder gar ihrerseits das politische System unter Druck zu setzen.

Dass diese Situation bislang noch so wenig bedrohlich erscheint, liegt daran, dass wir daran gewöhnt und bis in die Unterteilung der wissenschaftlichen Disziplinen hinein darauf gedrillt sind, die einzelnen Momente dieser Entwicklung isoliert zu sehen und sie in säuberlich getrennten Kästchen unterzubringen. Wer versucht, sich die Zusammenhänge klar zu machen, kommt indessen zu beängstigenden Folgerungen.

Am deutlichsten haben dies Jay Forrester, Denis Meadows und andere Forscher gezeigt, die darauf bestehen, die aggregierten und kombinierten Wirkungen von dynamischen Prozessen zu untersuchen, welche als statistisch betrachtete Ursache-Wirkungsmechanismen durchaus harmlos erscheinen können:

> »Nur der menschliche Geist ist gegenwärtig fähig, eine Gesamtstruktur zu erkennen, der sich einzelne Teilinformationen widerspruchslos zuordnen. Aber wenn erst einmal das System aus den Einzelstrukturen aufgebaut ist, zeigt sich der menschliche Geist völlig unfähig, das dynamische Verhalten dieses Systems zu erfassen« (Forrester 1973, 30).

Gerade das dynamische Verhalten komplexer Systeme (die kombinierten Folgewirkungen im Zeitablauf) zeigt aber kontraintuitive, den Erwartungen oft genau entgegengesetzte Züge. Forrester führt aus, dass die konventionellen Maßnahmen zur Behebung von Krisen in Teilbereichen sich oft als Elemente eines Zusammenhangs erweisen, der die Schwierigkeiten selbst erst produziert (Forrester 1972: 68; ausführlich Dörner 1989). In der politisch-administrativen Praxis führt dieses mangelnde Verständnis des dynamischen Verhaltens komplexer Systeme allzu häufig zu Maßnahmen, welche die diagnostizierten Mängel nicht beheben, sondern verschlimmern.

Um das dynamische, konterintuitive Verhalten komplexer Systeme in den Griff zu bekommen, sind entsprechend komplex gebaute Steuerungsinstrumente und -mechanismen erforderlich. Die rechtlich kodierten Handlungs- und Interventionsmuster des gegenwärtigen Wohlfahrtsstaates gründen auf übersimplifizierten Ursache-Wirkungsrelationen und dysfunktional gewordenen Steuerungsprinzipien. So nimmt es kaum noch Wunder, dass regulative Politik durch herkömmliches Recht nicht nur in vielen Bereichen schlicht leer läuft (vgl. Mayntz 1983; Kaufmann u.a. 1986), sondern dass es darüber hinaus inzwischen Problembereiche gibt, in denen wohlfahrtsstaatliche Regulierung die Probleme sogar vergrößert: z.B. im Bereich der Krankheitsregulierung (Phänomen der Iatrogenität), der Regulierung des Drogenkonsums, in einigen Teilbereichen der Sozialhilfe, der Nichtsesshaftenhilfe und der psychiatrischen Versorgung. Offensichtlicher ist diese kontraproduktive Wirkung rechtlicher Regulierung in Bereichen wie Stadtsanierung, Umweltschutz, Haushaltsplanung oder Kostenexplosion im Gesundheitssystem (zum letzteren vgl. Behaghel 1994).

Die herkömmlichen Steuerungsformen sind einfache Formen. Sie sind geeignet, relativ einfache – hauptsächlich bipolare – Probleme zu regulieren, und sie arbeiten im Rahmen relativ einfacher – hauptsächlich triadischer – Verfahren, und all dies hauptsächlich auf der individuellen Ebene.

Diese traditionellen Strukturen von Steuerungsinstrumenten und Interventionsformen sind dem Problemtypus »einfacher Zusammenhänge« (Weaver 1978) und »trivialer Maschinen« (v. Foerster 1985) angemessen. Ein adäquates Verständnis moderner Wohlfahrtsgesellschaften und ihrer Steuerungsprobleme setzt dagegen die Fähigkeit voraus, den Problemtypus »organisierter sozialer Komplexität« (LaPorte u.a. 1991) zu behandeln – d.h. vor allem die Tatsache zu berücksichtigen, dass in diesen gesellschaftlichen und sozialen Beziehungen eine große Anzahl von Teilen in einer nicht-einfachen Weise interagieren (Weick u.a. 1993): Es handelt sich definitiv um nicht-triviale Systeme im Sinne Heinz v. Foersters.

Um dies deutlicher zu machen, ist es sinnvoll, die Typen der Interaktion zwischen dem Ganzen der Gesellschaft (repräsentiert durch das politische System) und ihrer Teile näher zu betrachten. Dies ist wichtig, weil zuzugeben ist, dass Komplexität sozialer Beziehungen nicht ein völlig neues Phänomen ist. Insbesondere in der Wirtschaft hat sich ein bemerkenswerter Grad von Komplexität schon früh im 19. Jahrhundert entwickelt. Allerdings kam diese Komplexität nicht außerhalb der Ökonomie zum Tragen und trat deshalb nicht als *politisches* Steuerungsproblem hervor. Die durchaus vorhandene Komplexität wurde innerhalb der Ökonomie durch die liberalen Prinzipien der Subsystemautonomie und des Subsidiaritätsprinzips belassen und verarbeitet. So war ein hoher Grad interner Komplexität und internen Konfliktes innerhalb des ökonomischen Subsystems (aber auch des Religions-, des Gesundheits- oder Wissenschaftssystems) möglich und zugelassen.

Dennoch war der Staat als Steuerungsinstanz nicht betroffen, außer durch die Setzung allgemeiner rechtlicher Grundlagen und normativer Standardverfahren. Die hauptsächliche Steuerungsform war Selbstregulierung mit minimaler zentraler Einmischung. Im Kontext komplexer Systeme besteht die Hauptaufgabe dieses Typus gesellschaftlicher Steuerung in einer zentrifugalen Tendenz der Überdifferenzierung und der daraus folgenden Desintegration.

Die sozialen und gesellschaftlichen Kosten dieses Arrangements führten sozialistische Denker (und später Praktiker) dazu, die Verteilung der Komplexität umzukehren: nämlich die Subsysteme zu entdifferenzieren, zu vereinheitlichen und zu homogenisieren, indem sie den Hauptteil der Konflikte und Komplexitäten an die zentrale Einheit der Staatsadministration, die Partei, überwiesen. Die Ergebnisse sind indessen, auch was das Problem der gesellschaftlichen Steuerung betrifft, noch weniger überzeugend als das liberalistische Konzept. Denn die hauptsächliche Steuerungsform ist hier zentrale Steuerung, und dieses Prinzip widerspricht definitiv der Notwendigkeit, hohe Grade von Komplexität zu verarbeiten (ausführlich dazu Systemtheorie III: Steuerungstheorie). Aufgrund der eingebauten Gefahr der Überintegration tendiert diese Form der Steuerung zu einer regressiven Entdifferenzierung.

Jenseits liberalistischer und sozialistischer Formeln ist der entwickelte Wohlfahrtsstaat darauf angewiesen, neue Steuerungsprinzipien zu finden und einzurichten. Als integraler Teil einer Demokratie kann er die internen Komplexitäten der differenzierten Subsysteme nicht drastisch reduzieren. Als integraler Teil einer entwickelten Wohlfahrtsgesellschaft muss der Wohlfahrtsstaat gleichzeitig in der Lage sein, hohe Umweltkomplexität zu verarbeiten und insbesondere die Komplexitäten in den Beziehungen zwischen den differenzierten Teilen und organisierten Akteuren der Gesellschaft angemessen zu verarbeiten. Eine schematische Darstellung soll die Grundidee verdeutlichen (siehe die folgende Tabelle 6).

Die Struktur entwickelter Gesellschaften ist charakterisiert durch hohe interne Komplexität der Teile bei gleichzeitiger hoher externer Komplexität in den Beziehungen zwischen den Teilen einer Gesellschaft. Und diese Merkmale der Wohlfahrtsgesellschaft konstituieren das *Steuerungsproblem des Wohlfahrtsstaates.*

Tabelle 6
Verhältnis von Systemkomplexität und Steuerungsform

externe Komplexität interne	niedrig	hoch
niedrig	(prämodern) repressive Steuerung	(sozialistisch) zentrale Steuerung
hoch	(liberalistisch) Selbst-steuerung	(modern) Kontext-steuerung

Wenn nun aber das grundlegende Problem dieser Gesellschaftsformation darin besteht, hohe organisierte Komplexität innerhalb und zwischen den spezialisierten Teilen der Gesellschaft zu verarbeiten und in entscheidbare Formen zu bringen, dann ist es nicht mehr möglich, sich auf zwei klassische Problemlösungstechniken zurückzuziehen:

1. Eine direkte zentrale Steuerung durch Organisation oder Plan und

2. Selbststeuerung durch unterschiedliche Formen spontaner Ordnungsbildung wie Markt, Wahl oder Konsens.

Statt dessen wird es notwendig, aus einer spezifischen Kombination dieser scheinbar entgegengesetzten Problemlösungstechniken eine neue Steuerungsform zu konzipieren. Es gibt Gründe dafür, dass die andernorts entwickelten Konzeptionen von »Kontextsteuerung« und »Relationierungsprogrammen« hier weiterführen könnten (vgl. Willke 1992, Kap. 4; Naujoks 1994; Strulik 2000b).

Auf hochkomplexe Gesellschaften angewendet, bedeutet dies vor allem: Die Selbstorganisation und *Selbststeuerung* der Teilbereiche (wie Wirtschaft, Wissenschaft, Erziehung, Kultur, Familie etc., aber auch der regionalen Bereiche Gemeinde, Regionen und Länder) hat die vorrangige Funktion, Detailreichtum, Dynamik,

Vielfalt und Variabilität der Teile zu erhalten, indem deren dezentralisierte Informationsverarbeitung, Problemlösungs- und Implementationsfähigkeiten in erster Linie zum Zuge kommen. Diese dezentralisierten Fähigkeiten der Teilsysteme sind allerdings nicht isoliert zu haben, sondern nur als »Paket« zusammen mit den komplementären Folgen der Spezialisierung: nämlich der Ausbildung bereichsspezifischer Prämissen, Rationalitätsparametern und Präferenzen. Verständlich wird dies, wenn man sich die Genese unterschiedlicher Teil-Identitäten aus der gesellschaftlichen Arbeitsteilung und sozialen Differenzierung in Erinnerung ruft.

Konstituierendes Prinzip der Ausdifferenzierung von Teilsystemen ist die funktionale Spezialisierung eines Handlungsaspektes unter dem Gesichtspunkt einer Steigerung seiner spezifischen Komplexitätsverarbeitungskapazität. Der Kern eines solchermaßen spezialisierten Handlungssystems – Ökonomie, Recht, Politik oder Wissenschaft, aber auch Familie, Sozialisation, Kunst oder Religion – ist der Modus, nach welchem es seine Eigenkomplexität organisiert: das Funktionsprinzip seines generalisierten Steuerungsmediums, also etwa des Mediums Macht für die Politik, Geld für die Ökonomie, Wahrheit für die Wissenschaft oder Liebe für die Familie.

Die durch die Steuerungsmedien erreichte Steigerung der Potenzen und Optionen der Teilsysteme hat Nutzen und Kosten. Zu den Kosten gehört die scharfe Profilierung von Teilrationalitäten. Die Arbeitsweise seines Steuerungsmediums definiert in knappster Weise und in letzter Instanz die Rationalität eines Teilsystems. Im Medium ist jener leitende Gesichtspunkt kristallisiert, auf den hin die Prozesse des Teilsystems ausgerichtet und gesteigert werden. Auf Leistung und Legitimität eines eigenständigen Steuerungsgesichtspunktes baut die Identität eines Teilsystems auf. Bei politischem Handeln ist Macht, bei ökonomischem Handeln Geld oder bei wissenschaftlichem Handeln Wahrheit je für sich die leitende und legitime Leitdifferenz für die systemspezifischen Operationen.

Diese Auftrennung eines einheitlichen Lebens- und Handlungszusammenhanges – etwa im Gegensatz zum archaischen Dorf oder zum griechischen *oikos* – in einzelne, für sich steigerbare Handlungsfacetten wirft zwingend das Problem der Reintegration der differenzierten Aspekte auf. Auch hier liegt das dezentrale Steuerungsproblem darin, die hochentwickelten Fähigkeiten der Teilsysteme in Formen der Selbstorganisation und Binnensteuerung zu aktivieren – etwa in Gestalt von Normgenerierung im politischen System, des Preismechanismus im ökonomischen System oder der Reputationslogistik im Wissenschaftssystem – diese Formen aber zugänglich und kompatibel zu halten für kontextuierende Restriktionen und Prüfverfahren der Gesellschaftsverträglichkeit im Hinblick auf die Außenwirkungen subsystemischer Prozesse (ausführlicher dazu Willke 1987b).

Eine weitere Schwierigkeit kommt hinzu: Religion, Ökonomie, Staat und Politik als einheitsstiftende Prinzipien gesellschaftlicher Organisation waren zwingend mit den gesellschaftlichen Kosten einer Organisationsform belastet, die nur je *einen* leitenden Gesichtspunkt zur gesamtgesellschaftlichen Rationalität verallgemeinerte. Selbst die modernste Ausprägung dieses eindimensionalen sozietalen Organisationstypus, die politisch gesteuerte Gesellschaft, unterstellt die Steuerung ihrer ökonomischen, administrativen, technologischen oder wissenschaftlichen Prozesse den Prämissen des politisch Darstellbaren (Wahlkampf), des politischen Zeithorizontes (Legislaturperiode), der politischen Konsensbildung (Parteiprogramme). Dass diese Organisationsform einer Gesellschaft Zwang antut, deren Teilsysteme sich zu eigener Handlungsfähigkeit, zu spezifischen Formen der Selbststeuerung emanzipiert haben, ist überdeutlich an den vielen Fällen der Fehlsteuerung ablesbar. Jetzt geht es darum, Folgerungen aus dieser neuen Lage zu ziehen. Diese Folgerungen betreffen vor allem Art und Qualität der Interaktion zwischen handlungsfähigen gesellschaftlichen Teilsystemen auf sozietaler Ebene.

Die Organisation gleichgeordneter Interaktion gesellschaftlicher Teilsysteme mit dem Ziel, in reflektierten Abstimmungsprozessen kombinatorischen Gewinn aus ihren Differenzen zu ziehen, erfordert nach diesen Überlegungen (zumindest) drei grundsätzliche Vorkehrungen:

1. Die wechselseitige Respektierung der operativen Geschlossenheit und Autonomie der Teilsysteme;

2. die Berücksichtigung der operativen Restriktionen, die sich aus dem konstitutiven Bedingungsgefüge spezialisierter, aber zusammenhängender Funktionen ergeben; und

3. die Berücksichtigung der operativen Kontexte (im Sinne von Gesamtentwürfen für die Bewegungsrichtung und die Prozessmuster der Gesellschaft), welche für die Teilbereiche nicht gleichbedeutend mit einer Aufgabe ihrer Autonomiespielräume werden darf.

Eine Stärkung der Teilbereichsautonomie *und* der Steuerungswirkung von Kontexten scheint möglich zu sein, *wenn die Kontrolle der Kontrolle zurückverlagert wird in die Teilbereiche*, und zwar in Form von Verhandlungssystemen (dazu Willke 1983), in denen die Kontextbedingungen für das Ganze generiert werden. Dies heißt, dass Gesellschaftssteuerung in Form verbindlicher Kontextregelungen nicht mehr von *einem* Teilsystem des Ganzen – von der Politik – allein formuliert werden (müssen), sondern aus der interdependenzgesteuerten Interaktion aller betroffenen Akteure, die ihre Kontrollkompetenz aus ihrer Zugehörigkeit zu einem ganzheitlichen Interaktionszusammenhang herleiten (dazu Willke 1997a).

Dies bedeutet, dass die Teile ihre Handlungsfähigkeit nur dann erhalten können, wenn sie sie in einer Form der Interaktion organisieren können, welche dem neuen Emergenzniveau des Ganzen angemessen ist. Das Emergenzniveau der gegenwärtigen entwickelten Gesellschaft verlangt von den Teilen, dass sie ihre je isolierten Optionen und Kontingenzen nicht frei ausspielen, sondern sie gemäß den spezifischen Interdependenzbedingungen einer Eigenkontrolle unterwerfen. Weil es mithin Art und Qualität der sozietalen Interdependenzbedingungen sind, welche die Freiheitsgrade der Teile zu Gunsten der Steuerbarkeit des Ganzen einengen, wird deren Bestimmung zu einem zentralen Anliegen.

Danach lässt sich die Funktion gesellschaftlicher Steuerung als Verschränkung von Kontext und Autonomie näher bestimmen. Sie muss Abstimmungsbeziehungen zwischen den gesellschaftlichen Teilsystemen organisieren, welche die differenzierten Steuerungsmedien der Teile als Symbolisierungen ihrer spezifischen Teilrationalitäten in Konversionsprozesse zwar einspannen und insofern den Teilen inkongruente Perspektiven der Beurteilung und der Verrechnung zumuten – dies jedoch in Formen der verfahrensmäßigen Absicherung, die eine Bedrohung der Identität der Teile als dysfunktional bewertet. Eine durchgängige *Ver*rechtlichung gesellschaftlicher Bereiche (wie etwa Wissenschaft oder Familie) müsste die spezifische Identität und Eigendynamik dieser Bereiche bedrohen. Eine weitgehende *Ent*rechtlichung würde sie aber abkoppeln von den Funktionsbedingungen des Gesellschaftsganzen. Als Alternativen sind beide Strategien dysfunktional. Und gerade dies scheint darauf hinzuweisen, dass Gesellschaftssteuerung heute nicht mehr dem Recht allein aufgebürdet werden kann – jedenfalls nicht dem Recht in seiner herkömmlichen Form.

Die Dominanz eines einzelnen Steuerungsmediums und seines Teilsystems – hier vor allem die Dominanz des Mediums Macht und des dazugehörigen Teilsystems Staat – erweist sich in theoretischer Sicht als Hemmschuh für die Realisierung der optimalen Komplexitätsverarbeitungskapazität moderner Gesellschaften, weil es die Entfaltungsmöglichkeiten der übrigen Medien unter *einseitig* restriktive Bedingungen stellt. Diese letztere Qualifikation ist wichtig, weil zwar jede Form des Austausches zwischen Subsystemen Beschränkungen ihrer jeweiligen Potentialitäten erzwingt, eine pareto-optimale Minimierung der Beschränkungen aber dann möglich erscheint, wenn nicht ein Subsystem nach einer Maximierungsstrategie einseitige Abhängigkeiten schafft, sondern autonome Subsysteme sich selbst auf Optimierungsstrategien beschränken.

Diese theoretischen Überlegungen lassen sich in eine Leitlinie für die Verschränkung von Kontextbedingungen und Autonomiespielräumen in hochdifferenzierten Gesellschaften zusammenfassen: Die zentrale integrative Problematik der Passung funktional spezialisierter Teile verlangt Vorkehrungen für die *Institutionalisierung von Heterogenität* (ausführlich dazu Willke 2003). Jeglicher Primat nur eines »Verknüpfungsmechanismus« reduziert die Potentialität des Gesamtsystems. Unter der Prämisse, dass sich ein einzelner leitender Gesichtspunkt, der Primat einer einzelnen Teilsystemrationalität – sei dies Religion, Politik, Ökonomie oder auch Wissenschaft – nicht begründen und legitimieren lässt, bedeutet eine solche Reduktion nichts anderes als die Irrationalität des komplexen Ganzen. Der Zusammenhang von Zwecksetzung und Systemrationalität muss neu durchdacht werden, weil die herkömmlichen Zwecke auf die Stabilisierung der begrenzten Rationalität der Teilsysteme ausgerichtet sind, nicht aber auf die Bedingungen der Möglichkeit einer reflektierten Steuerung des Ganzen.

Glossar

Autopoiesis (Selbst-Reproduktion): Ursprünglich eine biologische Kategorie zur Definition der selbstreproduzierenden Operationsweise lebender Systeme. Der Begriff bezeichnet in der Systemtheorie eine Organisation der Operationen eines Systems, durch welche alle Elemente eines Systems durch die selektive Verknüpfung der Elemente dieses Systems erzeugt werden. Der Begriff impliziert, dass nur das System selbst seine Elemente erzeugen kann und in der Tiefenstruktur seiner Selbststeuerung von seiner Umwelt unabhängig ist (s. Abschn. 3.2).

Emergenz (emergente Eigenschaft): Jene Eigenschaften eines Systems, die aus den Eigenschaften seiner Elemente nicht erklärbar sind, die mithin neu und charakteristisch nur und erst für die Ebene des jeweiligen Systems sind. Diese Eigenschaften sind nicht den Elementen zuzurechnen, sondern der bestimmten selektiven Verknüpfung der Elemente im Kontext des Systems. Die Tatsache der Ausbildung unterschiedlicher Emergenzniveaus im Laufe der Evolution lebender Systeme (vor allem: Zelle, Organ, Organismus, psychisches System, soziales System) mit unterschiedlichen Komplexitätsgraden und Gesamteigenschaften verurteilt jede Form reduktionistischer Analyse zum Scheitern (s. Kap. 5).

Evolution: Selbstorganisierender (autopoietischer) Prozess, in dem in System-Umwelt-Beziehungen das Maß verarbeitbarer Komplexität gesteigert wird. Evolution hat zumindest drei Aspekte: 1. die »äußere« Evolution von Systemen, im wesentlichen gesteuert durch Variation, Selektion und Retention; 2. die »innere« Evolution von Systemen, im wesentlichen gesteuert durch interne Faktoren der Anschließbarkeit und Passung (Kompatibilität) in der systemischen Produktion organisierter Komplexität; und 3. die »Co-Evolution« von Systemen und ihren spezifischen Umwelten, im wesentlichen gesteuert durch symbiotische, selbstverstärkende (autokatalytische) und reflexive System-Um-welt-Beziehungen.

Grenze: Die Grenzen physikalischer und chemischer Systeme können nach der Ordnung der wirkenden Kräfte bestimmt werden: atomare Bindungskräfte (z.B. Atome, einfache Moleküle), elektromagnetische Kräfte (z.B. Makromoleküle) und Gravitationskräfte (z.B. Planeten). Einfache biologische Systeme wie Bakterien oder Zellen sind durch Membranen von ihrer Umwelt abgegrenzt. Schwieriger ist die Bestimmung der Grenzen psychischer und sozialer Systeme. Sie können verstanden werden als der Zusammenhang selektiver Mechanismen, die die Kriterien setzen, nach denen zwischen dazugehörigen und nicht-dazugehörigen Interaktionen unterschieden wird. Bei Organismen werden diese Grenzen im wesentlichen durch Sinne, beim Menschen im wesentlichen durch Sinn bestimmt (s. Abschn. 3.1).

Integration: Integration beinhaltet eine solche Form der Organisation des Zusammenspiels zwischen differenzierten Teilen, welche den Zusammenhang eines gemeinsamen Ganzen mit emergenten Eigenschaften zulässt (s. Abschn. 6.2).

Kollektives Handeln: Systemisch koordiniertes Handeln mit dem Ziel, das System insgesamt gegenüber seiner Umwelt in einer bestimmten Weise zur Geltung zu bringen (s. Abschn. 5.2).

Komplexität: Komplexität bezeichnet den Grad der Vielschichtigkeit, Vernetzung und Folgelastigkeit eines Entscheidungsfeldes. In lebenden Systemen ist Komplexität immer organisierte Komplexität (Weaver), d.h. spezifische Zwänge der ganzheitlichen Organisation des Systems erzwingen »unwahrscheinliche Zustände« der Selektion und Kombination von möglichen Ereignissen. Je komplexer ein System ist, desto trennschärfer sind die differenzierenden Selektionen und desto unbestimmter sind die integrierenden Rekombinationen möglicher Ereignisse im System (s. Abschn. 2.1).

Konflikt: Konflikte entstehen aus der Möglichkeit von Alternativen. Je komplexer ein System ist, je mehr Optionen es bereitstellt, desto konfliktträchtiger ist es. In der Folge Reiz-Reaktion ist kein Raum für Konflikte. In der Auseinandersetzung zwischen komplexen Systemen in komplexen Umwelten werden Konflikte dagegen zu einem wesentlichen Moment. Konflikte entstehen in komplexen Systemen auf der Input-Seite über die Frage, was relevant sei und was nicht; auf der Output-Seite über die Frage, welche der möglichen Handlungsoptionen vorzuziehen sei; und innerhalb des Systems (*throughput*) über die Frage der optimalen Verknüpfung möglicher Selektionen und möglicher Produktionen (s. Abschn. 2.3).

Kontingenz: bezieht sich auf die einem System in einer bestimmten Situation zur Verfügung stehenden Operations-alternativen. Sie bezeichnet das Maß an Freiheitsgraden der Selbststeuerung: inwieweit ein System so, aber eben auch anders operieren (vor allem: selegieren und entscheiden) kann. Jedes psychische oder soziale System erfährt also die Kontingenz anderer Systeme als ein Problem mangelnder Erwartungssicher-heit; die eigene Kontingenz dagegen erfährt es als Freiheitsgrade und Alternativenspielraum (s. Abschn. 2.2).

Reflexion: bezeichnet die Fähigkeit psychischer und sozialer Systeme, sich selbst zu thematisieren und sich selbst als geeignete Umwelt anderer lebender Systeme zu verstehen. Reflexion setzt ein inneres Modell der Umwelt voraus, welches als Bezugspunkt und Hintergrund für Prozesse dient, in welchen das fokale System sich selbst zum Gegenstand eigenen Handelns macht. In kom-plexen Umwelten zielt Reflexion auf die Selbstbeschränkung eines (Teil-)Systems durch Rücksichtnahme auf die Überlebens- und Entwicklungsbedingungen der anderen (Teil-)Systeme in seiner Umwelt (s. Abschn. 4.4.1).

Selbstreferenz: Operationsweise eines Systems, bei welcher die Reproduktion der Einheit des Systems die Bedingung der Möglichkeit von Umweltkontakten (Fremdreferenzen) abgibt. Das System bezieht sich in seinen Operationen primär auf seine eigenen Operationen. Das System selbst und die Fortführung seiner operativ geschlossenen Funktionsweise werden zum Maß-stab für die Geeignetheit der Operationen des Systems. Die Umwelt bietet Möglichkeiten und setzt Restriktionen, welche je nur im Hinblick auf die Eigenarten der Operationsweise des Systems – also durch Selbstbezug – als solche erkennbar werden. Reine Selbstreferenz bei nicht-trivialen Systemen bedeutet deshalb einen durch die Regeln der autonomen Operationsweise des Systems bestimmten Umweltbezug (s. Abschn. 5.1).

Sinn: Der grundlegende und deshalb schwierigste Begriff der Theorie psychischer und sozialer Systeme. Er bezeichnet die systemspezifischen Kriterien, nach denen Dazugehöriges und Nichtdazugehöriges unterschieden wird. Sinn ist immer systemspezifisch. Gleichzeitig erlauben nur gemeinsame Sinngehalte Interaktionen und Kommunikationen zwischen Systemen. Sinn kann sowohl in Weltbildern, Werten, Normen, Rollen etc. »eingefroren« sein, als auch in laufenden Interaktionen produziert oder ausgehandelt werden. Menschen orientieren sich sinnhaft in ihrer Welt: dies macht Symbole zu einer eigenständigen Wirkungsebene; und es entsteht die Frage nach der Relationierung von Objektwelt (Materie) und Symbolik (Geist). Die operative Qualität von Sinn liegt darin, dass er virtuell bleibt, auf Objekte verweist, diese aber nicht verkörpert. Daraus ergeben sich Spielräume, Konflikte und der ganze Rest der »*conditio humana*« (s. Abschn. 3).

Steuerung: Die Wirkung der eigensinnigen Logik (Ordnung oder Gesetzmäßigkeit) eines operativ geschlossenen Kommunikationszusammenhanges, der als selbstreferentielles Regelsystem auf sich selbst (= Selbststeuerung) oder auf externe Ereignisse wirkt (= Fremdsteuerung). Steuernd wirkt dabei die organisierte Selektivität der im spezifischen Regelsystem stabilisierten Erwartungsmuster, die bestimmte Anschlüsse fördern und andere erschweren und den Fortgang der Operationen so in eine eigensinnige Ordnung bringen (s. Abschn. 6.3).

Steuerungsmedium: symbolisch codiertes Gerüst, welches jenen allgemeinen (generalisierten) Sinnzusammenhang abgibt, in welchen ganz unterschiedliche, spezifische Bedeutungen eingespannt werden können. Genetischer Code, Sprache, Geld, Macht, Wissen, Vertrauen oder Glaube sind Beispiele für solche »Innenskelette« bestimmter Systeme, die es ermöglichen, für bestimmte

Kontexte das noch Unbestimmte bestimmbar zu machen. Medien können verstanden werden als Spezialsprachen oder »hardware-Codes«, welche die Rationalität oder das Funktionsmodell eines bestimmten Systems oder eines ausdifferenzierten Handlungszusammenhangs festlegen. Eine produktive Interaktion zwischen (Teil-)Systemen setzt voraus, dass die jeweiligen (teil-)systemspezifischen Steuerungsmedien anschließbar (kompatibel und konvertibel) sind (s. Abschn. 6.1).

System: hier nur im Sinne von komplexem System verwendet, bezeichnet System einen ganzheitlichen Zusammenhang von Teilen, deren Beziehungen untereinander quantitativ intensiver und qualitativ produktiver sind als ihre Beziehungen zu anderen Elementen. Diese Unterschiedlichkeit der Beziehungen konstituiert eine Systemgrenze, die System und Umwelt des Systems trennt. Komplexe Systeme sind durch die Merkmale Selbstorganisation, Grenzerhaltung, Selbstreferenz und Generativität charakterisiert. Die Besonderheit der Klasse der psychischen und sozialen Systeme liegt darin, dass ihre Grenzen nicht physikalisch-räumlich bestimmt sind, sondern symbolisch-sinnhaft.

Umwelt: bezeichnet das, was nicht zu einem bestimmten System gehört. Für psychische und soziale Systeme steht Umwelt immer als Kürzel für den genaueren Ausdruck »relevante Umwelten«. Denn nicht alles außerhalb eines Systems ist für dieses auch von Bedeutung. Was relevant ist, hängt vom Einzelfall ab. Deshalb ist es wesentlich, für ein bestimmtes Problem die Systemreferenz zu bestimmen, d.h. anzugeben, welche Systemebene gerade gemeint ist (das ist das »fokale System«) und in bezug auf welche Umwelten es thematisiert wird.

Jedes System kann als Teilsystem eines übergreifenden Systems, jedes Teilsystem als übergeordnetes System für seine Teilsysteme betrachtet werden. Entsprechend verändert sich das, was als Umwelt in Betracht kommt. Eine weitere wesentliche Differenzierung von Umwelt ist die Unterscheidung von Innenwelt und Außenwelt:

•   Innenwelt bezieht sich auf die außersystemischen Momente der Systemmitglieder (z.B. ist der Vater als Mitglied des Systems Familie zugleich Kegelbruder oder Fußballfan).

- Außenwelt bezieht sich auf außersystemische Beziehungen des fokalen Systems insgesamt (s. Abschn. 3.1).

Literatur

Adams, H., 1974: Die Erziehung des Henry Adams. Zürich: Manesse.

Alexander, C., 1970: Notes on the synthesis of form. 5. ed., Cambridge, Mass.: Harvard University Press.

Argyris, C. und D. Schön. 1996. Organizational learning II. Theory, method, and practice. Reading, Mass.: Addison-Wesley.

Ashby, W.R., 1956: An introduction to cybernetics. London: Chapman & Hall.

Ashby, W.R., 1962: Principles of the self-organizing system. In: Buckley, W. (ed.): 1974: Modern systems research for the behavioral scientist, 4. ed., Chicago: Aldine, 108-118.

Axelrod, R., 1984: The evolution of cooperation. New York: Basic Books.

Baecker, D., 1988: Information und Risiko in der Marktwirtschaft. Frankfurt: Suhrkamp.

Baecker, D., 1990: Die Metamorphosen des Geldes. In: Delfin XIV, 2, 17-26.

Baecker, D., 1991: Womit handeln Banken? Eine Untersuchung zur Risikoverarbeitung in der Wirtschaft. Frankfurt: Suhrkamp.

Baecker, D., 1992: Die Unterscheidung zwischen Kommunikation und Bewusstsein. In: Krohn, W. und G. Küppers (Hg.): Emergenz: Die Entstehung von Ordnung, Organisation und Bedeutung, Frankfurt: Suhrkamp, 217-268.

Bateson, G., 1972: Steps to an ecology of mind. New York: Ballantine.

Baum, R., 1976: Communication and media. In: Loubser, J. et al. (eds.): Explorations in general theory in social science. Essays in honor of Talcott Parsons, 2. New York/London: Free Press, 533-556.

Baum, R., 1976a: On societal media dynamics. In: Loubser, J. et al. (eds.): Explorations in general theory in social science. Essays in honor of Talcott Parsons, 2. New York/London: Free Press, 579-608.

Baumgartner, T., Burns, T., Deville, P. und L. Meeker, 1975: A system model of conflict and change in planning systems with multi-level, multiple objective evaluation and decision-making. General Systems 20, 167-183.

Beck, U., 1986: Risikogesellschaft. Auf dem Weg in eine andere Moderne. Frankfurt: Suhrkamp.

Beck, U., 1988: Gegengifte. Die organisierte Unverantwortlichkeit. Frankfurt: Suhrkamp.

Behaghel, K., 1994: Kostendämpfung und ärztliche Interessenvertretung. Frankfurt: Campus.

Berger, P. und Th. Luckmann, 1969: Die gesellschaftliche Konstruktion der Wirklichkeit. Frankfurt: Fischer.

Bergmann, W., 1987: Was bewegt soziale Bewegungen? Überlegungen zur Selbstkonstitution der »neuen« sozialen Bewegungen. In: Baecker, D. et al. (Hg.): Theorie als Passion. Niklas Luhmann zum 60. Geburtstag. Frankfurt: Suhrkamp, 362-393.

Bertalanffy, L. v., 1979: General system theory. 6. rev. ed., New York: Braziller.

Bieri, J., 1966: Cognitive complexity and personality development. In: Harvey, O. J. (ed.): Experience, structure, and adaptability. New York: Springer, 13-37

Blalock, H. M., 1979: The presidential address: Measurement and conceptualization problems: The major obstacle to integrating theory and research. American Sociological Review 44, 881-894.

Blankenburg et al. (Hg.), 1978: Jahrbuch für Rechtssoziologie und Rechtstheorie, Bd. 5. Opladen: Westdeutscher Verlag.

Blum, R., 1977: Die Problematik systemkonformer Steuerung sozialer Systeme. Zeitschrift für die gesamte Staatswissenschaft 133, 128-146.

Braten, S. 1984: »The Third Position – Beyond Artificial and Autopoietic Reduction.« Kybernetes 1984, 13, 157-163.

Boulding, K., 1966: The impact of the social sciences. New Brunswick, N.J.: Rutgers University Press.

Brennan, G. und J. Buchanan, 1985: The reason of rules. Cambridge/London: Cambridge University Press.

Buchanan, J. 2004. Gleiche Spieler, anderes Spiel. Wie bessere Regeln der Politik auf die Sprünge helfen. Frankfurter Allgemeine Zeitung Nr. 80 vom 3. April 2004:13.

Buchanan, J. und G. Tullock, 1987: The calculus of consent. Logical foundations of constitutional democracy. 10. ed., Ann Arbor: University of Michigan Press.

Buckley, W., 1968: Society as a complex adaptive system. In: Buckley, W. (ed.): Modern systems research for the behavioral scientist. Chicago: Aldine, 490-513.

Campbell, D., 1969: Variation and selective retention in socio-cultural evolution. General Systems 14, 69-85.

Capra, F., 1983: Moderne Physik und östliche Mystik. Delfin II, 14-33.

Cassirer, E. 2002. Philosophie der symbolischen Formen. Zweiter Teil: Das mythische Denken. Text und Anmerkungen bearbeitet von Claus Rosenkranz. Gesammelte Werke. Hamburger Ausgabe Band 12.

Churchman, W. 1979: The Systems Approach. New York, Delta.

Cerny, P., 1994: The dynamics of financial globalization: Technology, market structure, and policy response. Policy Sciences 27, 319-342.

Coser, L., 1964: The function of social conflict. New York: Routledge & Kegan Paul.

Cowan, M., 1979: The development of the brain. Scientific American 241, 112-133.

Crozier, M., 1976: The relationship between micro- and macro-sociology. Human Relations 25, 239-251.

Crozier, M. und E. Friedberg, 1977: L'acteur et le systeme: Les contraintes de l'action collective. Paris: Seuil.

Dahrendorf, R., 1961: Gesellschaft und Freiheit. München: Piper.

Dahrendorf, R., 1967: Die Funktion sozialer Konflikte. In: Dahrendorf, R.: Pfade aus Utopia. München: Piper, 263-277.

Deutsch, K., 1969: Politische Kybernetik, Freiburg: Rombach.

Deutsch, M., 1976: Konfliktregelung. Konstruktive und destruktive Prozesse. München/Basel: E. Reinhardt.

Döhler, M. and P. Manow 1995: Staatliche Reformpolitik un die Rolle der
    Verbände im Gesundheitssektor. Gesellschaftliche Selbstregelung und
    politische Steuerung. R. Mayntz and F. Scharpf. Frankfurt, Campus: 140-
    168.
Dornes, M., 1993: Der kompetente Säugling. Die präverbale Entwicklung
    des Menschen. Frankfurt: Fischer.
Dörner, D. et al. (Hg.), 1983: Lohhausen. Vom Umgang mit Unbestimmtheit
    und Komplexität. Bern: Hans Huber.
Dörner, D., 1984: Modellbildung und Simulation. In: Roth, E. und K.
    Heidenreich (Hg.): Sozialwissenschaftliche Methoden. Lehr- und Hand-
    buch für Forschung und Praxis. München/Wien: Oldenbourg, 337-350
Dörner, D., 1989: Die Logik des Mißlingens. Reinbek: Rowohlt.
Dunphy, D., 1972: The Primary Group. New York: Appleton-Century-
    Crofts.
Durkheim, E., 1977: Über die Teilung der sozialen Arbeit. Frankfurt: Suhr-
    kamp.
Elster, J., 1987: Subversion der Rationalität. Frankfurt: Campus.
Etzioni, A. 1971: The Active Society. Erstausgabe 1968. New York, Free
    Press.
Etzioni, A., 1975: Die aktive Gesellschaft. Opladen: Westdeutscher Verlag.
Etzioni, A., 1991: The good polity. Can we design it? American Behavioral
    Scientist, 33, 5, 549-562.
Etzioni, A. 1997. Die Verantwortungsgesellschaft. Individualismus und
    Moral in der heutigen Demokratie. Frankfurt/New York: Campus.
Fisher, R.und Ury, W., 1991: Getting to yes. Negotiating agreement without
    giving in. New York: Penguin.
Foerster, H. v. 1984: Principles of Self-Organization – In a Socio-Managerial
    Context. Ulrich, H./G. Probst, Ed., Self-Organization and Management
    of Social Systems. Berlin u.a., Springer: 2-24.
Foerster, H. v., 1985: Sicht und Einsicht. Braunschweig/Wiesbaden: Fr.
    Vieweg & Sohn.
Foerster, H. v., 1985a: Das Konstruieren einer Wirklichkeit. In: Watzlawick,
    P. (Hg.), Die erfundene Wirklichkeit. 2. Aufl., München/Zürich: Piper,
    39-60.
Foerster, H. v., 1993: Wissen und Gewissen. Versuch einer Brücke. Frank-
    furt: Suhrkamp.
Forrester, J., 1971: World dynamics. Cambridge, Mass.: Wright-Allen Press.
Forrester, J., 1971a: Planung unter dem dynamischen Einfluss komplexer
    sozialer Systeme. In: Ronge, V. und G. Schmieg (Hg.): Politische Planung
    in Theorie und Praxis. München: Piper.
Forrester, J., 1972: Understanding the counterintuitive behaviour of social
    systems. In: Beishon, J. und G. Peters (eds.): Systems behaviour. London/
    New York: Harper & Row, 200-217.
Forrester, J., 1972a: Der teuflische Regelkreis. Das Globalmodell der
    Menschheitskrise. Stuttgart: DVA.
Forrester, J., 1973: Comment. In: Laszlo, E. (ed.): The world system. Models,
    norms, variations. New York: Braziller.
Forrester, J., 1982: Global modelling revisited. Futures 14, April, 95-110.

Fuchs, P. and D. Schneider 1995: »Das Hauptmann-von-Köpenick-Syndrom: Überlegungen zur Zukunft funktionaler Differenzierung.« Soziale Systeme **1**: 203-224.

Garfinkel, H., 1973: Studien über die Routinegrundlagen von Alltagshandeln. In: Steinert, H. (Hg.), Symbolische Interaktion. Stuttgart: Klett, 280-293.

Garten, J., 1992: A cold peace. America, Japan, Germany, and the struggle for supremacy. New York: Times Books.

Giegel, H. 1997. Moral und funktionale Differenzierung. Soziale Systeme 3:327-350.

Glasersfeld, E. v., 1985: Einführung in den radikalen Konstruktivismus. In: Watzlawick, P. (Hg.), Die erfundene Wirklichkeit. München/Zürich: Piper.

Goffmann, E., 1974: Frame Analysis. New York: Harper.

Gould, J., 1995: Die Evolution des Lebens. Spektrum der Wissenschaft Spezial: Leben und Kosmos, 52-60.

Gould, M., 1976: Systems analysis, macrosociology and the generalized media of social action. In: Loubser, J. et al. (eds.): Explorations in general Theory in social science. Essays in honor of Talcott Parsons, 2. New York/London: Free Press, 470-506.

Gouldner, A., 1973: Reziprozität und Autonomie in der funktionalen Theorie. In: Hartmann, H. (Hg.): Moderne amerikanische Soziologie. 2. Aufl., Stuttgart: Enke, 369-393

Groser, M. 1992: Gemeinwohl und Ärzteinteressen – die Politik des Hartmannbundes. Gütersloh, Bertelsmann Stiftung.

Habermas, J., 1971: Theorie der Gesellschaft oder Sozialtechnologie? Eine Auseinandersetzung mit Niklas Luhmann. In: Habermas, J. und N. Luhmann: Theorie der Gesellschaft oder Sozialtechnologie. Frankfurt: Suhrkamp, 142-290.

Habermas, J., 1974: Können komplexe Gesellschaften eine vernünftige Identität ausbilden? In: Habermas, J. und D. Henrich: Zwei Reden. Frankfurt: Suhrkamp, 23-84.

Habermas, J., 1981: Theorie des kommunikativen Handelns. 2 Bde. Frankfurt: Suhrkamp.

Habermas, J., 1985: Der Philosophische Diskurs der Moderne. Frankfurt: Suhrkamp.

Habermas, J., 1992: Faktizität und Geltung. Frankfurt: Suhrkamp.

Hahn, A. und V. Kapp (Hg.): 1987: Selbstthematisierung und Selbstzeugnis: Bekenntnis und Geständnis. Frankfurt: Suhrkamp.

Hahn, A., 1989: Verständigung als Strategie. In: Haller, M. et al. (Hg.): Kultur und Gesellschaft: Verhandlungen des 24. Deutschen Soziologentags. Frankfurt/New York: Campus, 346-359.

Hamel, G. und C.K. Prahalad, 1994: Competing for the future. Boston: Harvard Business School Press.

Hansmeyer, K. und B. Rürup, 1975: Staatswirtschaftliche Planungsinstrumente. 2. Aufl., Tübingen: Mohr.

Hayek, F. v. 1972: Die Theorie komplexer Phänomene. Tübingen, Mohr.

Held, D. und A. McGrew. 1998. The end of the old order? Globalization and the prospects for world order. In: Review of international studies 24:219-243.

Hess, H., 1977: Die Entstehung zentraler Herrschaftsinstanzen durch die Bildung klientelärer Gefolgschaft. Kölner Zeitschrift für Soziologie und Sozialpsychologie 29, 762-778.

Holmes, Stephen. 1987. Poesie der Indifferenz. In: Dirk Baecker u.a., Hg., Theorie als Passion. Niklas Luhmann zum 60. Geburtstag. S. 15-45. Frankfurt: Suhrkamp.

LaPorte, T. and P. Consolini 1991: Working in practice but not in theory: theoretical challenges of »High-Reliability Organizations«. Journal of Public Administration Research and Theory 11): 19-47.

Hofstadter, D. 1984: Gödel, Escher, Bach: An eternal golden braid. Harmondsworth: Penguin.

Hutter, M., 1992: Wirtschaft und Bewusstsein. Zur Karriere von Bedürfnis und Erwartung. In: Krohn, W. und G. Küppers (Hg.): Emergenz: Die Entstehung von Ordnung, Organisation und Bedeutung. Frankfurt: Suhrkamp, 334-362.

Isaacs, W. 1993: Taking flight: Dialogue, collective thinking, and organizational learning. Organizational Dynamics 1/93, 24-39.

Inhelder, B., 1976: Einige Aspekte von Piagets genetischer Theorie des Erkennens. In: Furth, H. (Hg.): Intelligenz und Erkennen. Frankfurt: Suhrkamp.

Jasanoff, S., 1990: American exceptionalism and the politica acknowledgment of risk. Daedalus. Proceedings of the American Academy of Arts and Sciences 119, Fall 1990, 61-82.

Jensen, S., 1978: Interpenetration - Zum Verhältnis personaler und sozialer Systeme? Zeitschrift für Soziologie 7, 116-129.

Kagan, Robert. 2002. »Power and weakness.« Policy Review. www.policyreview.org/jun02/kagan 113:1-17.

Kaminski, G.,1964: Ordnungsstrukturen und Ordnungsprozesse. In: Gottschalk, K. et al, (Hg.) Handbuch der Psychologie, Bd. 1, 2. Halbbd. Göttingen, 373-492

Katzenbach, J. und D. Smith, 1993: The wisdom of teams. New York: Harper.

Kaufmann, F.-X. et al. (Hg.), 1986: Guidance, control and evaluation in the public sector. Berlin/New York: de Gruyter.

Kay, R., 1994: What's the meaning? Computer Week, October 17.

Klaus, G., 1969: Wörterbuch der Kybernetik 1. Berlin: Dietz.

Klix, F., 1968: Neue Ergebnisse und Entwicklungstendenzen in der kybernetisch-psychologischen Erforschung kognitiver Prozesse. In: Klix. F. (Hg.): Kybernetische Analysen geistiger Prozesse. Berlin: Dt. Verl. d. Wiss., 9-74.

Kofman, F.und P. Senge, 1994: Communities of commitment: The heart of the learning organization. Organizational Dynamics, 5-22.

Krege, W., 1977: Begriffe der Gruppendynamik. Stuttgart: Klett-Cotta.

Kremyanskiy, V., 1958: Certain peculiarities of organisms as a »system« from the point of view of physics, cybernetics, and biology. In: Buckley, W. (ed.): 1974: Modern systems research for the behavioral scientist. 4. ed., Chicago: Aldine, 76-80.

Krogh, G. v. und J. Roos, 1995: Organizational epistemology. Basingstoke: MacMillan.

Krohn, W. und G. Küppers (Hg.), 1992: Emergenz: Die Entstehung von Ordnung, Organisation und Bedeutung. Frankfurt: Suhrkamp.

Künzler, J., 1986: Talcott Parsons' Theorie der symbolisch generalisierten Medien in ihrem Verhältnis zu Sprache und Kommunikation. Zeitschrift für Soziologie 15, 422-437.

La Porte, T., 1975: Organized social complexity. Challenge to politics and policy. Princeton, NJ.: Princeton University Press.

Laszlo, E. (ed.), 1973: The world system. Models, norms, variations. New York: Braziller.

Lazarsfeld, P. und H. Menzel, 1961: On the relation between individual and collective properties. In: Etzioni, A. (ed.): Complex organizations. New York: Free Press, 422-440.

Lehmbruch, G., 1991: The organization of society, administrative strategies, and policy networks. In: Czada, R. und A. Héritier (eds.): Political choice. Frankfurt: Campus/Westview, 121-158.

Lindblom, C., 1990: Inquiry and change. The troubled attempt to understand and shape society. New Haven/London/New York: Yale University Press.

Lorsch, J.und J. Morse, 1974: Organization and their members: A contengency approach. New York: Harper & Row.

Luhmann, N., 1965: Grundrechte als Institution. Berlin: Duncker & Humblot.

Luhmann, N., 1968: Zweckbegriff und Systemrationalität. Tübingen: Mohr.

Luhmann, N., 1971: Soziologische Aufklärung I. 2. Aufl., Opladen: Westdeutscher Verlag.

Luhmann, N., 1971a: Politische Planung. Opladen: Westdeutscher Verlag.

Luhmann, N., 1972: Knappheit, Geld und die Bürgerliche Gesellschaft. In: Jahrbuch für Sozialwissenschaft 23, 186-210.

Luhmann, N., 1973: Vertrauen. Ein Mechanismus der Reduktion sozialer Komplexität. 2. Aufl., Stuttgart: Enke.

Luhmann, N., 1974: Rechtssystem und Rechtsdogmatik. Stuttgart: Kohlhammer.

Luhmann, N., 1975: Soziologische Aufklärung 2. Opladen: Westdeutscher Verlag.

Luhmann, N., 1975a: Macht. Stuttgart: Enke.

Luhmann, N., 1976: Generalized media and the problem of contingency. In: Loubser, J. et al. (eds.): Exploration in general theory in social science. Essays in Honor of Talcott Parsons, Bd. 2. New York: Free Press, 507-532.

Luhmann, N., 1977: Interpenetrationen - Zum Verhältnis personaler und sozialer Systeme. Zeitschrift für Soziologie 6, 62-76.

Luhmann, N., 1978: Handlungstheorie und Systemtheorie. Kölner Zeitschrift für Soziologie und Sozialpsychologie 30, 211-227.

Luhmann, N., 1980: Gesellschaftsstruktur und Semantik. Bd. 1. Frankfurt: Suhrkamp.

Luhmann, N., 1981: Ausdifferenzierung des Rechts. Frankfurt: Suhrkamp.

Luhmann, N., 1981a: Soziologische Aufklärung 3. Opladen: Westdeutscher Verlag.

Luhmann, N., 1981b: Politische Theorie im Wohlfahrtsstaat. München/Wien: Olzog.

Luhmann, N., 1982: Liebe als Passion. Zur Codierung von Intimität. Frankfurt: Suhrkamp.

Luhmann, N., 1983: Das sind Preise. Soziale Welt 34, 153-170.

Luhmann, N., 1984: Soziale Systeme. Grundriß einer allgemeinen Theorie. Frankfurt: Suhrkamp.

Luhmann, N., 1984a: Die Wirtschaft der Gesellschaft als autopoietisches System. Zeitschrift für Soziologie 13, 308-327.

Luhmann, N., 1985: Die Autopoiese des Bewusstseins. Soziale Welt 36, 402-446.

Luhmann, N., 1985a: Einige Probleme mit reflexivem Recht. Zeitschrift für Rechtssoziologie 6, 1-18.

Luhmann, N., 1986: Systeme verstehen Systeme. In: Luhmann, N. und K. Schorr, (Hg.): Zwischen Intransparenz und Verstehen. Frankfurt: Suhrkamp, 72-117.

Luhmann, N. 1987. Archimedes und wir. Interviews. Herausgegeben von Dirk Baecker und Georg Stanitzek. Berlin: Merve Verlag.

Luhmann, N., 1988: Die Wirtschaft der Gesellschaft. Frankfurt: Suhrkamp.

Luhmann, N., 1989: Individuum, Individualität, Individualismus. In: Luhmann, N.: Gesellschaftsstruktur und Semantik. Bd. 3. Frankfurt: Suhrkamp, 149-258.

Luhmann, N., 1990: Soziologische Aufklärung 5. Konstruktivistische Perspektiven. Opladen: Westdeutscher Verlag.

Luhmann, N., 1990a: Die Wissenschaft der Gesellschaft. Frankfurt: Suhrkamp.

Luhmann, N., 1991: Soziologie des Risikos. Berlin/New York: de Gruyter.

Luhmann, N., Bunsen, F. und D. Baecker, 1990: Unbeobachtbare Welt. Über Kunst und Architektur. Bielefeld: Haux.

Luhmann, N. 1993: »Die Paradoxie des Entscheidens.« Verwaltungs-Archiv 843): 287-310.

Luhmann, N., 1995: Die Kunst der Gesellschaft. Frankfurt: Suhrkamp.

Luhmann, N. 1997: Die Gesellschaft der Gesellschaft, 2 Bände. Frankfurt, Suhrkamp.

Luhmann, N., F. Bunsen, et al. 1990: Unbeobachtbare Welt. Über Kunst und Architektur. Bielefeld, Haux.

Luhmann, N. 2002. Einfuhrung in die Systemtheorie. Herausgegeben von Dirk Baecker. Heidelberg: Carl-Auer.

Lütz, S., 1995: Politische Steuerung und die Selbstregelung korporativer Akteure. In: Mayntz, R. und F. Scharpf (Hg.): Gesellschaftliche Selbstregelung und politische Steuerung. Frankfurt/New York: Campus, 169-196.

Lütz, Susanne. 1997. Die Rückkehr des Nationalstaates? Kapitalmarktregulierung im Zeichen der Internationalisierung von Finanzmärkten. Politische Vierteljahresschrift 38:475-497.

Maciejewski, F., 1973: Theorie der Gesellschaft oder Sozialtechnologie. Supplement 1. Frankfurt: Suhrkamp.

Maciejewski, F., 1974: Theorie der Gesellschaft oder Sozialtechnologie. Supplement 2. Frankfurt: Suhrkamp.

March, J. (Hg.), 1990: Entscheidung und Organisation. Wiesbaden: Gabler.

Maruyama, M., 1967: Goal-generating dissatisfaction. Directive disequidlibrium and progress. Sociologica Internationalis 5, 169-188.

Maturana, H., 1982: Erkennen: Die Organisation und Verkörperung von Wirklichkeit. Braunschweig/Wiesbaden: Vieweg.

Mayntz, R., 1983: Zur Einleitung: Probleme der Theoriebildung in der Implementationsforschung. In: Mayntz, R., (Hg.): Implementation politischer Programme II. Ansätze zur Theoriebildung. Opladen: Westdeutscher Verlag.

Mayntz, R. et al. (Hg.), 1988: Differenzierung und Verselbständigung. Zur Entwicklung gesellschaftlicher Teilsysteme. Frankfurt: Campus.

Mayntz, R. und F. Scharpf (Hg.), 1995: Gesellschaftliche Selbstregelung und politische Steuerung. Frankfurt/New York: Campus.

McFarland, A., 1969: Power and leadership in pluralist systems. Stanford, Ca.: Stanford University Press.

Meadows, D. u. a. 1972: Grenzen des Wachstums. Stuttgart.

Meadows, D. et al., 1982: Groping in the dark. Chichester: John Wiley & Sons.

Merton, R., 1964: Social theory and social structure. 9. ed., London: Collier-Macmillan.

Merton, R., 1973: Der Rollenset. Probleme der soziologischen Theorie. In: Hartmann, H. (Hg.): Moderne amerikanische Soziologie. 2. Aufl., Stuttgart: Enke, 316-333.

Merton, R., 1989: Auf den Schultern von Riesen. Frankfurt: Athenäum.

Mignerey, J., Rubin, R. und W. Gorden, 1995: Organizational entry: An investigation of newcomer communication behavior and uncertainty. Communication Research 22, 1, 54-85.

Miller, J. 1987: Living Systems. New York u.a.

Mills, J. 1969: Soziologie der Gruppe. München, Juventa.

Minsky, M., 1988: The society of mind. New York: Simon & Schuster.

Morin, E. 1974: »Complexity.« International social science journal 26No. 4): 555-582.

Münch, R., 1976: Theorie sozialer Systeme. Opladen: Westdeutscher Verlag.

Münch, R., 1976a: Legitimität und politische Macht. Opladen: Westdeutscher Verlag.

Naschold, F., 1969: Systemsteuerung. Einführung in die moderne politische Theorie. Bd. 2. Stuttgart: Kohlhammer.

Naujoks, H., 1994: Konzernmanagement durch Kontextsteuerung. Die Relevanz eines gesellschaftstheoretischen Steuerungskonzepts für betriebswirtschaftliche Anwendungen. In: Schreyögg, G. und P. Conrad (Hg.): Managementforschung 4. Dramaturgie des Managements. Laterale Steuerung. Berlin/New York: de Gruyter, 105-142.

Norman, D., 1976: Memory and attention: An introduction to human information processing. 2. ed., New York/London: Wiley.

Offe, C., 1974: Rationalitätskriterien und Funktionsprobleme politisch administrativen Handelns. Leviathan 2, 333-345.

Offe, C., 1975: Berufsbildungsreform. Eine Fallstudie über Reformpolitik. Frankfurt: Suhrkamp.

Offe, C., 1984: Korporatismus als System nichtstaatlicher Makrosteuerung? Geschichte und Gesellschaft 10, 234-256.

Ohlemacher, T., 1994: Xenophobia in the reunified Germany. Zeitschrift für Soziologie 23, 3, 222-236.

Olmsted, M., 1974: Die Kleingruppe. 2. Aufl., Freiburg im Brs.: Lambertus-Verlag.

Parsons, T., 1959: General theory in sociology. In: Merton, R. (ed.): Sociology today. New York: Harper & Row, 3-38.

Parsons, T., 1961: An outline of the social system. General introduction II. In: Parsons, T. et al. (eds.), 1965: Theories of society. New York/London: Free Press, 30-79.

Parsons, T., 1964: The social system. London: Routledge & Kegan Paul.

Parsons, T., 1967: Some reflections on the place of force in social systems. In: Parsons, T.: Sociological theory and modern society. New York: Free Press, 264-296.

Parsons, T., 1967a: Sociological theory and modern society. New York: Free Press.

Parsons, T., 1968: Social interaction. In: Sills, D. (ed.): International encyclopedia of the social sciences. Bd. 7. New York: Macmillan, 429-441.

Parsons, T., 1969: Politics and social structure. New York/London: Free Press.

Parsons, T., 1970: Some problems of general theory in sociology. In: McKinney, J. und E. Tiryakian (eds.): Theoretical sociology. New York: Appleton-Century-Crofts, 27-68.

Parsons, T., 1972: Das System moderner Gesellschaften. Opladen: Westdeutscher Verlag.

Parsons, T., 1975: Gesellschaften: evolutionäre und komparative Perspektiven. Frankfurt: Suhrkamp.

Parsons, T. 1975: Social structure and the symbolic media of interchange. Approaches to the study of social structure. P. Blau. New York, Free Press.

Parsons, T. und G. Platt, 1973: The American University. Cambridge, Mass.: Harvard University Press.

Perrow, C., 1972: Complex organizations. Glenview, Ill · Scott, Foresman and Co.

Peters, B., 1993: Die Integration moderner Gesellschaften. Frankfurt: Suhrkamp.

Piaget, J., 1973: Das moralische Urteil beim Kinde. Frankfurt: Suhrkamp.

Piaget, J., 1975: Nachahmung, Spiel und Traum. Gesammelte Werke 5. Stuttgart: Klett.

Piaget, J., 1976: Autobiographie. In: Furth, H. (Hg.): Intelligenz und Erkennen. Die Grundlagen der genetischen Erkenntnistheorie Piagets. Frankfurt: Suhrkamp, 356-359.

Pollack, D., 1990: Das Ende einer Organisationsgesellschaft - Systemtheoretische Überlegungen zum gesellschaftlichen Umbruch in der DDR. In: Zeitschrift für Soziologie 19, 292-307.

Pollack, D., 1995: Was ist aus den Bürgerbewegungen und Oppositions-
gruppen der DDR geworden? Aus Politik und Zeitgeschichte B40-41/95
v. 29. 9. 95, 34-45.

Press, A.N., Crockett, W.H. und P.R. Rosenkrantz, 1969: Cognitive Complexity and the learning of balanced and unbalanced social structures.
Journal of Personality 37, 541-553.

Prigogine, I. und G. Nicolis, 1987: Die Erforschung des Komplexen. München: Piper.

Pringle, P., 1974: On the parallel between learning and evolution. In: Buckley, W. (ed.): Modern systems research for the behavioral scientist. 4. ed.,
Chicago: Aldine, 259-280.

Probst, G., 1985: Regeln des systemischen Denkens. In: Probst, G. und H.
Siegwart (Hg.): Integriertes Management. Bausteine des systemorientierten
Managements. Festschrift zum 65. Geburtstag von Hans Ulrich.
Bern/Stutt-gart: Paul Haupt, 181-204.

Quinn, J., 1992: Intelligent enterprise. A knowledge and service based
paradigm for industry. New York: Free Press.

Reinicke, W. 1998. Global public policy. Governing without government?
Washington D.C.: Brookings Institution Press.

Rhodes, R. A. W. 1996. The new governance: Governing without government. Political Studies XLIV:652-667.

Rice, A., 1969: Individual, group and intergroup processes. Human Relations
22, 656-684.

Rohr, A., 1968: Komplexes Denken. Weinheim: Beltz.

Sayre, K., 1976: Cybernetics and the philosophy of mind. London: Routledge
& Paul.

Scharpf, F., 1970: Demokratietheorie zwischen Utopie und Anpassung.
Konstanz: Universitäts-Verlag.

Scharpf, F., 1987: Grenzen der institutionellen Reform. In: Ellwein, T. et al.
(Hg.): Jahrbuch zur Staats- und Verwaltungswissenschaft. Bd. 1/1987.
Baden-Baden: Nomos, 111-151.

Scharpf, F., 1989: Politische Steuerung und politische Institutionen. Politische Vierteljahresschrift 30, 10-21.

Scheuch, E., 1966: Cross-national comparisons using aggregate data: Some
substantive and methodological problems. In: Merritt, R. und S. Rokkan
(eds.): Comparing nations. New Haven, Conn.: Yale University Press,
131-167.

Scheuch, E., 1969: Social context and individual behavior. In: Dogan, M. und
S. Rokkan (eds.): Quantitative ecological analysis in the social sciences.
Cambridge, Mass.: M.I.T. Press, 133-155.

Schimank, U., 1988: Gesellschaftliche Teilsysteme als Akteursfiktionen.
Kölner Zeitschrift für Soziologie und Sozialpsychologie 40, 619-639.

Schimank, U. 1996: Theorien gesellschaftlicher Differenzierung. Opladen,
Leske&Budrich UTB:

Schmitter, P. und G. Lehmbruch, 1979: Trends toward corporatist interme-
diation. Beverly-Hills, Ca.: Sage.

Schmitter, P., 1992: The irony of modern democracy and efforts to improve
its practice. Politics and Society 20, 4, 507-512.

Schroder, H.M. und P. Suedfeld (eds.), 1971: Personality theory and information processing. New York: Ronald Press.

Schwanitz, D., 1987: Zeit und Geschichte im Roman - Interaktion und Gesellschaft im Drama: Zur wechselseitigen Erhellung von Systemtheorie und Literatur. In: Baecker, D. et al. (Hg.): Theorie als Passion. Niklas Luhmann zum 60. Geburtstag. Frankfurt: Suhrkamp, 181-213.

Segal, L. 1988. Das 18. Kamel oder die Welt als Erfindung. Zum Konstruktivismus Heinz von Foersters. München/Zürich: Piper.

Senge, P. 1990: The Fifth Discipline. New York, Doubleday.

Senge, P., A. Kleiner, et al. 1996: Das Fieldbook zur Fünften Disziplin. Stuttgart, Klett-Cotta.

Senge, P., and u.a. 1999. The dance of change. The challenge of sustaining momentum in learning organizations. London: Nicholas Brealey.

Signell, K.A., 1966: Cognitive complexity in person perception and nation perception: A development approach. Journal of Personality 34, 517-537.

Simmel, G., 1890: Über sociale Differenzierung. Leipzig: Duncker & Humblot.

Simmel, G., 1958: Soziologie. Untersuchungen über die Formen der Vergesellschaftung. Berlin: Duncker & Humblot.

Simmel, G., 1958a: Die Philosophie des Geldes. 6. Aufl., Berlin: Duncker & Humblot.

Simon, H., 1977: The organization of complex systems. In: Simon, H.: Models of discovery. Dordrecht: Reidel, 245-261.

Simon, H., 1978a: Die Architektur der Komplexität. In: Türk, K. (Hg.): Handlungssysteme. Opladen: Westdeutscher Verlag, 94-112.

Simon, H., 1978b: Rationality as process and as product of thought. American Economic Association Review 68, 1-16.

Simon, H., 1978c: Simulation of large-scale systems by aggregation. In: Geyer, F. und J. Zouwen (eds.): Sociocybernetics 2, 113-122.

Smith, A., 1974: Entstehung und Verteilung des Sozialprodukts. München: Beck.

Spencer, H., 1965: The principles of sociology (Auszüge). In: Parsons, T. et al. (eds.): Theories of society. New York: Free Press, 139-143.

Spencer, H., 1969: Principles of sociology. Hrsg. von S. Adreski. London: Macmillan

Spencer-Brown, G., 1979: Laws of Form. New York. Dutton.

Stachowiak, H., 1965: Gedanken zu einer allgemeinen Theorie der Modelle. Studium Generale, 432-463.

Stachowiak, H., 1973: Allgemeine Modelltheorie. Wien/New York: Springer.

Stansfield, W., 1977: The science of evolution. New York/London: Macmillan.

Stern, D., 1985: The internpersonal world of the infant. New York: Basic Books.

Stichweh, R., 1994: Wissenschaft, Universität, Professionen. Frankfurt: Suhrkamp.

Stierlin, H. 1988: Zur Beziehung zwischen Einzelperson und System: der Begriff »Individuation« in systemischer Sicht. Von der Familientherapie zur systemischen Perspektive. L. Reiter and E. u. a. Brunner. Berlin, Heidelberg u.a., Springer: 3-20.

Strulik, T. 2000a. Funktion und Folgen privater Rating-Agenturen im Kontext der Regulierung globaler Finanzmärkte. Soziale Welt 51:443-462.

Strulik, T. 2000b. Risikosteuerung globalisierter Finanzmärkte. Herausforderungen und Initiativen im Kontext der Bankenregulierung. Frankfurt, New York: Campus.

Tenbruck, F., 1969: Regulative Funktionen der Wissenschaft in der pluralistischen Gesellschaft. In: Scholz, H. (Hg.): Die Rolle der Wissenschaft in der modernen Gesellschaft. Berlin: Duncker & Humblot, 61-85.

Teubner, G., 1975: Folgenkontrolle und responsive Dogmatik. Rechtstheorie 6, 179-204.

Teubner, G., 1982: Reflexives Recht. Archiv für Rechts- und Sozialphilosophie 68, 13-59.

Teubner, G. und H. Willke, 1984: Kontext und Autonomie: Gesellschaftliche Selbststeuerung durch reflexives Recht. Zeitschrift für Rechtssoziologie 5, 4-35.

Teubner, G., 1989: Recht als autopoietisches System. Frankfurt: Suhrkamp.

Teubner, G., 1992: Die vielköpfige Hydra: Netzwerke als kollektive Akteure höherer Ordnung. In: Krohn, W. und G. Küppers (Hg.): Emergenz und Selbstorganisation. Die Entstehung von Ordnung, Organisation und Bedeutung. Frankfurt: Suhrkamp, 189-216.

Teubner, G. 1999. Polykorporatismus: Der Staat als »Netzwerk« öffentlicher und privater Kollektivakteure. In: Das Recht der Republik, herausgegeben von Hauke Brunkhorst and Peter Niesen. Frankfurt: Suhrkamp, 346-372.

Thiemann, H., 1983: Die Rolle der Wirtschaft: Die multinationalen Gesellschaften. In: Peccei, A. et al. (Hg.): Der Weg ins 21. Jahrhundert. Bericht an den Club of Rome. München: Molden, 115-124.

Thompson, J., 1967: Organizations in Action. New York: McGraw-Hill.

Titscher, S., 1995: Das Normogramm - Ein Methodenvorschlag zur Gruppen und Organisationsforschung. Zeitschrift für Soziologie 24, 115-136.

Varela, F., 1979: Principles of biological autonomy. New York/Oxford: North-Holland.

Varela, F. 1990: Kognitionswissenschaft – Kognitionstechnik. Eine Skizze aktueller Perspektiven zuerst 1988: Frankfurt, Suhrkamp.

Waldrop, M. 1994: Complexity. The emerging science at the edge of order and chaos. London, Penguin.

Wallace, W., 1975: Structure and action in the theories of Coleman and Parsons. In: Blau, P. (ed.): Approaches to the study of social structure. New York/London: Open Books Publ. Ltd., 121-134.

Warfield, J., 1976: Societal systems. Planning, policy and complexity. New York/London: John Wiley & Sons.

Watzlawick, P. (Hg.), 1985: Die erfundene Wirklichkeit. 2. Aufl., München/Zürich: Piper.

Weaver, W., 1978: Wissenschaft und Komplexität. In: Türk, K. (Hg.): Handlungssysteme. Opladen: Westdeutscher Verlag, 38-46.

Weber, M., 1972: Wirtschaft und Gesellschaft. Grundriß der verstehenden Soziologie. 5. Aufl., Tübingen: Mohr.

Weber, M., 1973: Die protestantische Ethik I. Hrsg. von J. Winckelmann. 3. Aufl., Hamburg: Siebenstern-Taschenbuch-Verlag.

Weick, K. und K. Roberts, 1993: Collective mind in organizations: Heedful interrelating on flight decks. Administrative Science Quarterly 38, 357-381.

Weiss, L. 1998. The myth of the powerless state. Ithaca, New York: Cornell UP.

Werz, M. 2004. Entwicklungskonturen einer künftigen Weltmacht? 25 Jahre Reformpolitik in China. In: Kommune Nr. 2/2004, www.oeko-net.de /kommune/kommune02-04/aheberer.htm.

Whorf, B., 1969: Sprache, Denken, Wirklichkeit. 6. Aufl., Reinbek: Rowohlt.

Whyte, Lancelot, 1965: Internal factors in evolution. New York: Braziller.

Willke, G. 1999. Die Zukunft unserer Arbeit. Frankfurt: Campus.

Willke, H., 1975: Stand und Kritik der neueren Grundrechtstheorie. Schritte zu einer normativen Systemtheorie. Berlin: Duncker & Humblot.

Willke, H. 1976: »Funktionen und Konstitutionsbedingungen des normativen Systems der Gruppe.« KZfSS 18, 426ff.

Willke, H., 1978: Elemente einer Systemtheorie der Gruppe: Umweltbezug und Prozesssteuerung. Soziale Welt 29, 343-357.
Willke, H., 1979: Leitungswissenschaft in der DDR. Berlin: Duncker & Humblot.

Willke, H., 1983: Entzauberung des Staates. Überlegungen zu einer gesellschaftlichen Steuerungstheorie. Königstein/Ts.: Athenäum.

Willke, H., 1984: Zum Problem der Intervention in selbstreferentielle Systeme. Zeitschrift für systemische Therapie 2, 7, 191-200.

Willke, H., 1984a: Gesellschaftssteuerung. In: Glagow, M. (Hg.): Gesellschaftssteuerung zwischen Korporatismus und Subsidiarität. Bielefeld: AJZ, 29-53.

Willke, H., 1986: The tragedy of the state. Prolegomena to a theory of the state in polycentric society. ARSP LXXII, 455-467.

Willke, H., 1986a: System. In: Ergänzbares Lexikon des Rechts. Gruppe 3: Rechtssoziologie. Neuwied: Luchterhand Verlag, Ziff. 3/250.

Willke, H., 1987: Systembeobachtung - Systemdiagnose - Systemintervention. Weiße Löcher in schwarzen Kästen? In: Schiepek, G. (Hg.): Systeme erkennen Systeme. Individuelle, soziale und methodische Bedingungen systemischer Diagnostik. München/Weinheim: Psychologie-Verlags-Union, 94-114.

Willke, H., 1987a: Strategien der Intervention in autonome Systeme. In: Baecker, D. et al. (Hg.): Theorie als Passion. Niklas Luhmann zum 60. Geburtstag. Frankfurt: Suhrkamp.

Willke, H., 1987b: Differenzierung und Integration in Luhmanns Theorie sozialer Systeme. In: Haferkamp, H. und M. Schmidt (Hg.): Sinn, Kommunikation und soziale Differenzierung. Beiträge zu Luhmanns Theorie sozialer Systeme. Frankfurt: Suhrkamp, 247-274.

Willke, H., 1989: Systemtheorie entwickelter Gesellschaften. Weinheim/New York: Juventa.

Willke, H., 1992: Ironie des Staates. Frankfurt: Suhrkamp.

Willke, H., 1992a: Prinzipien politischer Supervision. In: Bußhoff, H. (Hg.): Politische Steuerung. Baden-Baden: Nomos, 51-80.

Willke, H., 1993: Konstruktivismus und Sachhaltigkeit soziologischer Erkenntnis: Wirklichkeit als imaginäre Institution. In: Sociologia Internationalis 31, 1, 83-100.

Willke, H., 1993a: Systemtheorie entwickelter Gesellschaften. 2. Aufl., Weinheim: Juventa.

Willke, H. 1994: Systemtheorie II: Interventionstheorie. Stuttgart: Fischer UTB.

Willke, H., 1995: Systemtheorie III: Steuerungstheorie. Stuttgart: Fischer UTB.

Willke, H., 1996: Dimensionen des Wissensmanagement – Zum Zusammenhang von gesellschaftlicher und organisationaler Wissens-basierung. In: Sydow, J. und G. Schreyögg (Hg.): Wissensmanagement. Management organisatorischen Wissens. Bd. 6. Managementforschung. Berlin/New York: de Gruyter, 263-304.

Willke, Helmut. 1997. Dumme Universitäten, intelligente Parlamente. In: Wie wird Wissen wirksam? iff texte Band 1., herausgegeben von Ralph Grossmann. Wien, New York: Springer, S. 107-110.

Willke, H. 1997a. Supervision des Staates. Frankfurt: Suhrkamp.

Willke, H. 1998: Systemisches Wissensmanagement. Stuttgart (UTB), Lucius & Lucius. 2. Auflage 2001.

Willke, H. 2000. Die Gesellschaft der Systemtheorie. Ethik und Sozialwissenschaft. Zeitschrift für Erwägungskultur 11:195-209.

Willke, H. 2001. Atopia. Studien zur atopischen Gesellschaft. Frankfurt: Suhrkamp.

Willke, H. 2002. Dystopia. Studien zur Krisis des Wissens moderner Gesellschaft. Frankfurt: Suhrkamp.

Willke, H. 2003. Heterotopia. Studien zur Krisis der Ordnung moderner Gesellschaft. Frankfurt: Suhrkamp.

Yablonsky, L., 1959: The delinquent gang as a near-group. Social Problems 7, 108-117.

Zeleny, M., 1982: Multiple criteria decision making. New York: McGraw-Hill.

Register

Systemtheorie I: Grundlagen
Eine Einführung in die Grundprobleme der Theorie sozialer Systeme

Von Helmut Willke

6., überarb. Aufl.

2000. X, 271 S., 6 Abb. und ein Glossar, kt. € 15,90/sFr 28,50
ISBN 3-8282-0137-7. UTB 1161 (ISBN 3-8252-1161-4)

Aufbauend auf sozialwissenschaftlichen Grundkenntnissen werden Grundfragen der Systemtheorie dargestellt. Besonders Gewicht liegt auf der Behandlung der Steuerungsprobleme hochkomplexer Sozialsysteme. Hier lassen sich politisch-praktische Relevanz und fortgeschrittene Theoriebildung verbinden. Es ergeben sich neue Aspekte für das Problem der Integration unterschiedlicher Systeme.

Systemtheorie III: Steuerungstheorie
Grundzüge einer Theorie der Steuerung komplexer Sozialsysteme

Von Helmut Willke

3. Aufl.

2001. X, 384 S., 26 Abb, 22 Übersichten kt. € 18,90/sFr 33,40
ISBN 3-8282-0192-X. UTB 1840 (ISBN 3-8252-1840-6)

Das zentrale Argument dieses Buches ist, dass die Möglichkeiten der Steuerung komplexer Systeme scharf begrenzt sind auf die beiden Formen der (internen) Selbststeuerung und der (externen) Kontextsteuerung. Steuerung ist Einmischung in eigene Angelegenheiten. Nach Darstellung der drei Formen Demokratie, Hierarchie und Verhandlungssystem als Hauptmodelle der Koordination und Systemsteuerung wird die Rolle unterschiedliche Steuerungsmedien behandelt (Macht, Geld, Wissen).

  *Stuttgart*

Luhmann Lexikon

Eine Einführung in das Gesamtwerk von Niklas Luhmann

von Detlef Krause

4., neu bearbeitete und erweiterte Auflage

2005. 326 S. mit 32 Abbildungen und über 600 Lexikoneinträgen, kt. 18,90 €/33,40 sFr.

ISBN 3-8282-0305-1; UTB 2184 (ISBN 3-8252-2184-9)

Keine der zahlreichen Einführungen in und Abhandlungen zu Luhmanns Systemtheorie wird dem gesamten Bauwerk und den vielen Bausteinen des Luhmannschen Werkes gerecht. Das vorliegende Buch soll einen Gesamteindruck vermitteln. Dies geschieht in erster Linie durch einen umfangreichen Lexikonteil. Bewusst sind hier neben Schlüsselbegriffen auch vermeintliche Randbegriffe und unvertraute Formulierungen zu vertrauten Sachverhalten einbezogen worden. Nicht zuletzt die vielen Querverweise und die neu aufgenommenen ausführlichen Quellenhinweise zu allen Lexikoneinträgen sollen den Zugang zu einem äußerst komplexen Gesamtbauwerk erleichtern. Dem Lexikonteil ist ein eher knapper Einführungstext mit unterstützenden grafischen Darstellungen vorangestellt.

Dieses Buch will also mehr als nur ein Lexikon üblicher Art sein. Es geht darum, einen in sich geschlossenen Überblick zur gesamten Gedankenwelt Luhmanns zu vermitteln, zu seinen begrifflichen Werkzeugen sowie zu dem, was mit diesen Werkzeugen alles an Einsichten erzeugt wird. Dieses Buch versteht sich als ein Wegweiser durch die gegenwärtig wohl reichhaltigste, eigenwilligste und anregendste Landschaft eines Denkens, das sich überlieferten Mustern entzieht.

Der rasche Verkauf der bisherigen Auflagen erweist die Nützlichkeit des Konzepts des "Luhmann-Lexikons", das nun in stark überarbeiteter und erweiterter vierter Auflage vorliegt.

 Stuttgart

Wörterbuch der Soziologie

Günter Endruweit und Gisela Trommsdorff (Hrsg.)

2., völlig neubearbeitete und erweiterte Auflage

2002. X/754 S., kt. € 34,90 / sFr 60,40

ISBN 3-8282-0172-5, UTB 2232 (ISBN 3-8252-2232-2)

Nachdem die 1. Auflage dieses Wörterbuchs mit 14.000 verkauften Exemplaren ein großer Erfolg geworden ist, verlangte die Weiterentwicklung der Soziologie diese überarbeitete und erweiterte 2. Auflage. Das Wörterbuch umfasst über 350 Stichwörter, die aufgrund ihres deutlich über lexikalische Kürze hinausgehenden Umfangs sich auch gut zur Einführung in zentrale Fragestellungen der modernen Soziologie eignen. Neben der Grundkonzeption, in größeren Überblicksartikeln wichtigere Bereiche und Begriffe der Soziologie eingehend und in sich geschlossen zu behandeln, stehen kürzere, eher lexikalische Stichwortbehandlungen.

In diesem Sinne trägt auch diese Neuauflage der weitergegangenen Entwicklung Rechnung. Insgesamt hat sich dabei, auch dem von Soziologen ausgerufenen Zeitalter der Individualisierung gemäß, die Einheitlichkeit von Gliederung und Bearbeitung etwas vermindert - aber die Soziologie insgesamt hat im letzten Jahrzehnt des vorigen Jahrhunderts inhaltlich mehr „neue Unübersichtlichkeit" als ein schärferes fachliches Profil entwickelt. Eine einengende Stichwortauswahl oder schematische Stichwortstrukturen wären daher unangemessen. Neue Stichworte, darunter Ernährungssoziologie, Fremdenfeindlichkeit, Globalisierung, Individualisierung und Milieu, Regionalisierung, Umweltsoziologie wurden aufgenommen. Dafür konnten über 60 neue Autorinnen und Autoren gewonnen werden.

Ein ausführliches Sachregister ermöglicht die detaillierte Auffindung von Fachbegriffen und Zusammenhängen innerhalb und zwischen den Stichworten, so dass sich dieses Wörterbuch nicht nur als Nachschlagewerk, sondern auch zur Erarbeitung von Basiswissen eignet.

LUCIUS
LUCIUS

Stuttgart